U0113753

民国趣读

老·城·记

老天津

中国文史出版社

本书编辑组

主　　编：韩淑芳

本书执行主编：张春霞

本书编辑：牛梦岳　高　贝　李军政　孙　裕

目录

第二辑　津沽寻踪，洋楼背后的如烟往事

第三辑　九国租界，昙花一现的繁华旧梦

第四辑　文教在津门，广开民智不平常

第五辑 工商百业，书写天津卫的繁荣盛景

第六辑　老行当·老商市·老字号

第七辑　地道美食，那些让人念念不忘的天津味儿

第八辑　喝茶听书看戏，老天津人的艺术与生活

第九辑　漫谈老天津岁时之风俗

第十辑　民国时期老天津的人和事

第一辑

沽上胜迹，
天津卫历史变迁的见证

❖ **陈柏龄、董季群：** 先有天后宫，后有天津城

"先有天后宫，后有天津城。"天后宫作为历史文化名城成长的见证，记录了天津的沧桑巨变和发展历程。这里，曾是运河与海上漕运的繁华码头而聚集了南北客商。为了祈求妈祖保佑，修起了天后宫，闯过风浪的商贾船工，上了码头就要给妈祖上香磕头，感谢这位"护海女神"的护卫。于是"神"气带来了人气，引来了商气，蕴蓄了文气。这里，产生了早期大集市，店铺云集产生了天津最早的商业街，出现了天津最早的街道。也是在这里，产生了早期的庙办小学堂，出现了天津最早的路灯、最早的戏台，产生了天津最早的金融街。还是在这里，保留着老城最早的古建筑群，最早的古建筑彩绘实画……回首600年，可以这样说，天后宫是反映城市历史年轮的化石，是时代的折光镜。

天后宫是明朝时期天津城市的标志性建筑，这就犹如洛阳的白马寺、北京的潭柘寺，成为当地重要的人文景观。天津城内有些后建庙宇，即是以天后宫建筑为蓝本来建设的。

在旧时代，天后宫曾是老城居民的精神载体，是天津民俗文化之根。作为地域文化的历史原点，天后宫对民俗文化的演进，曾有巨大的影响。旧时，天津传统节俗以天后宫春节年货市场为代表，享誉四方，多年不衰。在传统的人生礼仪民俗中，如"拴娃娃""戴锁""谢奶奶""订婚拜娘娘"等习俗，均以天后宫为著。"祭芒神"，则非天后宫莫属。天津妇女喜穿红衣，年节尤甚，也出自对天后林默娘娘曾穿红衣的民俗崇拜。天后宫对城市生活有多方面影响，起到文化整合作用。这种影响的结果，促进了天津的经济发展，加快了城市建设的步伐。

《先有天后宫后有天津城》

▷ 天后宫

❖ 白旭晨："蓟北雄关"——黄崖关长城

　　黄崖关雄踞蓟县城北28公里的泃河谷地，南距天津城区150公里，西距北京城区110公里。这里因东山石崖多黄褐色，夕阳照耀，金光喜人，分外壮观，故有"夕照黄崖"之称，黄崖关城因此得名。黄崖关长城以长城为中心向泃河两岸延伸，东达太平寨"点将台"，以悬崖为屏障，直插半拉缸山；西临"八步险"下的"黄崖天梯"，以峭壁为依托，飞抵王屺顶山。据文献记载，这段长城隋已有之，明毕其功。

　　这里修筑长城采取以险制胜、就地取材的做法，在修筑形式上，除墙基筑大条石二层至三层外，高山地段墙体多以毛石砌筑为主，外侧砌石垛口，或铺以青砖；马道、垛口、隘口、关城或易攻地段则包砌大城砖；遇山崖地段则利用天险，采用劈山墙和山险墙的做法，使城墙更加高峻。为加强泃河水上防卫，明代在泃河谷口修筑了五孔水关。为防御敌兵长驱直入，又在关北上二里处修筑二道边墙，东端与太平寨敌楼相连，西头与泃河东岸的孤峰相望。峰顶筑有圆形敌楼一座，传说明代皇帝出巡黄崖关，皇后娘娘曾登楼观战，因娘娘称凤体，故名"凤凰楼"。楼通高23米，砖石结构，上下两层，顶部建有铺房楼，这是蓟镇长城沿线保存下来最大的一座圆形哨楼。居高临下，扼守要冲，大有"一夫当关，万夫莫开"之势。

黄崖关城是蓟县长城唯一的关城，为衙署和仓储重地，清乾隆五十八年（1793）在关城南门外修筑木结构牌楼一座，前额题"蓟北雄关"，背额书"金汤巩固"。黄崖关长城从此以"蓟北雄关"之名享誉中外。

《黄崖关恢复原貌古长城重现光辉》

❖ 李云冲：天津三宝之一——铃铛阁

地处西北城角的铃铛阁中学，即是当年铃铛阁的旧址。

铃铛阁始建于明朝万历七年（1579），占地"不满百弓，阁只二楹（层），中供关壮缪（关老爷）像"。每逢农历正月十五及五月十三，为村民的进香期。它是砖木结构的古老建筑，雕梁画栋，古朴庄重，蔚为壮观。《志余随笔》曾言及阁的造型："阁两层，宽五楹，飞檐四出，如鸟张翼。"在飞檐奇突的阁顶四周、屋脊房椽各端，系以精美的铜铃千数个，西北风一刮，铃摆钟动，动听悦耳，声闻十里，鸟雀不敢落脚。

铃铛阁本名藏经阁，内藏佛经16柜，其中《大藏经》几乎包括全部汉语佛教经典，版本上乘，弥足珍贵。清康熙年间，天津道署捐资重修稽古寺，拆去旧屋，请来浙江名匠，仿照黄鹤楼款式起盖，壮丽堂皇，并扩建平房多间，作考文之需，凡未进仕的读书人均可报名应试。官方命题，学子答卷，成绩优良者酬以奖金。

"寒士赖以举火者，不乏其人。"至清乾隆、嘉庆年间，津沽文风大盛，阁内遂设藏书楼，书籍大部为社会名流捐赠，海内孤本达数百种，多为稀世之宝。尤以元、明人手抄本百余种，及六朝写经40余卷，最为珍贵。每年的农历六月六日为晒经节，阁内全部藏书均置于阳光下晾晒，驱虫防腐，并任人阅览。文人学士纷至沓来，以先睹为快，盛况空前。

稽古寺与海会寺东西毗邻，而铃铛阁位于两寺之间，远远望去，巍峨轩昂，气宇不凡。千数个一尺多长的铜铃先后摆动，声波清澈，使卫城生色，津人视为一宝，并非虚妄。

《天津卫三宗宝——鼓楼、炮台、铃铛阁》

▷ 铃铛阁

❖ 白旭晨：千年古刹独乐寺

独乐寺坐落在蓟县城西门内，相传始建于唐代。相传节度使安禄山起兵叛唐，以此为誓师之地，他思独乐而不与民同乐，故命寺名为"独乐寺"。寺内现存的主体建筑山门和观音阁为辽代统和二年（984）重建。其建筑手法在中外建筑史上享有盛名。寺内的菩萨泥塑像和彩色壁画也是我国文化宝库中的珍贵遗产。

进寺后，首先映入眼帘的是山门，山门是独乐寺的大门，高约10米，面阔三间，进深两间，中间穿堂为门道。东西两梢间各塑一尊高大的"护卫神"像，居高临下，虎视眈眈，面目狰狞可畏。门上悬挂匾额，上书"独乐寺"楷书大字，相传是明代武英殿大学士、太子太师严嵩手笔。山门整个建筑由台基、殿身、殿顶三部分组成。台基用三合土夯实后外砌条石、方砖，美观而牢固，是稳定建筑的基础。台基柱础上立木柱，木柱上垒叠许多木块，最引人注目。以形似斗子的方形木块和托着两个斗子的拱形曲木称之为斗拱，它是我国古代木结构建筑的重要组成部分，不仅富于装饰艺术效果，而且有着不可缺少的功能作用，是我国古代建筑最具特色的一组构件。山门的殿顶称作四阿大顶，就是五条脊、四面坡形，坡面和缓微曲，檐角如翼如飞，造型美丽壮观。脊上的瓦饰别具风格，正脊两端的鸱尾，尾巴翘转向内，犹如雏鸟飞翔，十分生动，是我国现存古代建筑中年代最早的鸱尾实物。

过山门，穿庭院，一座雄伟的楼阁建筑平地崛起，巍然挺立，这便是主体建筑观音阁。这座建筑是我国现存年代最早的木结构高层楼阁式建筑。阁高23米。东西面阔五间，南北进深四间，从外表看是上下两层，其实里面中间还夹一暗层，实为三层。在高高的台基上，粗大的木柱分内外两周配置，外檐18根，内檐10根。采用了"侧脚"和"升起"的做法，即四根角柱并非垂直竖立，而是柱头略向里倾，柱脚略向外出，而且角柱又比中柱稍高，这样可以防止楼阁外倾。阁内建造不同井口，暗层留长方形空井，四周出小平台可绕阁一周。上层作六角形空井，使空间明快、疏朗。这种两层空井做法发挥了木结构建筑空间运用自如的优点，是观音阁设计的独到之处。观音阁为"九脊歇山顶"，外檐下做回廊栏杆，可登临远眺。上层悬挂鎏金匾额，书"观音之阁"四个大字，传说是唐代大诗人李白所书。阁中间耸立着一尊巨大的观世音菩萨泥塑像，因塑像头顶上还有10个小头像，所以也称"十一面观音"。塑像穿过暗层直达阁顶的"斗八藻井"。像体通高16米,是我国最大的泥塑之一。观世音塑像微带笑容,衣带飘洒,自然生动,是我国古代工匠们的杰作。观音塑像两侧为"胁侍菩萨",塑像面部丰满,姿态优美,造型匀称,线条流畅,与唐代的侍女画一脉相承,是辽代雕塑艺术的珍品。环顾观音阁下层四壁,五彩缤纷的壁画为明代重描的"十六罗汉"和"二明王"像,像高三米有余,形象逼真,姿态各异。

壁画上部绘有山林风云画,下面绘有世俗题材画,整个画面线条流畅,为研究我国古代佛教和绘画提供了重要资料。

《独乐寺今昔》

❖ 商宝海:津门古刹玉皇阁

玉皇阁位于天津老城东北角玉皇阁大街4号,是一座较大的道观,它的建筑包括山门和一对铁狴、牌坊、钟鼓楼、八卦亭、大殿、配殿和清虚阁。清虚阁也称玉皇阁,是庙内主体建筑,占地234.86平方米,建筑面积316.06平方米,是两层木结构建筑。东西面阔五间,进深四间,上下两层,上层檐下出木结构回廊栏杆一周,九脊歇山式,顶部中心铺黄琉璃瓦,檐边铺绿琉璃瓦,采取"剪边"做法。顶檐下曾悬挂清恭亲王书写的"清虚阁"匾额一块。在阁的二层楼上设有神龛,供奉玉皇大帝。据说玉皇大帝是道教信奉的职权最大、地位最高的神,总管三界、十方、四生、六道和一切祸福。该庙是由道教中的清微正乙派主持(俗称火居道)。

玉皇阁与天后宫有不同之处,每年正月初八有"祭星"活动,当时有男怕"罗猴"、女怕"计都"星之说,为求得好运避讳"犯星",前去举行祭星仪式。有的前去讨签,签分事签,即有关婚丧嫁娶、生意兴隆、运气好坏等等;再有讨方签,即家有病人求治病神方。

每逢农历九月初九日有"攒九"宗教活动,不少人在这一天到庙中烧香拜佛，还要买些年糕登上清虚阁，眺望一下三河交汇处（即老三岔河口，今狮子林桥附近）万帆竞发的繁荣景象，以求年年高、步步高、吉祥如意，祈盼今后飞黄腾达、有所发迹。有的文人墨客也登高光临，乘雅兴作即景诗："直在云霄上，蓬瀛望可通。万帆风汇舞，一镜水涵空。"清康熙辛巳秋月恭亲王曾登清虚阁，并为该阁书写匾额。可见玉皇阁是平民、雅士、官宦朝拜、游览的胜地，500余年经久不衰，是津门的一大景观。

《玉皇阁的兴衰》

❖ 李云冲：天津鼓楼

鼓楼位于老城里的中央，建楼年代说法不一，据《志余随笔》所载："鼓楼之建，当在明弘治间也。"楼高三层，砖木结构，楼基上是砖砌的方形城墩台，四面设券门通道，直通东门里、西门里、南门里、北门里四条大街。券门门额上名字分别是镇东、安西、拱北、定南。第二层吊着一口大钟，大钟上铸有"天德五年（1153）浜洲（山东）长老院化生"字样。天德是金代完颜亮的年号，天津当时虽未建卫筑城，但也有不少村落。这钟有个特点，下口形成八个垂足，垂足上分别铸着阳文八卦。钟高177厘米，钟壁厚11厘米，下口直径133厘米，为铁铸。大钟初用以报时辰，到清末又兼作报火警用。每天一早一晚撞108下，那节奏是"紧十八，慢十八，不紧不慢又十八"。东面额题："声闻于天。"

盖鼓楼的大砖是定烧特制的，伐的穴成拱形，儿块大砖做地面，四周成圆形。鼓楼的中央是空的，风往上面拔，拢音，所以钟声传得远。城门启闭，以钟为号。人们根据钟声可判断天气的晴晦风雨。楼上还供着三座大仙像——胡大太爷、胡二太爷、胡三太爷，香火极盛。唐尊恒的诗写得很真实："鼓楼高耸在城中，南北东西四路通。一月两回香火盛，此间供奉是仙翁。"

鼓楼的北面有清人梅小树撰写的一副对联，是木制的，上写："高敞快登临，看七十二沽往来帆影；繁华谁唤醒，听一百八杵早晚钟声。"梅小树的诗很多，没怎么传下来，可这副楹联许许多多的人都能背诵。

后来有消防队常驻鼓楼三楼，瞭望全市，哪个方向有失火的火情，就在哪边点灯，各水会就奔去救火。

民国初年，杨以德做警察厅长，他主张把鼓楼拆了。传说头一天半夜，老人们曾听到仙家的说话声："快去吧，咱待不了啦，杨梆子要拆鼓楼啦。"这当然是子虚乌有，但反映了老百姓的心理。

▷ 天津鼓楼

原计划拆鼓楼要用三千个工，结果用了四千多，包工的赔大发啦，因为鼓楼太结实，不好拆。自打拆了鼓楼，杨以德一家子都有病。他的好朋友劝他说："鼓楼里住着仙家，那能拆吗？不离儿还原旧儿盖上吧。"华世奎等社会名流在众多市民的恳求下，也亲自上门找他，力促他重盖。他还真识劝，乖乖地照原样又盖上了。华世奎补写的门额和木楹，绿瓦映红联，显眼又抬色。

1952年为便利交通，把鼓楼又拆了。古钟先移到天津大学，后由天津历史博物馆收藏。鼓楼已经不存在了，但是它的形象还留在人们的心里。

《天津卫三宗宝——鼓楼、炮台、铃铛阁》

❖ 陈德宏、克晶：天尊阁

天尊阁坐落在丰台镇还乡河南岸，此地与北京南郊的丰台区东西相对，故亦称东丰台。它位于宁河、宝坻、玉田、丰润四县交界处，是我市著名的文物古迹。天尊阁建造在高大的砖石台基之上，造型挺拔巍峨壮观。从正面看去，共分上、中、下三层殿堂，面宽均为五大间，只是上层梢间略窄。过去，这里是道教的寺庙，曾供奉西天王母和元始天尊等神像，所以三层楼阁又有紫微殿，王母殿和天尊阁之称。大阁的结构比较考究。在各层檐出之下和木柱额枋之上，簇饰着各式斗拱，第一层是一斗三升，即用柱头上的一个"斗"形大方木块承托着曲肘形拱子，再上置三个"升"形小方木块；二层是一斗三升交麻叶，即直出一个麻叶形的梁头；三层是三踩单一吊，即直出一个象鼻形的木拱。这些斗拱除了富于装饰效果外，还可以减小横梁与立柱之间的"切力"。仰首上望瓦顶，为九脊歇山式，正脊砖雕二龙戏珠纹样，刻工精细，两端的鸱尾和脊上的走兽也都玲珑剔透，栩栩如生。此外，每层檐角下还悬挂铎一只，每当微风吹拂，方圆数里均可听到悦耳铃声。

进入阁内，只见八根通天大柱平地拔起，穿过两层楼板，直达阁顶，通高约12米。通天柱用尺包镶，并以铁箍加固制成，直径达60厘米。各层梁枋由通柱连接起来，构成统一的整体，加强了全阁结构的稳定性。在通柱外围还有一圈木柱构成的廊子，也起着辅明通柱、防止高阁外倾的作用。数以百计的木构件连结，古代能工巧匠们采用了三种类型的斗拱和多种规格的榫卯作柔性节点。

天尊阁何时修建，已无文献记载。据有关资料考察，天尊阁为清康熙年间重修，曾丁咸丰八年进行过油漆、彩塑和补漏。

壮观的天尊阁成为古人为我们留下的宝贵财产，然而这座古建筑也有缺点，即三层飞檐一层小于一层，每逢下雨即形成上檐水冲下檐的现象。

《趣谈古庙天尊阁》

❖ **王长兴、刘炎臣：** 天津文庙

文庙又名孔庙，是尊崇和纪念孔子的庙宇，因与祭祀历代名将的武庙相对，故称之为文庙。它坐落在天津老城东门里大街，始建于明正统元年（1436）。初建时只有大成殿，明清两代先后修缮、增建，逐步形成现在的规模，即府庙、县庙和明伦堂。该庙占地12000余平方米，建筑面积3200多平方米，是天津现存的规模较大的四合宫殿式建筑。

大成殿是天津文庙的主体建筑，位于全庙的中心，是祭孔正殿，落成于明正统十二年（1447）。大成殿在唐朝称文宣王殿，宋徽宗赵佶因尊崇孔子"集古圣先贤之大成"，遂更名为大成殿。该殿青砖砌面，黄琉璃瓦铺盖，饰以彩绘，可谓金碧辉煌，雍容华贵。殿内供奉孔子及孟轲、颜回、曾子、子思和闵子（损）等12哲人的牌位，显示出孔子之学后继有人，学子济济一堂。大成殿还是旧时祭孔活动的中心。在天津按照旧时的规定，对于孔子，每年农历春秋各举行一次祭典。据考，在"仲春、仲秋之上丁日祭奠孔子谓之丁祭"。春季在二月，叫作"春丁"，秋季在八月，叫作"秋丁"。农历八月二十七日是孔子的生日，这时所有的学校都要放假，要集体向孔子行礼，还要吃一顿捞面，聊表纪念"孔诞"之意。

天津文庙的建筑形制，总体上是仿造曲阜孔庙而立的，但与全国各地孔庙相比又有其独到之处，照壁东西两侧造型精美的二道过街牌楼，在我国现存的牌楼中可称为一奇。此牌楼为二柱三楼式，木结构，造型奇特，横额上有鎏金雕龙华板，精巧的斗拱支撑三座"五脊六兽"的四阿瓦顶，

加之华世奎书写的"德配天地""道冠古今"墨宝点缀，使这两座牌楼既气势雄伟，又玲珑秀丽。

文庙作为天津的名胜已被保存500余年。在津门，孔子作为圣人也被祭祀数百年。天津的祭孔活动在现代史上曾掀起过三次高潮。从辛亥革命到五四运动前夕，袁世凯发布过尊孔令，举行过"尊孔祀圣"大典，通令全国中小学恢复读经。后来，康有为主张把孔学作为"国教"列入宪法，为宣扬维护孔教，成立孔教会、尊孔会等等，由此掀起了祭孔活动的第一次高潮；在萧振瀛任天津市市长时，尊孔祭孔活动再度掀起高潮；第三次是在日本侵略者统治下，经过日本人的导演，天津几任汉奸头子全从事过这种活动。

▷　1933 年的东门里文庙牌楼

在天津文庙举行祭孔典礼，要分官、绅两方面。春丁和秋丁祭孔典礼，由地方官主祭和陪祭；每年农历八月二十七日孔子生日，则由天津士绅们参与主祭和陪祭。

在天津文庙里，有一种训练"乐舞生"的组织。天津社会教育办事处印过一种"圣迹图"，祭孔时要用哪些古乐器，摆哪些祭品，行什么礼节，乐舞生全熟悉。他们在举行祭孔典礼时，全穿戴古代服装，担任奏乐、献供、唱礼、引导等服务工作，事后每人可以分得一点祭肉。

《天津文庙》

❖ 王啸伯、杨春霖：城隍庙话旧

提起城隍庙，上了点儿年纪的天津人都知道，它就坐落在天津老城的西北角府署街，也叫城隍庙街。如今这里已改建为府署中学，城隍庙的遗迹现存只有后殿两层，面阔五间；还有从门前那两个已经躺倒的饱经风霜的石狮子身上，才能看到城隍庙那悠久的历史。当年这里可是天津卫人烧香、朝拜、搞庙会的热闹场所呢。

城隍庙会是在每年的农历四月初一到初八日举行，其中初六是鬼会，初八是城隍的生日。会期虽说是八天，实际要闹到十五。这期间，庙内庙外商贩云集，百货杂陈。食品小摊、小儿玩具样样俱全。拉洋片的、演傀儡戏的、练武卖艺的也随处可见。再有就是焚香祝福、拜香还愿的善男信女、逛庙玩耍的游人，熙熙攘攘，真是摩肩接踵，热闹非常。

拜香还愿者大都是在父母或其他亲人生病时曾向城隍祈求帮助的，而在病愈后前去烧香还愿。拜香人头上用红布带系神码（纸印的神像），两腿也各缠红腿带，手持点燃着的料香，赤着脚，由自己家门一步一叩头，直到城隍庙大殿前。还有"滚砖还愿"的，打扮和拜香者一样，只是面前多了一块砖，走一步翻一次砖，叩一个头。这样劳动强度大，经常累得筋疲力尽。香客游人出于"善心"，往往乘其不备将砖抢走，放在大殿附近，拜香者就可以减少许多体力。更有甚者，就是"挂灯还愿"，即将一两个羊角灯，挂在刺穿臂皮的大针上，举臂而行，其状甚惨，其苦难言。

在八天的会期内，承办士绅每晨穿明代朝服，举行排衙典礼，由乐队和戏曲班分别在府庙戏楼打十番（奏古乐曲），在县庙戏楼演昆腔。戏楼两侧挂有对联，上联是："善报恶报循环果报，早报晚报如何不报"；下联是："名场利场无非戏场，上场下场都在当场"。书法刚劲，据说出自名家梅宝璐之手。

会期的排场大，靡费多，经济来源部分出自富商大户的捐助，但中小商号也多负有一定数字的摊派。

《天津城隍庙话旧》

❖ 姜恩庆：北仓的三座庙

早年北仓有三座大庙，一座是关帝庙，供奉着关圣帝君——关云长，因乡民们都称他"关老爷"，因而该庙也称"老爷庙"。庙当中关云长塑像，身披绿色战袍，庄严威武的紫红而发光的面庞上，衬托着五缕长髯，正秉烛夜读《春秋》的姿态，两旁还侍立着周仓、关平。到20世纪30年代，这座关帝庙都一直非常兴旺，每到年节，烧香的、还愿的络绎不绝。庙前广场，卖吃的、卖唱的、卖百货的无所不有。远近商贾小贩，都争先恐后地来赶庙会。逛庙的男男女女都肩挨肩，背擦背，拥挤不堪。

第二座庙，是村北头的药王庙。这座高高的大殿，足有20来米长，每逢旧历初一、十五，所有的庙门全部敞开，里面富丽堂皇，大圣先贤，八大金刚等许许多多的塑像，肃立在门前中央的平地上。供桌后面端坐着一尊神像，头戴冠冕，身穿黄袍，这就是妇孺皆知，最受人尊敬的"药王"华佗。由于他的座位是在平地上，连小孩子也能摸到他的手，他的两臂是用木头制作的，非常灵活，人们可拿着"药王爷"的手，抚摸抚摸自己的患处，以求减轻病痛，并能痊愈。

最兴旺的还得说是娘娘庙，由于它在东西两街的当中，地点适中，加上这座庙供奉的主神"王母娘娘"权威最大，特别受到人们的尊崇。

王母娘娘左边是王三奶奶神像，在她的跟前脚下，摆放着大大小小许许多多各式各样的泥娃娃。妇女婚后不生孩子，就找王三奶奶"拴娃娃"，就是用一根红头绳（红色的线）拴在娃娃的脖颈上，然后偷偷地揣在怀里，以求回家后生个胖小了。

在娘娘的右边，供奉的是"傻哥哥"，头戴草帽，足蹬洒鞋，肩上还担着一副水桶。据说孩子"种花"（就是种牛痘）时，"傻哥哥"给浇浇水，这"花"才能开得旺盛，因此每当孩子的牛痘结夹脱落后，都要到"傻哥哥"那里去还愿，礼品就是那一副水桶，一顶草帽，一双洒鞋，都是纸糊的。

后殿供奉的是救苦救难大慈大悲的观世音菩萨和它的保卫者韦驮护法等等。

北仓的三座庙，数娘娘庙的香火最盛了，香钱也得的最多。香钱就是看庙人的收入。每逢节日开庙门的时候，在香炉旁放上一个筥箩，看庙人站在一旁敲着磬，同时吆喝着"烧香别忘灯油钱！"于是烧香的施主们就多少不空地都往筥箩里扔。谁扔得最多，就表明谁最虔诚。

《北仓琐记》

❖ 阎芬：支持革命的广东会馆

初建时的广东会馆规模宏大，设备齐全，除现存的主体建筑做聚会、议事、庆典、奉神之用外，还有南园在主体建筑对面的影背墙后。此处有医生诊病，是同乡人休养之所。东临杠张胡同，北临东门内大街，是为同乡人食宿及供给会馆费用而开办的广业公司。置有房产，也对外营业。广东会馆戏楼经常有各路戏曲名角演出。从现存的广东会馆戏单中考证，龚云甫、孙菊仙、杨小楼、梅兰芳等前辈戏曲艺术家都在这里演出过，而且赈灾义演多于营业演出。那时的广东会馆各业兴旺，人心思齐，他们不但建了会馆，还开办学校，成立广东音乐会，兴建医院，设置义地，使广东人来津后生老病死都有依托。

广东会馆的落成，增强了广东人的凝聚力。当时，广东人遍及天津工、商、学、政各界；又有许多广东籍的早期留美学生回国后聚集天津，在洋务运动中发挥作用，形成了广东人在津发展的又一个黄金时期。

▷　广东会馆里的戏台

　　辛亥革命推翻了清王朝，天津的广东同乡支持孙中山，拥护共和，经常在会馆举办各种活动；会馆广场也成了天津三大集会广场之一。民国元年（1912）这里举办的庆祝大会暨提灯会参加人员多达6000余人。1912年8月24日，孙中山北上路经天津，同盟会燕支部在广东会馆召开欢迎大会，孙中山先生在会馆戏楼的舞台上发表了"我中国四万万同胞同心协力，何难称雄世界"的著名演说。邓颖超同志在五四运动时期，与天津女界爱国同志会在会馆举办募捐游艺会，演出新编话剧《木兰从军》和《安重根》，并在戏中扮演主要角色。他们将演出收入用来开办平民女校，学期两个月，不收学费，发给笔墨书纸，主要学习注音字母和花边钩织等谋生技能。1925年五卅运动期间，中共天津地委成功地组织了由上海、香港开来的英商货轮上的海员罢工。广东会馆积极为罢工海员提供驻地，还为中共天津地委组织印刷、海员、纺织、油漆等多个工会联合成立的天津总工会提供会址。至今，天津历史博物馆还保存着一张挂着天津总工会和中华海员工会天津支部牌子的广东会馆大门的照片。在民主革命时期，广东会馆以实际行动支持了中国革命，成为一处值得纪念的革命遗址。

《天津广东会馆及其戏楼》

❖ 邹学敏、白春友：清真东大寺

东大寺始建于1915年，由伊斯兰教徒高汉庭之祖父献房六间，经郑元德、刘好为、穆兴兰等人筹办建成。1937年曾遭水灾，重新扩建；20世纪50年代又将南侧的经汉小学地界扩进，占地面积1.704亩，建筑面积约600平方米。

东大寺的建筑格局成四合院形式，大门屋顶有清真寺的新月标志。经过道房走进寺院，迎面一株桑树，曲干皴裂，虬枝吐翠，春风荡漾，点点花蕾飘香。庭院整洁，北面有一棵杨树挺拔高耸，枝条舒展，新叶葳蕤，生机盎然。

大殿坐西朝东，为前厅后堂结构。殿堂宽敞，可容纳300人礼拜。西壁中央饰庑殿飞檐，四棵立柱红漆闪亮，六扇宫门金环静垂，一似真主幽居宫内，诱人心底幻发景仰之情。

庑殿南有小桌一张，是阿訇讲经用的，庑殿北有宣讲楼一座，上为庑顶装饰，玲珑精致；下为扶栏阶梯，可顺势而上，是阿訇用"阿语"讲经用的。相传1300年前，真主的使者穆罕默德，以枣树遮阴，登在一块大青石上，手执拐杖，向穆斯林们讲经传道。

后来，世世代代的阿訇均追慕效仿，亦手执拐杖，并且登在讲经楼上，向真诚的穆斯林们传达"主"的声音。大殿地上横铺条毯，穆斯林们跪在毯上，恭听布道，以熏陶净化心灵。

大殿两侧有耳房相衬，南厢房三间为南讲堂，现做会议室；北厢房二间为北讲堂，现做阿訇读经、办公、待客之用。北厢房西端是四间男水房，设10个厢格，供大净之用，另有小净池4米许；北厢房东端是三间女水房，设厢格6个，供女胞净身，另有小净池1米有余；还设埋汰室一间。大殿对面为女讲经堂。庭院周围有雨厦回廊，其建筑简洁、肃穆。

东大寺落成后，先后聘请了18位有名望的阿訇主持教务。第一任阿訇是李贵连。新中国成立后，有回少先、白玉可、白广春、刘贵祥、白亮普、钱法光、刘树珍、刘瑞豪相继主事，现在是刘开兰、张恩荣、李树国三位阿訇共同主持教务。

东大寺成立后，每逢节日和礼拜日，市内南开、河西、和平的伊斯兰教友以及旅津经商、办事或探亲的教友都纷纷来此参加朝拜、听经、净身等宗教礼仪活动。

《清真东大寺》

❖ 谢存礼：南马路，华北地区的"五金城"

20世纪三四十年代的南马路是一条很窄的马路，而且中间有一条电车道，"白牌电车围城转"，讲的就是这条电车道的故事。我所居住的南门脸是一个十字路口，汇集着各种商店。

1949年新中国成立前，路东的体仁堂因出售专治妇女病的甘露膏而深受欢迎。路北的同德油坊小磨香油，一九成的大众便鞋、一食居的坛肉、玉生香的小八件糕点在当时名闻远近。新中国成立后，南门脸儿的四角改成了南门食品店、南门百货店、南门五金商店和椿祥汽灯厂的一个车间。

在老南门的路西有一个旧时颇有名气的鱼市，鱼市虽小，但商贩摊点俱全。有豆腐房、锅巴菜、水煎包、龙嘴大铜壶的水冲茶汤、用大米粉做的面茶等小吃。鱼贩们在这里摆满了大大小小的鱼桶木盆，拐子、鲤鱼、鲫鱼、白鲢鲜活乱蹦，随意挑选。在鱼市最出名的是"螃蟹刘"，他卖的螃蟹盖青眼动，嘴角吐泡，圆脐的都露着脐黄，据说"螃蟹刘"的"一招鲜"是木桶里的螃蟹无论爬行还是卧着，他一眼就能看出圆脐长脐，是肥还是瘦。鱼市里还有一个有名的"杜称奇"蒸食店，这个店最出名的是火烧，料好精制，外酥里嫩，是老南门居民送礼的上等佳品。

南马路商家的经营特色以日用五金、机械五金、轴承电料、汽车零件为主。在南门东两边的路面上有二十几家小门脸儿店铺,有惠丰轴承行、安利自行车行、津利铁丝编织厂、义成轮胎店等。安利自行车行在20世纪30年代主要销售英国、德国进口的自行车。这种车当时非常时髦,但只有富豪商家才买得起。这个车行当时享誉华北,石家庄、保定甚至东北的客人都来此购车,并以能骑上英国凤头牌、日本富士牌自行车为荣。

在南门西路面上有近五十家门脸店铺,主要经营的是轴承、电料、汽车零件和汽车轮胎。主要的店铺有义和成、同利祥、三义永等。这些店铺的起家是从20世纪30年代拆卖汽车零件开始的。三义成铁号的掌柜陈宝贵白手起家,与杨贵田、阎荫谭从修理汽车开始。他们见当时的汽车都是从欧美进口的,品牌型号较多,又多没有备品备件,于是就干起拆卖废旧汽车零件的买卖,他们用很低的价格买来废旧汽车,进行大拆大卸,不能用的零件扔掉,能用的作为修车备件。当时旧中国自己不能生产汽车,整个华北地区的汽车配件都到南马路来买,南马路在20世纪40年代就有了华北地区"五金城"之说。

《遥忆当年南马路》

❖ 谢鹤声、刘嘉琛:商号林立的估衣街

估衣街对天津人来说并不陌生,它可是当年天津行业最全、店铺最多、最繁荣兴旺的商业中心一条街了。

说起估衣街的历史,真可谓由来已久,早在清光绪庚子(1900)以前,估衣街就开始形成了,那时有一些估衣商从当铺里以低价收买一些当死的旧衣服,在这条街上设肆出卖。一些不太富裕的人家添置衣服时,就到估衣铺买现成的"一伸袖"衣服,既省工省料,又省钱省事,估衣商也能从中获得厚利,因而估衣铺便应运而生,而且越来越多,这条街也由此而得名。

而估衣街的兴盛，还在于它那得天独厚的地理位置。它处于海河及五大支流的汇合之处，更赖于南运河的沟通，当时运盐、运粮的货船均在南运河靠岸，往返装运各地物资，运销华北。内河航运发达，陆路交通畅通，人口流量日益增长，促使估衣街的商业迅速发展起来。

▷ 民国时期的估衣街大胡同口

估衣街全长500来米，宽仅5米左右，为东西走向。西口靠北大关，直对竹竿巷，斜对针市街；东口与锅店街街接，经单街子，可达大胡同、大经路、北站，也可通往毛贾伙巷、老铁桥、宫北大街一带；南邻北马路；北靠南运河南岸。它以估衣街金店胡同为界，迤西至西口一段，为估衣街。迤东为锅店街，再往东行则为单街子，三街相连，直贯东西，形成带状。中间有归贾胡同、金店胡同，可通侯家后、鸟市、肉市、小马路、鱼市一带。

估衣街的南北两侧商号林立，星罗棋布。到了20世纪20年代，它已进入鼎盛时期。根据1931年9月的统计，在不太长的估衣街上共有19个行业，约110家店铺，当时的繁荣景象是可想而知了。

《六十年前的天津估衣街》

❖ 谢鹤声、刘嘉琛：有"银子窝"之称的竹竿巷

20世纪20年代的竹竿巷，到这里进行交易的各地客帮络绎不绝。一些从事棉纱、杂货、药材、纸张、茶叶、麻袋的掮客，仨一群俩一伙地在路旁交头接耳，时而在袖口里互掐手指，时而高声吵嚷争得面红耳赤，也有的附耳低语（俗称"打哑谜"）讲价钱，穿梭似的来来往往，不绝如缕。当时天津各行各业包括各银行、银号、商号以及外商银行，要通过华账房办理申汇事宜，不论是几十万甚至百万两行平化宝银或银圆的汇款额，都要以竹竿巷附近的公记经纪人成交开盘、收盘行市为依据。因此，竹竿巷这个巷子虽小，但在经济上却占有相当重要的位置，它对促进天津金融、贸易的繁荣，沟通南北物资交流，起着很大的作用。

竹竿巷虽小，却开设着一些具有代表性的天津商业巨户。商号的建筑大多是宽阔的大四合院，青砖木结构，磨砖对缝青石作碱，大漆门窗隔扇，装修阔绰讲究，古色古香，金字牌匾辉煌夺目。这些大商号，大部分都是天津著名的"八大家"穆家、石家和"棉布业八大家"的金桂山、潘耀庭、卞润吾、胡树屏、孙烺轩、范竹斋、乔泽颂、纪卫瞻等，以及豪绅巨商章瑞廷、大总统冯国璋、大买办魏信臣、巨商孙樾桥、赵仲山、赵聘卿等人所经营的大棉纱庄、大银号、大杂货商、茶叶庄、麻袋庄、南北货的姜厂和关东烟铺等等，可谓天津商业之荟萃。

竹竿巷这个小巷里，有大棉纱商24家，大银号8家（其中有西街代表性的2家、山东帮1家、山西帮1家、本地帮4家），大杂货贸易商3家，著名茶庄2家，大麻袋庄1家，最早最老的烟铺1家，共39家。其中二分之一以上是新老"八大家"所经营的。总计这些家的自有资金（不靠外力），总额约在二三千万两银子，因此素有"银子窝"之称。

《忆早年天津的竹竿巷》

❖ 陈竹亭、范永林：北方工业的发祥地——三条石大街

天津三条石大街，在天津城北，红桥区的东南部。它南临南运河，北靠北运河，西通繁华的河北大街，东面是南北运河汇流的三岔河口，恰好形成一个三角地带，总面积730多亩。

在20世纪30年代中叶，街的东西口均有木牌坊，分别写着"三条石大街东口""三条石大街西口"字样。走进三条石，机声隆隆、锤砧叮咚，铸铁厂的风火呼啸着，焰火烛天，照红半条街。这里就是以铸铁业、机器业为主的北方工业的发祥地。像三义公、三合、金聚成、郭天成、郭天祥、春发泰等早期的铸铁厂、机器厂，均发祥于此。就是在这个占地仅700余亩的三角地带，半个世纪以来孕育了数百个大小工厂企业，一百五六十户机器铸铁业。三条石被誉为中国华北机器铸铁业的摇篮，是名不虚传的。

三条石具有得天独厚的水陆交通条件，这里有南运河沟通江南江北。三条石在天津居两河之交，当时最繁华的估衣街，北门外大街邻其南，河北大街横其西，而繁荣的两个内河码头——南运河的北大关、子牙河的大红桥码头依附其左右。每日帆杆如林，舟车互递，商贾络绎不绝。后来，陆上又有津浦铁路，天津西站与三条石仅数里之距，这一条南北大动脉又将三条石与全国各地联系相通。

《话说二条石》

第二辑

津沽寻踪，
洋楼背后的如烟往事

❖ **葛培林：**孙中山先生下榻张园

张园（鞍山道59号）的原主人张彪，字虎臣，1860年12月28日生于山西省榆次县左府村。1927年9月13日病逝于天津日租界宫岛街宏济里的住宅。其先后有四位夫人，共生有八男九女。

在退隐津门期间，张彪投资实业，用赚来的钱，在日租界购置土地，于1915年至1916年间在宫岛街（今鞍山道59号）建了一栋三层豪华楼房，为西洋古典风格。其楼房四周长廊围绕，入楼口有十几级的台阶。院内有假山，又筑引水池，种植各种花木，取名"露香园"。因为园主人姓张，人们称之为"张园"。张彪还在张园的后面为子女盖了八所住宅，取名为"宏济里"（今鸿记里）。

张彪虽是武人出身，但颇具经商才能。如张园除供自家享用外，还出租做游艺场。1923年，张彪与广东商人彭某订了出租合同，彭某在园内开设了北安利广东餐馆、剧场、曲艺场、露天电影场、台球房等，还利用园内亭台、假山、荷塘、石桌凳等设立茶座、冷饮。露香园一度变为一座露天的游乐场，与其对面的大罗天游艺场构成了一大景观。

1924年12月4日至31日，伟大的民主革命家孙中山先生曾下榻张园。

孙中山莅津前夕，为迎接他的到来，张园布置一新：大门前搭有彩色牌楼一座，正中缀金色"欢迎"二字。牌楼上围以彩色电灯，园内各走廊挂满旗帜。迎接室在楼房二层。楼房一层之前厅为大客厅，后厅为随员卧室。二楼前楼为内外客厅，一律为新式方形蓝缎面沙发椅，上加虎皮毯，窗旁围以各色菊花。二楼后楼有左右两间，左间为办公室，靠窗置一大写字台，上有一部电话机，并置普通座椅八把；右间为卧室，中间有一大铜床，被褥一律新制，这是孙中山和夫人宋庆龄的卧室及办公室。

1924年12月4日上午11时45分，孙中山偕夫人宋庆龄及众随员，经广州、香港、上海、日本的长崎、神户等地，到达天津法租界美昌码头（今营口道靠海河处），受到各界人士的热烈欢迎。冯玉祥的代表徐谦、焦易堂，张作霖的代表杨毓珣，段祺瑞的代表许世英、吴光新，黎元洪的代表李根源、熊少豪，直隶省代表杨以德，以及京津国民党、各团体代表王法勤、叶恭绰、蒋梦麟、吴子才等上船谒见孙中山。随后，孙中山与宋庆龄乘专车至张园行馆。各欢迎代表随至，孙中山在张园楼前的大台阶处与大家合影留念。

孙中山在张园稍事休息后，于12月4日下午偕汪精卫、孙科、黄昌谷、李烈钧等十余位随员赴曹家花园（今河北区黄纬路上的254医院）访晤了张作霖。孙中山于当日下午返回张园后，觉肝区发痛，即请德国医学博士施密德诊治。据云系因旅途劳顿，食物不消，以致胃痛，肝部因之而肿，必须静养。其实孙中山此时已患上肝癌。

此后至12月31日，孙中山的病情逐渐加重，入张园给孙中山诊病的医生有德医施密德，日医田村、小管勇。

孙中山在张园的27天，在张园病榻上接见的各界人物有日本驻天津总领事吉田茂，记者藤泽山内、江崎、西村、岛田及卢永祥、张作霖、吴光新、曲同丰、梁鸿志、曾毓隽、柏烈武、许世英、叶恭绰、刘成禺、郭泰祺、黎元洪、杨毓珣、李世军、段宏业、张允荣、徐季龙，北京大学校长蒋梦麟、学生屈武等。另据笔者粗略统计，孙中山仅以大元帅名义在张园给部下发出的指令、训令等就有118件，并在张园发出了长文《孙中山抵津后之宣言》，草拟了建国意见25条。当时孙中山虽然已是肝癌的晚期患者，但他为了清除军阀混战、废除不平等条约，达到和平、统一、救中国之目的，仍是日夜操劳，真是鞠躬尽瘁，死而后已。

1924年12月31日上午10时许，雪后气寒，孙中山偕夫人宋庆龄及其众随员由张园起身至东车站（今天津站）乘专车入京。各界代表齐集车站欢送。从此，孙中山结束了在天津的生活。

《张园的主人及其过客》

❖ **韶华：黎元洪晚年在天津**

民国大总统黎元洪（1864—1928），号宋卿，湖北黄陂人，14岁时随父黎辅臣（字朝相）迁居天津北塘。黎元洪在武昌起义时被推为领袖，先后于1916年和1922年两次出任北洋政府大总统。1917年被北洋军阀张勋撵下台，晚年寓居天津。黎元洪在津有寓所两处：一在英租界盛茂道（今河北路）与巴克斯道（今保定道）交口（今河北路283号）；一在德租界威廉街（今解放南路268号泰达大厦址）；另外与英租界寓所相连，还有一座私人戏院（今小光明影院址）。

德租界威廉街寓所，也称黎氏容安别墅，于1917年黎元洪被张勋撵下台，退居天津英租界时购买，使用化名为宋卿府君。购置的这所房地产，占地面积3.72市亩。购进后将旧房拆除，重建成一座花园住宅，包括一座西式三层楼和几间附属平房，共44间，建筑面积1878平方米。该楼为砖混结构，混水墙身砂石罩面，尖型瓦顶，大理石台阶。室内装修讲究，一层是大理石地面，二、三层是菲律宾木地面，多槽门窗。暖气卫生设备齐全。房间布置：一楼是大厅、音乐厅、饭厅、书房等；二楼是卧室、书房、女客厅；三楼是部分卧室、使用间。附属平房为传达室、保卫室、厨房、储藏室及佣人住处等。院内花园建有喷水池、方亭、石雕仙子、花窖等。此寓所为大夫人吴敬君居住。

黎元洪一生非常热情好客。他常在德租界花园寓所接待中外宾客。1924年12月4日，孙中山第三次到天津。翌日，中山先生带随员到容安别墅拜访黎元洪，后黎元洪还在容安别墅招待孙中山和夫人，但孙先生突然发病，由夫人宋庆龄代表出席。1926年，世界青年会组织代表来津，人数甚多，黎元洪热情接待，并为每人备茶点一份。黎元洪在寓所还接待过美国木材大王罗伯特·大莱、英国报业巨子北岩公爵、美国钢笔大王派克等。派克特意将一支特制的朱砂色金笔送给黎元洪，还请黎用这支笔为其签字留念。至于天津知名人士严范孙、卢木斋、张彪等更是黎宅的常客。黎元洪对来访的客人总是要留他们用便餐，每次都由主要办事人员作陪。每逢元旦、圣诞，黎元洪总要在寓所举行庆祝招待会宴请中外客人。宴会召开的前几天，他总要按照西方的习惯发出英文正式请帖，并请答复；对日本客人则用中文的正式请帖。按照礼节，每逢宴会黎元洪必穿礼服迎接客人。客人来到前，黎总要亲自检视餐桌上每位客座前已摆好的外文菜单。他宴请外国人不完全是西餐，每次都有鸽蛋汤或鱼翅汤等。时逢节日，他还要在私人戏院里举行舞会。戏院楼上备有西式冷食、果汁、饮料等，供客人享用。春节时，他还邀请京剧名角和杂耍艺人到私人戏院演出，招待社会各界人士。黎下野后，虽不过问政治，但对国庆节却非常重视。他常说，我作为"中华民国"的一个平民也应该庆祝。每逢国庆，他都在寓所、戏院放焰火，放映露天电影，欢迎大家与他共庆国庆（辛亥革命纪念日）。

▷ 威廉街旧影

　　黎元洪常住在英租界盛茂道寓所，隔一天去一趟德租界威廉街寓所。黎有午睡的习惯，但他不是在床上午睡，而是在沙发上。黎元洪喜欢运动，注意健身。每日早餐前必做一次体操。他夏天好打网球，冬天好滑冰。他喜爱骑马，还是位老行家，早在湖北训练新军时，马术就很高。他经常骑马到东局子法国兵营，那儿过去是他的母校——北洋水师学堂所在地。黎元洪也喜欢挂着文明棍外出散步。他常和夫人一起步行到平安（今音乐厅）、蛱蝶（今大光明影院）、光陆（今北京影院）去看戏或电影。他不像有的总统出门前呼后拥，他不要人跟随，喜欢自由自在地散步。

黎元洪平日喜好书法，寓居天津后更是乐此不疲。他多临张迁、华山等汉代碑帖，并以颜书见长，常泼墨挥毫取乐。当时各方求书者甚多，他都乐而应之，一写就是半天。若有人备好空白的对联或横幅宣纸，请黎元洪为自己题词的话，他总是很高兴地按客人的意思，写好交给人家。当时，很多人家里都挂着黎元洪的墨迹。

《黎元洪寓公生活》

❖ 张绍祖："辫帅"张勋在津旧居

张勋复辟失败后，蛰伏于天津。他早年在津建有张勋公馆，地点在德租界6号路（今浦口道6号，为天津市商检局），东起台儿庄路，西至江苏路，南抵浦口道，北邻蚌埠道。这是一所大宅院，建于1899年，为德式建筑，由德国建筑师考特·路勒·凯甘尔设计。张勋系购自清王室所建的这所西式洋楼，占地面积16585平方米，建筑面积5632平方米，有楼房56间，平房54间，布局完善，环境幽静。进门有横卧虎式假山，院内左侧有一座古色古香的六角凉亭，院中间有水池和四季常青的花坛，气度非凡。园中养有猴子、狐狸等动物和鹦鹉、孔雀等鸟类。

院内深处是两幢砖木结构二层黄色别墅式小洋楼，分东西两楼。西楼是会客楼，铅铁尖状屋顶。室内装饰豪华，硬木门窗、地板。由高台阶进入圆形门厅，有廊子相连。底层设戏楼，有二层看台。当时张勋策划复辟，聚集心腹密谋于此。二楼前部有大平台。东楼为张勋与其眷属的起居楼，建筑整体呈狮子状。立面简洁，四坡蓝瓦顶，局部有尖顶塔楼，上有风向标。底层为圆拱门窗，彩色玻璃。楼梯转弯处有一面引人注目的华丽大镜子。楼左侧后方有大型花窖，左侧一排平房是护兵、马弁和佣人居室。

张勋宅邸后院为私人花园，有一座长龙造型假山，上有凉亭、瓷人、石碑，还有荷花池、石桥、游船，并养鸟兽、花卉等，气度非凡，实是园林艺术的精品。

▷ 张勋在天津的旧居

他在英租界巴克斯道西口（今保定道59号，和平区保定道小学址）有住宅。这是一座五层大楼住宅，大门口有两扇铁栅门，常有两个彪形大汉荷枪站岗。进门是一个大院，院中有八只兰花大瓷缸。大楼里面，宽敞舒适，后面有花园，园内有假山池塘，楼台亭阁，种满了花草树木。他还出租巴克斯道（今保定道）松寿里大片房产，又投资于大陆银行等企业。

他晚年养尊处优，拥姬妾以自娱，蓄壮士以自卫。1923年9月12日，张勋突然患病，头昏胸闷肚子疼，请来了日本医生，诊断后拿出两包药，打开一包倒进他口中，用温开水送下，睡到半夜，他在床上翻滚吼叫，折腾了一阵子就断了气。死时，他年70岁，有9男5女。他死后，出丧场面之大，仪仗之盛，前所未有。他脑袋后面的辫子至死未剪，随他进入棺材。张勋死后其家属把浦口道全部房屋转卖给盐业银行，1936年盐业银行又卖给国民党实业部天津商品检验局。新中国成立后人民政府接管，由中华人民共和国对外贸易部天津商品检验局使用至今。

《"辫帅"张勋在津旧居》

❖ 葛培林：梁启超的饮冰室书斋

在原天津意租界横二马路19号和21号（今河北区民族路44号和46号）的两幢意大利建筑风格的小洋楼，是清末戊戌变法运动领袖之一的梁启超的故居和饮冰室书斋。梁启超曾在这里著书立说，并与蔡锷在此策划了讨伐袁世凯的护国运动，对中国近代历史的发展产生了重要影响。

梁启超（1873—1929），字卓如，号任公，又号饮冰室主人，广东新会人，举人出身。他是康有为的学生，曾和康有为一起发起变法维新运动。戊戌政变失败后逃亡日本，主编《新民丛报》，介绍西方资产阶级的政治学说，对当时中国的知识界有较大影响。辛亥革命后回国，曾出任司法总长、财政总长。后来定居天津，曾在南开大学、清华学校等讲学。在他的饮冰室书斋中完成了影响中国学术界的巨著《饮冰室合集》。

他的故居（今河北区民族路44号）建成于1914年。1915年初，梁氏举家迁津定居。这幢意式两层楼房，有地下室，顶层有阁楼。一二层各有九间房，由互通的门分为东西两部分。东半部由梁启超专用，楼下是过厅、小书房、客厅和起居室。楼上是他的书斋饮冰室、图书室和浴室。另半部为其家属居住。1924年梁启超又在寓所左侧，由意大利建筑师白罗尼欧设计，建了一座专门的书斋，遂将饮冰室斋名专用于此楼。"饮冰"一词源于《庄子·人世间》："今吾朝受命而夕饮冰，我其内热与？"比喻内心忧虑。这是当年梁启超受光绪皇帝之命，变法维新，内心焦灼，须解内热，故借"饮冰"一词，来表达梁氏的内心世界。这座两层小楼的正面有三个小拱门。门前两侧是石阶，当中有一蓄水池，池中雕一石兽，口中常年流水不断，使这座小楼的整体充满了生机。一楼正中是大厅，一到夏季，梁氏就在此开办"饮冰室暑期讲学馆"。大厅的周围有五间房，其中四间是梁氏的书房和图书资料室，另一间杂用。二楼靠西北角，也是一间大厅，中间放一张长桌，周围放置十把红木椅。这里主要是用于接待军政界人物及社会名流。靠东南角的几间屋是梁的卧室及图书资料室。梁氏在饮冰室完成了《清代学术概论》《墨子校释》《中国历史研究》《中国近三百年学术史》等重要学术著作。

《梁启超的饮冰室故居与护国运动》

❖ 章用秀：刘春霖及状元楼

早年，天津河北天纬路附近，天津市乳胶厂后侧，有一座远近闻名的状元楼，这就是清代末科状元刘春霖于20世纪30年代兴建的寓所。如今，状元楼遗址犹存，但已失去旧观。

刘春霖（1872—1942），字润琴，河北省肃宁县人，后曾迁居天津。他才思敏捷，青年时代，即以诗文和学识为士林所称道。清光绪三十年（1904）甲辰科开考，刘春霖一举获取状元功名。他是天津封建文人中第一个中状元的人。此后，清政府废除科举取士制度，刘春霖当然就成为天津乃至全国最末一位状元了。

关于刘春霖中状元的由来，还有个传说：当甲辰会试时，本来谭延闿（曾任国民党政府主席）中试第一名，刘春霖的名次在第十七名，但在殿试时，谭反被取在刘后；另一位才子金梁（字息侯）的试卷也不错。但慈禧太后发现里面有"痛哭"的字样，当时正值慈禧七旬万寿大典，认为不吉利，结果金的试卷被掷之于地。而在刘春霖的殿试卷名字上点上一点朱红，于是刘列居榜首，大魁天下。

刘春霖清末曾历任翰林院修撰、福建提学使、直隶法政学堂提调。辛亥革命后，在北洋政府任大总统秘书、中央农事试验场场长、直隶教育厅厅长等职。刘曾在保定经营书局业务，天津的直隶书局和群玉山房均为刘春霖所办。20世纪30年代，侨居我国的犹太富翁哈同，死于上海。哈同的丧礼，仿中国旧俗。主办其事者特恳人转请当时仅存的中国末科状元刘春霖为哈同撰写行状，并任点主官，为其点主。因此刘春霖成为上海轰动一时的新闻人物。

▷ 刘春霖

刘春霖居津时，是天津文坛的活跃人物。他与儒林好友章梫、金梁、王守恂、赵元礼及城南诗社诸社友多有往还，每有诗酒之会，互相吟诗唱和。他还在天津当过一个闲散咨询机构的处长，即直隶自治筹备处处长，常往返于京津之间。他为人讲志节，性情温善，不善攀附。有人曾劝他改变处事态度，他说他属笨拙的人，且表心迹曰："平生之志不在温饱。"

《刘春林及状元楼》

❖ 金彭育：吉鸿昌将军与红楼

在天津中心公园南侧，有一所三层红楼，这就是著名抗日英雄吉鸿昌将军的旧宅，门牌是花园路5号。

这所带庭院的三层英式小楼建于1917年，由比商仪品公司工程师沙德利设计。该楼占地1.45亩，原有楼房11间，平房2间，楼过堂2间，总建筑面积1408平方米；砖木结构，红砖清水墙面，结构严谨而不失活泼。1930年，吉鸿昌购得此楼，第二年全家迁入。从那时起到1934年，他在这里进行了大量的革命活动，并加入了中国共产党。

吉鸿昌，原名恒立，字世五，河南扶沟人，1895年生；1913年投笔从戎，历任团、旅、师、军长，宁夏省主席，二十二路军总指挥。因受共产党人的影响，他拒绝执行进攻工农红军的命令；1931年秋被国民党当局解职，并强令他携家眷出国考察。1932年"一·二八"事变爆发后，他毅然回到国内，同年，在湖北省麻城策动旧部进行反蒋起义，但因实力悬殊而失败。

吉鸿昌回到天津，在红楼筹措经费，搜集武器。楼内有一个存放枪支的秘密仓库，从这里把这些枪支运往抗日前线。这所红楼成了我党在天津开展抗日救亡运动的重要据点。

1933年春，日本侵略军攻占热河，向河北、察哈尔进犯。4月，吉鸿昌离开天津，前赴张家口。5月，冯玉祥、吉鸿昌、方振武等以国民军旧部为基础在张家口成立察绥民众抗日同盟军。虽然国民党政府继续采取不抵抗政策，但这支民众抗日部队却在中国共产党和全国人民支持下，浴血苦战，屡建奇功。这支部队抗击进犯察哈尔的日、伪军，收复宝昌、沽源、多伦等地，重创日本侵略军。8月，在蒋介石的破坏和威胁下，冯玉祥离开张家口，吉鸿昌、方振武等宣布成立抗日讨贼军，继续在热河一带抗击日、伪和国民党军队的夹攻。后由于寡不敌众，这支抗日队伍于9月份遭到失败，吉鸿昌又回到天津。于是，红楼又成为我党进行秘密活动和地下联络的据点。二楼客厅原有3个门，改为7个门，楼内门门相通间间相连，并在每层都设小间密室，以应付紧急情况。三楼是地下党的秘密印刷室，印刷党内文件和出版抗日刊物《民族战旗》。吉鸿昌于1934年在这所红楼建立了"中国人民反法西斯大同盟"，并被推选为该同盟的主任委员。

▷ 吉鸿昌将军旧宅

　　吉鸿昌的革命活动惹恼了国民党反动政府。1934年11月9日，吉鸿昌在离红楼不远的法租界国民饭店遇刺伤臂后被法租界工部局逮捕。同时被捕的还有任应岐军长。后二人被引渡到国民政府军事委员会北平分会。1934年11月24日，吉鸿昌与任应岐被蒋介石下令枪杀于北平炮局子陆军监狱，吉鸿昌英勇就义时年仅39岁。

《吉鸿昌将军与红楼》

❖ 林放：从未住过一天的旧宅

　　位于天津市民园体育场西侧的常德道2号，因其欧洲别墅式的独特建筑风格，被天津市人民政府列为文物保护单位之一，命名为林鸿赉旧宅。实际上林鸿赉没有在常德道2号住过一天，其中缘由，就从林鸿赉说起。

　　林鸿赉（1900—1981），字庶希，浙江宁波人。早年就读于天津新学书院（今17中前身），后考入北平清华学堂留美预备班，就读二年后赴美国纽约大学经济系攻读三年。回国后先后在民国政府财政部、海关总署、中国银行任职。新中国成立前，他曾任天津中国银行经理和天津中孚银行经理，在金融业中小有名气，且为人谨慎，处事稳重，故当时在津的一些达官显要，都将其资产存入中孚银行。如清朝宣统皇帝的六叔载洵（人称洵王爷）即将其全部财产委托林鸿赉保管，并将老宅（今浦口道闽侯路小学分校校址）让与林居住。

林鸿赉在1943年，因为冀东抗日游击队调款购买药品之嫌，遭日本宪兵队逮捕，通过重金疏通被保释。1946年，他曾掩护一位我党地下党员进入银行工作（新中国成立后才知他即是进驻天津中国银行的军管会代表王家祥同志，现已离休居住南宁市）。

常德道2号原是林鸿赉莫逆之交张福运所置的房产。张和林是清华大学的同窗好友，又共同赴美留学，回国一并供职于民国政府财政部。张福运系山东一富家子弟，获美国哈佛大学法学博士学位，受宋子文赏识，又娶李鸿章之嫡孙女李国秦为妻。由于这样的背景，张福运官运亨通，历任民国政府海关总署署长、税务总署署长、全国经济研究室主任等要职。

1932年，李国秦以己之私房钱，让张福运以"谦静堂"名义从英商先农公司购买了前常德道一块地皮，于1935年委托外商乐利工程公司设计建筑了这所欧式风格的别墅。这所红砖青瓦的二层小洋楼在建筑设计布局上颇有特色，上下各有四大间正房。一楼正门门庭为彩色大理石地面，楼上下客厅、饭厅和卧室、书房的墙面周边，都镶嵌有花饰，全楼各房间尺度合宜，比例匀称，给人以宽敞、雅静的感觉。红砖青瓦的外墙，在林木成荫的草坪花园中，显示了别墅的幽雅环境。此宅建成后，张李夫妇只是由沪来津时小住。据说，也曾接待宋子文、孔祥熙来津时一住，而大多时间是空闲的。1947年张福运赴香港前，将常德道2号的房地契交予林鸿赉办理过户赠予手续，作为临别纪念。

林鸿赉虽得此住宅，考虑到当时国民党已日落西山，社会治安极不稳定，且已购置了大理道80号（今天津市文物局文物处办公楼），故未迁入常德道2号居住。新中国成立后，曾在此宅内的花园草坪上，举行过一次天津的清华校友联谊会，由当时的校友会会长朱继圣主持，杨天受等30多位校友到会一聚。不久，即主动捐献上缴。常德道2号是林鸿赉从未住过一天的老宅，也可称张福运故居，但房地产证上的名字是林鸿赉，故文物局以此为据，定名为林鸿赉旧宅。

《从未住过一天的旧宅》

❖ 李尚波：张自忠将军旧居

坐落在和平区成都道60号的现天津市民政局大院里，有两座二层西式楼房。该建筑占地面积2870平方米，建筑面积1999平方米。主楼前面由方柱支撑形成上下两层内廊，两侧外凸，呈多边形，上筑阳台，主楼后部有过桥与后楼连接，整个建筑风格庄重朴素。这座大院就是著名抗日爱国将领张自忠将军20世纪30年代在津供职期间的居住地。

1936年5月，张自忠调任天津市市长。在此期间，他积极维护国家和人民的利益，不畏强暴与帝国主义展开了针锋相对的斗争。他到任后得知，外国商人出口我国羊毛从不缴纳地方税，当即下令将所有外商出口商船扣留，迫使外商以后一律照章纳税，捍卫了国家的主权。

1937年3月，英国驻天津领事馆为庆祝英皇加冕典礼举行宴会，招待各国宾客。日本驻屯军司令官自恃日本势力强大，非常霸道地提出，要以最高来宾身份出席宴会。张自忠闻后，怒不可遏，义正词严地提出抗议：在中国领土上举行庆典岂能喧宾夺主，否则中国方面绝不出席。最后英国总领事不得不决定以张自忠为最高来宾。但届时张自忠却借故只派了一个外事办的科长代为出席，表示了对帝国主义的轻蔑和鄙夷，从而狠狠地打击了日本帝国主义的嚣张气焰，维护了国家利益和民族尊严。

七七事变后，张自忠接替宋哲元代理冀察政务委员会委员长及北平市长。在平津两市相继沦陷后，他化装离开北平，辗转到南京主动请缨赴前线杀敌。

几年间转战肥水、临沂、豫南、鄂北一带，屡建奇功，给日寇以沉重打击。

1940年5月，日军集中15万兵力发动了枣宜会战。当时敌军分三路进攻枣阳、襄阳、宜昌等地，向第五战区主力实施包围。进至枣阳的日军与中国军队发生激战，当时任第三十三集团军总司令兼第五战区右翼兵团总司令的张自忠，率部从右翼迎击向枣阳地区进犯的日军主力。屡经苦战。16日拂晓，与日军激战九昼夜的张自忠部队在大洪山区罐子口遭到日军的炮击，被迫退到南瓜店。此时张自忠左臂已负伤。由于战事异常惨烈，部队伤亡惨重，他将卫队参谋、副官等人全部派出增援第一线，身边只留下高级参谋一人。日军的机枪在猛烈扫射，张自忠仍高呼督战，腰部又被子弹射中，仍不肯撤离前线。之后他又连中数弹，倒在血泊中。最后终因敌众我寡，阵地被日军突破，张自忠及周围官兵全部英勇殉国，用生命和鲜血谱写了一曲壮烈的爱国主义悲歌。张自忠是抗战以来唯一一位亲率队伍冲锋杀敌、受伤不退、以身殉国的集团军总司令。

张自忠将军英勇牺牲以后，国民党政府为他举行了隆重的葬礼，中国共产党主席毛泽东、周恩来、朱德分别送去了花圈、挽联，毛主席为他题词："尽忠报国"，周恩来作了《追念张荩忱上将》的悼文。因张自忠将军曾在天津长期生活过，1946年，为纪念这位著名的抗日民族英雄，国民党天津市政府把靠近海河南岸的一段马路改名为"张自忠路"，一直沿用至今。

《张自忠将军旧居》

❖ **邵华：赵天麟喋血伦敦道**

1938年6月27日早晨，天津英租界伦敦道（今成都道）发生了一起暗杀事件，被害人是天津著名爱国教育家赵天麟，引起了社会的极大震动。

赵天麟（1886—1938），字君达，天津人。1906年以北洋大学第一批官费留学生留学美国，获美国哈佛大学法律博士学位。回国后执教北洋大学。民国后出任北洋大学校长，以"实事求是"为校训。他热爱祖国，1916年曾积极参加天津人民反对法帝国主义强占老西开的斗争，被推选为维持国权国土会副会长及"晋京请愿力争代表"。1920年1月，赵天麟辞去北洋大学校长的职务，受聘为开滦矿务局协理。1931年被选为天津英租界工部局董事会华人董事。1934年出任天津公学（耀华学校前身，1935年改名为耀华学校，即今耀华中学）校长。

1937年抗日战争爆发后，日军疯狂轰炸了具有爱国传统的南开大学及中学。为安置流离失学的学生，他利用学校设在英租界的有利条件，开设特班，招收了被迫停办的南开中学等校的失学学生一千余人。他坚持对学生进行抗日爱国教育，并资助爱国青年奔赴抗日前线参军杀敌。1937年9月1日耀华学校建校十周年时，仍悬挂中国国旗，唱中国国歌。他为了抵制日伪政权的奴化教育，联络了法汉中学（今二十一中）校长王文华、志达中学校长张敬熙、慈惠中学校长余忠益等，于1937年12月12日，在海大道（今大沽路）女青年会召开秘密会议，参加会的有各校教师50多人，赵天麟任主席并作了慷慨激昂的讲演。他说："现在国难当头，我们勿忍视倭奴侵占我华北领土。我教育界为四万万同胞的先导，我等均为高尚的知识分子，要宣传抗日工作，不应坐视倭奴以我华人当犬马，永不当亡国奴。爱国抗日到底。"会上议决：继续用旧课本，决不改有三民主义的内容；各校学生抗日爱国到底，一律不准买日货；各校从即日起增加军训一小时。他支持学生在校内宣传爱国和抗日。凡此种种引起了日本侵略者的嫉恨。他们说耀华学校是抗日大本营，并捏造谎言，说学校地下室都是武器，要求进校查看。赵天麟坚决拒绝日本人进校，因而激怒了日本宪兵队，大骂赵大麟校长"侮辱皇军"，向他发出了恐吓信，信中夹带着子弹壳。英国工部局得到情报并及时转告赵天麟，以防日本人暗杀之不测。赵天麟不屈于日本人的威胁和恐吓，写下了遗书，安排好后事。从此，他不赴宴，不访亲会友，不到娱乐场所，每天照常上班。为了保护赵天麟校长的安全，英国工部局警务处和耀华学校都作了安排，英国工部局每天用汽车接送，由警卫人员随身护卫。然而经过了一段时间，事转寂然，警惕性有所放松，认为不需英国工部局的汽车接送了，只留警卫人员随身护卫。岂知日特正密派凶手潜入租界，伺机实行暗杀。

赵天麟的寓所在英租界伦敦道昭明里2号（今和平区成都道73号）。这是一所一侧靠昭明里，正门在伦敦道的二层砖木结构的小洋楼，还带半地下室与顶层储藏室，进大门上高台阶，二楼有大平台，设备齐全讲究，周围环境幽雅。

1938年6月27日清晨7时20分，儿子赵寿岗几次打电话给飞艇汽车行要出租车，但始终未到，赵天麟由家中出来，步行去耀华学校上班。他刚出门不远，便被两个骑自行车的匪徒（日本特务）尾随。一个匪徒身穿短裤，学生模样，从背后接连开枪，赵校长应声倒在血泊之中，腰部、胸部四处受伤，当即牺牲，年仅52岁。枪响之后，英租界巡捕和赵校长的护卫，同时跑来捉拿凶手。在追逐中，打伤了凶手的腿部，两犯当场就擒。经英国工部局审讯，凶手供认：正凶是"李二先生"（汉奸）的外甥徐绍洲，帮凶是魏文汉。他们是"暗杀团"分子，此次暗杀行动是受日本军方中村上尉和其助手"李二先生"派遣。

赵天麟校长被日寇暗杀，立即震动了全市，也震动了全国。全校师生及社会各界爱国人士同声哀悼，悲愤不已。

《爱国教育家赵天麟喋血伦敦道》

❖ **曲振明：李盛铎与木犀轩**

在今和平区锦州道兆丰路兆丰里的一所洋楼里，曾住过中国近代最著名的藏书家李盛铎。他的藏书室木犀轩内庋藏了大量的中国善本古籍和敦煌经卷，至今为学术界津津乐道。

李盛铎在天津安家是民国初年的事。最初，他在英租界21号路（今山西路、南京路口）静远里一带购了一座二层楼的花园别墅。原房主为一广东黄姓商人，后南归，故转卖于他。由于该房毗邻墙子河，地势低洼而又偏僻，不便于接待客人。于是在他退隐天津后，又在法租界兆丰路兆丰里购置了洋房（一说在马路对面的日租界秋山街，此说据天津书商王仲珊所言，王当年多次去过木犀轩）。李盛铎在此住了十几年，直到1937年病逝。

李盛铎藏书有渊源的家世，其书斋"木犀轩"得名其曾祖父李恕。它原在九江乡间潭家坡，储有十万卷书，后毁于太平天国战火。到李盛铎已是四世藏书了。"木犀轩"是李氏藏书的总堂号，除此之外，李氏又根据书的性质分别储藏，这些藏书室也均有名号。

李盛铎居住天津，经常出入京津书肆，结交了许多朋友。近世藏书家傅增湘、陶湘、周叔弢经常出入木犀轩，向其求教。袁世凯的二子袁克文一时收集宋版书极为狂热，但藏书非一日之功，为此他拜李盛铎为师，请李为其收书"掌眼"。袁克文财大气粗，一时收宋版达二百部，还请李盛铎作题记十三篇。在天津平静的生活中，李盛铎每日以校勘图书、考定版本为乐趣，生前对所藏图书作了细致的整理，自编了《木犀轩收藏旧本书目》《木犀轩宋本书目》《木犀轩元版书目》等。

《李盛铎与木犀轩》

❖ 王勇则："总统诗人"徐世昌归隐津门

20世纪30年代，天津英租界咪哆士道（今泰安道）一带有一处属于"宝墨堂徐"名下的宅子。但宅前空地上却开辟出一片田园，可以开畦种菜。主人虽垂垂老矣，但常换上短衣，手执锄具，痴迷于耕田劳作，尽享返璞归真之趣。此画面曾被拍摄成照片，题名为"退耕图"。这位"退耕老人"即历经风云变幻而自诩为"解甲归农"的原北洋政府第五任大总统徐世昌。

徐世昌1922年6月下台后，回到老家，遁迹津门租界，至1939年6月去世，17年来他从未离开天津一步，步出租界的次数也屈指可数。他晚年颇为得意的一件事是虽年过八旬但仍有一个健康身体。他曾自豪地吟出"八十老翁顽似铁，三更风雨采菱归"的诗句。他一直把家中一块价值数万元的地皮当成可积肥种植的农田，作为其"归农"的象征。

徐世昌常被人冠以"翰林总统""文治总统"。1886年，31岁的徐世昌中了光绪丙戌科第二甲第五十五名进士，后被授翰林院编修，先后兼充国史馆协修、武英殿协修等职。1878年，他与袁世凯拜盟，1895年袁世凯在小站练兵时，他成为袁的主要策士，并从此发迹。徐世昌最后当了近四年的民国大总统。

1922年6月2日，徐世昌离开总统宝座，乘车回天津，结束了他四十余年的宦海生涯。在天津火车站下车后，徐世昌先携家眷赴意租界其十弟徐世章的住宅居住，9月10日，迁入英租界咪哆士道（今泰安道）新居。这里的住宅区域约十亩左右，徐世昌常居于此，建筑今已拆除。

1927年，徐世昌以堂名"宝墨堂徐"的名义将英租界牛津道（今新华南路小学及市教委）空地15亩多购入名下，修建了各具独立性的9所住宅，共181间。徐世昌住在一处占地6亩多的独院，院内有西式局部三层砖混楼房一幢，计26间，加上附属平房，共1000多平方米，现为新华南路255号。徐世昌还有一处砖混别墅，建于1934年，位于英租界盛茂道（今河北路45号）。

徐世昌归隐津门后，仍继续编纂典籍，还潜心于读书写作、赋诗作画、研习书法。据初步统计，其著作超过30种。在近代史学艺林中，徐世昌堪称大家。

早在徐世昌督东三省时期，他就在繁忙公务之余编辑了洋洋数百万言的典籍《东三省政略》。后他又陆续编辑了《退耕堂政书》《大清畿辅先哲传》《大清畿辅书征》等大部头著作。他在任大总统期间还写成了《将吏法言》，思想性较强。徐世昌卸职隐居天津后，仍潜心著书立说。他特意在北京设立"徐东海编书处"，从1931年起编写的《清儒学案》，需徐世昌审读稿件后方能定稿，直至1939年该书告竣。该书达百册，汇集清代以来4000

余家流派学说，是研究清代历史文化的重要典籍。书成之时，徐世昌已病入膏肓，但看到样书时，仍欣悦不已。徐世昌还致力于弘扬传统文化，曾筹备影印《四库全书》，可惜未能实现。

徐世昌在清末民初诗坛上也有一席之地，素有"文章魁首"和"总统诗人"之誉称。出任大总统时，他特意在总统府成立晚晴簃诗社，诵吟唱和，以诗会友，在政界堪称奇人。1928年前后，徐世昌主编了《晚晴簃诗汇》200卷刊行。他在天津的室名"退耕堂"，实际上就是他专心致志创作诗、书、画的地方。1924年以后，他相继主持刊印了相关作品近十种。他一生创作诗文5000多首，还创作了一万余副楹联，不仅数量多，而且许多作品"度越前人"，颇受好评。

徐世昌自信对书法"深得个中三昧"，担任总统时，他就痴迷于挥毫泼墨，他曾将1919年至1926年的书法作品刊印成《水竹邮人临帖》《石门山人临帖图》。他的画作以《晴风露月四竹图》最为出名。他还乐于收藏，如收藏端砚，并将各砚花纹题识墨拓汇成《百砚谱》，1926年刊行。他的藏画、藏书亦甚丰，可惜在1939年天津水灾时多已损失。1934年，徐世昌80岁寿辰时，他在英租界举行寿庆，宾客盈门。他撰写了数百副楹联条幅赠送给来宾。日伪千方百计想拉他出来担任伪职，但被他屡次坚辞，保持了晚节。

《徐世昌遁迹租界耕田读书》

❖ 秦颖：田中玉公馆与临城劫车案

和平区营口道42号为一所罗马式三层砖木结构楼房，它曾是山东督军田中玉的公馆。该公馆占地1554.5平方米，总建筑面积为1756.16平方米。该楼前有四根两层楼高的爱奥尼克式柱，雄伟壮观，引人注目。楼前大台基设有汽车跑道，四根柱支撑着汽车跑道顶棚，上为三楼储藏室。该楼机砖墙身，用石料砌筑下碱。二楼有三个阳台，阳台下有线条清晰柔美的花草雕塑。三楼侧面也有平台。该楼共有18间房，一楼5间，为客厅、餐厅、舞厅、休息厅、卫生间等；二楼6间，多为卧室、书房、居住间；三楼7间，多为居住间、储藏室。该楼屋顶为尖顶四面坡式，有地下室。室内装饰十分讲究，有壁炉、护墙板、双层玻璃外带纱窗、人字形硬木地板，屋顶有华丽装饰。

该楼建于1922年，为当时山东督军田中玉所建。

该楼落成后，田中玉曾在此为其子田镜宇完婚。其同僚中后来曾任北洋政府国务总理的潘复为表示祝贺，于1922年11月12日至13日在广东会馆戏楼举办了田公馆堂会，谭富英、尚小云、梅兰芳等演出了拿手好戏。

但好景不长，在田公馆落成的第二年，即1923年发生了一起震惊中外的临城劫车案。临城位于山东，作为山东督军的田中玉负有直接责任。案情是这样的：5月6日凌晨2时50分，津浦路由浦口开往北京的第二次特别快车，在山东省临城、沙河间被孙美瑶匪众拦劫，旅客约300人被绑架，其中有外籍旅客40余人。5月7日，北京、上海、天津各报均于显要位置刊登了这则新闻。外国报纸称为"第二次拳乱"，中国报纸称为"民国第一案"。劫车案发生后，北洋政府与山东驻军均试图以武力剿捕，营救被掳旅客，而孙美瑶等一再以"撕票"为要挟，迫使官兵停剿。外国使团复向中国政府施加压力，要求采取和平手段，以保障外国被掳旅客的安全。当时，田中玉主张围剿。5月11日，他亲自统带精锐一营，乘车赴前线督战。5月13日下午，田中玉等人在枣庄督军专列上与孙美瑶及另一匪首郭其才正式谈判。土匪提出要求官兵再退30里，送一批食物、饮料和用具来，并收编抱犊崮匪首等条件，田中玉见要求不高，满口答应。但土匪很快又推翻前议。5月21日，他亲自进京报告营救旅客情况并陈述退兵与进剿的利害轻重。田中玉入京后，以剿为抚的主张得到首肯，于是开始进行围剿的部署。在进剿的同时，由山东督办郑士琦操办的安抚工作也正在抓紧进行。到是年7月，官匪之间达成协议：孙美瑶部编为一旅，番号是山东新编旅，劫车匪首孙美瑶为旅长，大小头目皆成了国军军官。孙美瑶堂而皇之地发表了就抚释票的通电，被掳中外旅客全部释放，纷纷扬扬的临城劫车案才告一段落。但劫案刚平，余波又起。8月10日，由葡萄牙公使符礼德向北京政府外交部蛮横无理提出所谓十六国赔偿通牒，北京政府以完全承认通牒所提要求，草拟了二次复牒。复牒发出后，北京政府同时发布命令：山东督军田中玉迭电辞职，情辞恳切，准免本职，特任田中玉为益威上将军。

田中玉去职后，回到天津寓居。他在天津、大连、北戴河等地置有大量房产，并投资天津恒源纱厂（今天津第一毛纺织厂），曾任总经理。

《田中玉公馆与临城劫车案》

❖ 张绍祖：风云际会的台儿庄路51号

沽水流霞，海河之滨，有一座古朴典雅，充溢着神秘色彩的花园别墅——台儿庄路51号。

这是一座具有浓郁的英国别墅风格的建筑，始建于1902年（清光绪二十八年），主人是来华帮助创办中国最早的铁路公司——津沽铁路公司的财务首脑、英国人纽玛炽·波尔顿。1907年8月，关内外铁路改称京奉铁路，设管理局在天津。1912年北京—奉天（即沈阳）间正式开行直达列车。此时，这里经过大规模的改建，成为京奉铁路宾馆。它占地1600平方米，建筑面积为2500平方米。二层砖木结构楼房，屋顶为四面陡坡组合式。清水红墙砖体，用浅色水泥为腰檐、窗口等处的抹面，用石料为下碱砌筑，外观丰富多彩，富于立体感。由台基、方柱、挑檐组成的门廊，壮丽典雅，突出了入口的形象。墙面上雕刻着璎珞等图像，生动独特，增加了建筑艺术的魅力。优美的别墅与宜人的景色相互衬托，相互辉映，这颗镶嵌在沽水流霞练上的珍珠，占尽海河春色。

这真是一块风水宝地，清末民初有多少社会名流曾寓居在这里。中国最早的铁路工程师詹天佑曾在此居住。1888年（清光绪十四年），当唐胥铁路向塘沽、天津展修的时候，詹天佑进入了天津铁路公司，用了80天指挥完成了塘沽到天津间的铺路工程，表现了卓越的才能。后来他又参加了津榆铁路（天津—山海关）、津芦铁路（天津—卢沟桥）、京奉铁路（北京—沈阳）的修建。京奉铁路宾馆当然是他经常下榻的地方了。

1912年8月，孙中山应袁世凯邀请，自上海经天津抵北京，与袁世凯晤谈13次。9月，孙中山接受袁世凯任命，督办全国铁路，他"日夜筹思，不敢稍懈"，先后视察了北宁、津浦北段和胶济等铁路，多次发表关于修建铁路计划的演说。孙中山在视察中曾几次过天津，京奉铁路宾馆无疑是他休憩的地方。

▷ 京奉铁路宾馆旧址（今台儿庄路51号）

1924年11月，张作霖打败吴佩孚，奉军入关，张学良指挥的奉军第三、四方面军司令部设在天津。"少帅"张学良初到天津时住在利顺德大饭店，后来以此处为别墅之一，常在这里举行欢宴、舞会，接待过当时国内外的许多重要官员。现在一楼还珍存着他当年用过的镶嵌着象牙的台球案和象牙台球。据说，张学良在此养过两匹心爱的赛马——"黑驹"和"兰花青"，由于喂养精心，长得膘肥体壮。

这里曾风云际会，嘉宾如云。蒋介石、孔祥熙、李宗仁等人都曾在这里居停。1945年8月15日，日本侵略者宣布无条件投降。10月6日，天津日军的受降仪式在美国海军陆战队第三军司令部（今承德道天津艺术博物馆）门前举行。据说，在受降仪式之前，李宗仁将军曾在这里接受日军的虔悔。

《台儿庄路51号旧闻》

❖ 章用秀：李叔同及李氏的两处宅院

李叔同，是中国近代文化史上一位具有传奇色彩的人物。1880年10月23日出生于天津三岔河口东粮店后街地藏庵附近的一座三合院内。李叔同两三岁时，其父因官运、财运俱佳，遂将原三合院旧宅卖出，在距旧宅不远的粮店后街山西会馆斜对过，购置了一套"田"字形的共有四个院的新宅第，李叔同随同家人迁居于此，以后一直没有搬离这所宅第。1898年，他奉母携眷，离津去上海。1905年，其母病逝，运灵回津后，便东渡日本求学。次年，一度返津。1910年毕业返津门故里，先就任天津工业专门学堂教员，转年执教于直隶模范工业学堂，留居天津近两年。1912年，他离津再度去上海，参加了柳亚子创办的南社。同年秋，离上海赴杭州，任教于杭州一师，后兼任南京高等师范课程。1918年秋出家后，再也未返回家门。

李叔同从出生到19岁赴沪一直没离开天津；以后去日本，又赴沪，在此期间曾几度在天津居住。加在一起，总共在天津生活了约22年。他在天津生活与学习的年代，正是清王朝内外交困并逐步走向穷途末路的时候。

由康有为、梁启超等人发起的戊戌变法的风暴卷入天津时，年仅19岁的李叔同立即做出反响。他认为"老大中华，非变法无以自存"，极力赞同维新变法。变法失败后，康有为、梁启超由北京逃到天津，在六国饭店暂避，李叔同对康、梁深表关切与同情，自刻一石章，文曰"南海康翁是吾师"，聊志景仰之意，因之有人说他是康、梁的同谋者。

戊戌变法以后，天津涌现了一批具有新型教育思想的老前辈，他们的观念和作为对年轻的李叔同产生了巨大的影响。在这些老前辈中，他最佩服严修。严修在中国近代教育史上是一位知名人物，而且对诗文书法均擅长。李叔同对严修以"乡前辈"相称，在津时常去严家讨教问业。严修的一言一行在李叔同一生中留下深刻的印象，以致在客居杭州时还常常向人提起这位严老先生。

李叔同不但受到天津教育界、文化界新派人物直接或间接的影响，还通过研读有关介绍西方文明的书籍受到新思潮的启迪。他在天津居住时，庭院内除了有供他阅读中国典籍的中式书房，还有一间"洋书房"。自1910年从日本留学回津至1912年春自津赴沪期间，他主要是在这间"洋书房"里度过的。他不仅在这里读书学习，还接待过许幻园等盟兄执友。

关于李叔同的故居，天津有两处。一处是李叔同降生的地方，地点在河北区粮店后街东侧地藏庵前陆家胡同东口门牌2号的一所南北方向的长方形三合院。后来，其父将这所宅院卖出。另一是坐落在粮店后街山西会馆斜对过的一所较大的宅第，即现在的粮店后街60号院，李叔同的少年时代就是在这里度过的。

这是一座已有150余年历史的典型清代建筑，占地2亩，计有各类用途的房间60余间。整个建筑沿街而建，坐西朝东，大门为"虎座"门楼，门楣上有极为精细的"百兽图"镂刻砖雕，墙壁为磨砖对缝，迎面为刻砖照壁，门楼左侧为厅房。当年大门楼前和过道内分别悬挂"进士第"和"文元"两方大匾。前四合院有两个砖砌垂花门，有南北房各3间，东西房各5间。前脸均为雕有"渔樵耕读"的木结构装饰。在大四合院右侧，原有一个小花园，名"意园"，建有藤萝架，四周为竹篱围起。意园有一间西屋，是李叔同从日本留学回国后改建的，称"洋书房"。李叔同在天津任教时，就是在这里读书、写字、作画和接待友人的。东房称"中书房"，藏有线装古版书5000余册。南侧有一长廊，使得东西相通。后三合大院，西房为四进5间，北有一间平房，面积约占二间半，装玻璃隔扇，光线明亮，西南角处有一座抱柱书橱。这间房为李叔同父亲李世珍的住室。南房即为李叔同少年时代的居室，李叔同就是在这里扬起他的人生风帆，走向他艺术和事业的成功之路的。

《李叔同及李氏的两处宅院》

❖ 曲振明：爱国收藏家徐世章

徐世章（1886—1954），字端甫，号濠园，天津人。早年在北京就读于京师译学馆，随后漂洋过海，留学于比利时列日大学。他在这所大学学习经济管理并获得了学士学位。1911年，万国博览会在意大利举办，他在朋友的推荐下担任了博览会的审查委员，这使他的眼界大开。为了更全面地了解西方经济活动，他又相继赴英国、德国、法国考察商业和铁路的管理情况。1912年改元民国，他自欧洲归国，起初在北洋军阀政府交通部和陇海铁路局担任微职。在他的族兄徐世昌当上了民国大总统后，其事业走向了飞黄腾达。1922年随着徐世昌的下台而去职，从此在天津过上了寓公的生活。他自己住在英租界31号路（现睦南道122号天和医院办公楼），还出租了新加坡道（大理道）、威灵顿道（河北南路）的房产。另外在英租界马厂道和意租界等地还有房产。

徐世章一生博雅好古，所收藏的古物，数量之多、种类之繁、物品之精，可谓名闻遐迩、誉满津门。其藏品以藏砚为最著名，他曾名其书室为"宝砚室"，还刻了许多闲章以表现心境，如"濠园宝此过明珠骏马""如此至宝存岂多""所宝唯砚""闲人以砚为忙事"等。为了获得一方名砚，不惜花费重金。如明代顾从义摹刻的"石鼓砚"，他心仪已久。1935年冬，他专程去北京拜访收藏者李氏，并托书中间人与其谈价，磋商之时，不料为厂肆商家购去。于是他又抬高价格夺之。当宝砚到手，心情激动，请出其兄徐世襄为其收藏过程作题记。又如其购买的"金大定钱形款红小砚"重300克，购入价格与黄金相等。徐世章藏砚还重视对砚的研究，每收一方佳砚，便赋诗题咏，并撰写砚铭者生平小传，流传经过，一一录之，附于盒内。其曾请北京传拓高手周希丁先生及其助手傅大卣先生长期住家七年将所藏砚进行传拓，编成《濠园砚谱》。

除砚以外，他酷爱古玉。自商周迄至明清无所不包，藏品系统地反映了我国玉雕的发展史。累计藏珍品600余件，1984年天津艺博举办"历代玉雕"陈列，其展品大多来自徐氏。

徐世章不仅是收藏家，而且也是民族文化的保护者。他既在国民党统治时断然拒绝美国财团出价数百万美元购其文物之游说，又在天津行将解放之际婉言谢绝一些人劝其携宝出国安做富公的建议。他说："中国古代文物遗产绝不能从我手中流散国外。"1953年冬卧病，自知不起，遂对子女说："我毕生致力于收藏文物，几十年呕心沥血，终于使之由分散变为集中，如传给你们势必由集中转为分散。我考虑再三，只有捐献给国家，才能易于保管，供全社会、全民共同欣赏。"1954年徐氏去世后，其后人遵照其生前遗嘱，将所藏古物经文化局专家精选后共2549件全部捐献给国家。其藏品现藏于天津市艺术博物馆。其中古砚、古玉最成系统，雄居国内各博物馆之冠。

《近代天津收藏家徐世章》

❖ 张绍祖：袁乃宽与袁氏"小怪楼"

海河东岸有一座造型典雅别致的小洋楼，人们称它"小怪楼"。关于"小怪楼"的来历其说不一，扑朔迷离。

一说该楼建于1908年（清光绪三十四年）。1901年，袁世凯任直隶总督兼北洋大臣后，其管家袁乃宽以廉价在奥租界金汤二马路（今河北区海河东路39号）海河之滨买到地基一块，占地5.714亩（3109.35平方米），他向袁世凯建言该地区"贵不可言"。于是，袁世凯决定在这里建造富丽堂皇、造型别致的花园别墅。该楼先后委托英、德工程师设计，为一座欧洲古典式建筑，分为主次楼。主楼平面为L形，三层砖木结构带局部半地下室，共54间，建筑面积2089.02平方米，是北欧荷兰、比利时的建筑形式，有尼德兰式建筑特点。它的造型同尼德兰行会大楼颇为相似。它面向海河及民主道一侧均为山墙，尖尖的山花，装饰着哥特式的雕饰，山花上形成三个台阶式的水平层，加强了水平分划。屋顶是木结构的，陡峭的红色屋顶与高耸的亭楼显得非常俏丽。主要入口从凹角处进入，门廊是由方柱与圆柱相结合成的。底层有大客厅、餐厅、书房等。二层为卧室，再由小转楼梯上三层。主楼共有大小房间20多间。主楼东侧有二层次楼，为服务人员居住。住宅入口处有一间门房，上有穹顶，曾为居民居住，后因马路拓宽而拆除。

这所建筑有三个特点：一有"隐身处"，二有"脱身处"，三有"风水窗"。所谓"隐身处"，指在二楼右侧角处有一小门，门内有钢筋混凝土楼梯，装有铁栏杆，上至楼顶间，下至地下室，关上小门找不到上楼和下地下室的通路；所谓"脱身处"，指三楼凉亭旁设有铁楼梯，直通后花园余门，从此可以脱身逃出；所谓"风水窗"，指在二三楼之间专门设计一间八角形角亭，设计吸取了意大利建筑的特点，几面窗户都朝向海河，无论涨潮落潮，河水都好像往八角形角亭里流，迷信说法，"水"即"财"，象征着无数的"金银财宝"源源不断地流入"袁家大楼"。这所别墅有后花园，园内有游廊、假山、鱼池、亭台、花窖等。按此说法，"小怪楼"系袁世凯故居。

二说该楼建于1917年（民国六年）。1916年6月袁世凯死后，袁克定以嫡长子身份主持家政。他看到冯国璋在奥租界（现河北区民主道与华安街拐角处）建起多所楼房、平房，就在冯宅附近建造了这座巨型寓所。袁克定当时说："袁家大楼一定要超过冯公馆。"负责这项工程的是袁氏管家袁乃宽。按此说，"小怪楼"则是袁克定住所。

三说是袁世凯族侄袁乃宽1918年建。袁世凯的后裔袁家宾著文，并曾说："'袁公馆'的房产系袁世凯族侄袁乃宽个人所置。外传袁世凯本人或姨太太所住，均属谬讹。"

袁乃宽，字绍明，河南项城人，袁世凯的亲信、管家。1910年起历任天津知县、拱卫军军需总长、镶红旗蒙古副督统、筹办煤油矿坐办。1915年积极为袁世凯称帝进行活动。袁世凯死后，乃宽闲居。1923年任高凌霨内阁农商总长，1924年去职来天津作寓公。笔者认为第三种说法比较可靠，但谁是谁非，有待进一步考证。

《袁乃宽与袁氏"小怪楼"》

❖ 王玉国、张洪祥：张作相与省长官邸

在天津旧英租界剑桥道东端（现重庆道4号）有一座西欧风格、典雅别致的花园住宅，这就是当年东北军保安副司令兼吉林省省长张作相在津的公馆，其下属人员及外界人士都称这幢小洋楼为"省长官邸"。这一所西洋集仿式楼房，是由法国建筑师设计承包建造的，建于1913年。1933年张作相去职后，携全家亲属数十人一直居住在这里。

▷ 张作相的省长官邸

张作相来天津居住，是由于日本帝国主义发动了九一八事变武装侵占了东北三省。当时张作相正在锦州办理父亲丧事，得知其参谋长熙洽就任伪吉林省长官，即派部属李振声代理驻吉东北边防副司令长官，设公署于哈尔滨；又派诚允代理吉林省主席，设省政府于宾县，用以对抗东北日伪政权，并表示决心抗日。

随后，率领其家属子女和幕僚数十人，撤离东北，移居天津。他本人仍到北平就任国民政府军事委员会北平军分会委员以及中央政治会议委员等职，还担任华北第二集团军总司令兼第六军团总指挥。1933年2月，日本关东军大举侵犯热河省，由于国民党政府执行不抵抗政策，加上东北军作战不力，热河省主席汤玉麟临阵逃跑，致使热河省沦陷，张作相被迫辞职，从此到天津居住，在英租界当寓公。

东北沦陷后，日伪多次派人到天津拉拢张作相，利诱威胁其出任满洲国伪职，均被拒绝。1935年日本制造华北事变，企图分裂中国。日本特务机关通过伪满洲国国务总理张景惠出面，指派伪满财政次长洪维国（张作相同乡，原奉军军法处处长，九一八事变后被日本收买当汉奸）和日本人风旗顾问专程来津，面邀张作相出任华北伪政权要职，并以"保护和返还"张在东北的家产进行威逼利诱，也被张作相严正拒绝。张坚决表示不给日本人办事，不当汉奸，保持中华民族气节。

张作相在天津当寓公时，除了同张学良及其原东北军高级将领保持往来外，很少同南京国民党要员接触，以表示他对国民党政府推行不抵抗政策的不满。有一次国民党军政部长何应钦来天津时，亲自来拜会，张作相托病不予会见。何应钦还一再要求于病榻前一晤，也被张作相拒绝。而后，南京政府又任命张作相为国民政府军事参议院上将参议，也辞而不就。因他的家产在东北被日伪窃据，故在天津生活比较困难，主要依靠张学良的资助维持日常开销。

《张作相与天津省长官邸》

❖ 张绍祖：安福系"财神"王郅隆宅邸

王郅隆（1888—1923），天津县阮家庄人。其父王鸣礼以撑船为生，生有五子，他排行第三，故义名祝三。早年曾和五弟土缊隆到东北粮店学徒，后逐渐当上了掌柜，积攒了点钱，离开东北，到唐山开设了义发祥杂货铺，零售兼批发。后回到天津开设元庆木号，经营木材生意。这时正好天主教柴田宠负责兴建天主教堂，他与柴熟识，揽到了这笔生意，赚了一笔大钱，又开设了荣庆号米庄。

他发迹后捐得候补道衔。一次他去天津南市天宝班（妓院），正好碰上了营务处的倪嗣冲在那里打牌，输了一个月的军饷，非常着急，王郅隆走过来说："我替你打打。"不想连赢几把，居然捞回不少。那时输掉军饷有杀头之罪，王郅隆等于救了倪嗣冲一命。从此，两人结为挚友。后来倪嗣冲当上了安徽督军，任命他为后路局总办。他从财政部领出安武军军饷后，总是存入银行，再分期汇寄安徽，就这样他利用军饷作为周转资金，大做投机生意，获利颇丰。他又被皖系徐树铮所赏识，先后任黑龙江、湖北、安徽等省盐务采运局总办，利用皖系的权势，大发其财。他先后创办天津华昌火柴公司、丹华火柴公司，任董事，入股天津《大公报》，与徐树铮、段芝贵合谋侵占长芦盐商何炳宗等人的资产后，组建天津长顺盐业公司，以及井陉、正丰煤矿公司。1916年接办天津《大公报》任董事，使该报成为安福系喉舌。又与周作民等人创办天津金城银行，任总董。1917年与倪嗣冲集资，与日本大仓洋行合办天津裕元纱厂（今棉纺二厂），王郅隆任总经理。同年参加安福俱乐部，为常任干事兼会计课主任。1918年为安福系国会参议院议员。1919年任北洋政府财政总长。他以段政府参战处的名义开设荣庆米行，用军用照，采购江浙大米北运天津，通过天津港向日本出口，以接济日本灾民，从而获取暴利。同年创办边业银行，他被称为安福系"财神"。

王郅隆在天津宅邸有二：一在意租界大马路意国圣心医院（今河北区建国道第一医院住院部）对过楼房，系其如夫人住宅；二在大营门、浦口道转角处（今河西区南京路21号，天津市煤建公司），为其正夫人及长子王景杭住宅。该宅为德国花园式宅邸。一进门，右侧传达室是一个牛舌瓦尖顶小二层德式建筑。院内有一个大水池，水池中有喷泉，长有荷花、水草，养有金鱼，水池用雕花的汉白玉石柱围绕，中间是一个中国古典式的六角单檐攒尖顶亭，造型别致精巧，每一个翘起的单檐上雕有精雕细刻的石兽。六角亭与院子由汉白玉石桥相连。该宅邸建筑面积2480平方米，为二层加阁楼带半地下室的砖木结构建筑，平面近似矩形，庭院花草树木环绕。

《安福系"财神"王郅隆宅邸》

▷ 王郅隆旧居

❖ 郭长龄：地下党的活动阵地——曾延毅寓所

坐落在民园体育场附近的常德道1号，是爱国人士曾延毅的寓所，也是解放战争期间我地下党活动的一处重要场所。

1938年，曾延毅因伤病返津治疗，住在时为英租界的现址，从此脱离军职。抗日战争期间，一直在津治疗、休养，始终拒绝为日本人工作。

抗战胜利后，曾延毅目睹国民党政治之腐败，婉言拒绝了对其出任军职之邀，亦未参与当时的政治活动，对民主进步活动，则抱同情的态度。曾延毅之女曾常宁、子曾亚宁均在耀华学校读书，并积极投入进步学生运动，先后成为共产党员和"民青"成员，对此，曾延毅一直持默许态度。

1945年9月耀华学校地下党支部建立后，就曾对曾延毅的情况进行过分析，根据他当时的政治表现，被认为是我党争取的对象，经支部书记刘耒（康力）向地下学委书记张淮三请示，确定党员教师刘子安做曾延毅的工作。刘子安利用教师与学生家长之间的关系，有意识地与曾延毅接触，多次与其谈话，对曾延毅有一定影响。

1945年10月，在耀华学校地下党组织的领导下，建立了以进步同学为骨干的鲁迅图书馆，成为同学们学习革命理论的阵地。为培养革命骨干，1946年2月又建立了半公开的革命团体"未名学习会"。以上组织开始是在一些进步同学家开展活动，不久，地下党分析了曾延毅的政治态度，同时也考虑到当时的一些当权人物（如警察局长李汉元等人）多是曾的老部下、老熟人，对曾都很尊重，出于安全考虑，决定将活动地点迁至常德道1号。地下党在这里组织了很多活动，教唱进步歌曲，借阅进步书刊，多次组织形势分析和革命修养讲座，开展各种专题讨论。所有这些活动，大多得到曾延毅无声的支持。

曾延毅不仅同情进步活动，而且还亲自做了许多有益于革命的工作。例如，1946年6月，国民党反动当局在市内逮捕进步师生，耀华学校地下党的一些同志就曾住在常德道1号，从而能顺利地撤回解放区；1947年5月，爆发了反饥饿、反内战斗争，曾延毅为《耀华中学反饥饿、反内战行动委员会同学联络网》亲笔题写了封面标题；1948年8月，国民党反动派大肆逮捕进步同学，曾延毅不仅支持儿子曾亚宁去解放区，而且还利用他的社会地位，亲自出面保释被捕的同学。

《地下党活动阵地——常德道1号曾延毅寓所》

第三辑

九国租界，昙花一现的繁华旧梦

❖ 杨大辛：天津租界的设立

天津位于华北平原的东北部，东临渤海，背负九河，河海衔接，成为华北内外交通枢纽。元、明、清三代又都建都北京，畿辅门户的战略地位十分重要。18世纪后期以来，西方资本主义国家向中国扩展侵略势力，对天津觊觎已久。1856—1860年的第二次鸦片战争中，英法联军攻占天津、北京之后，英、法、俄、美等国强迫清政府订立《天津条约》《北京条约》，天津被迫开辟为商埠，并于1860年在天津划定外国租界，西方资本主义国家终于实现了在天津设置侵略基地的目的。

▷ 俄租界内的教堂

自1860年至1900年的40年间，天津先后设置了九个国家的租界，都是伴随着军事行动而来的。租界设置过程，可分为三个阶段：一是1860年即第二次鸦片战争之后，英、法、美三国率先胁迫清政府在天津划定租界；二是1894年中日甲午战争之后，德、日两国也设立租界于天津；三是1900

年八国联军入侵中国后，俄、意、奥三国以其占领之地区划为租界，比国也趁火打劫，强占了一块土地。

《天津租界的设立与收回》

❖ 刘续亨、宣益涓：天津的"华尔街"

　　1860年天津辟为商埠后，英、法两国在天津强行占据海河西岸大片土地划为租界，并把持海关和进出口航运业务，进行经济掠夺活动。法租界当局从法国桥（现解放桥）开始，向南开拓修建一条道路，名为大法国路，与英租界维多利亚路相连接，作为英、法租界的主要干线，1945年改称中正路（现解放北路）。它与东侧的河坝道（现张自忠路和台儿庄路），西侧的海大道（现大沽路），形成了当时英、法租界的中心地带。这条连接英、法租界的干线亦称中街（为行文方便，本文统用此街名）。

▷ 20世纪20年代的中街

　　天津开埠后，以其水陆交通便利，又是当时华北唯一的进出口贸易口岸，不仅洋货源源输入，而且华北、西北、东北等地的土特产品也由天津输出海外，使天津成为华北最大的进出口物资集散地。为此，英、法租界当局在海河西岸建造了码头，以利外轮直接停靠。各国洋行、轮船公司、银行、保险公司等纷纷来津设立机构，从事通商贸易。经营航运的英国怡和洋行和太古洋行分别于1867年和1881年来津开业，在海河西岸河坝道置地建造仓库和专用码头，长期垄断天津的航运事业，掠夺了大量资财，并在英租界中街建起了太古洋行大楼（现解放北路165号）和怡和洋行大楼（现解放北路157号）。接着，各国外商银行和保险公司也纷纷来津设立机构，麇集于英、法租界。

由于外商银行集中在英、法租界中街，一些较大的洋行和保险公司也争先设在这一带，再加上包括英、法领事馆在内的许多国家的领事机构大多也设在附近，使英、法租界中街成为国际政治经济势力在天津的活动中心。中外人士对照美国纽约华尔街在国际经济活动中的特殊地位，便称英、法租界中街为天津的"华尔街"。

《历史上的天津"华尔街"》

❖ 李腾汉：英租界人力车风潮

1936年秋天，英租界内共有八千多户人力车夫，照章在英工部局登记纳捐，叫"起英国捐"；他们去法、日、意租界，还要分别"起法国捐""起日本捐""起意国捐"。当时的车夫，并不是车主，租用的是人力车厂的车，一个车夫每天除交"车份"（车租）和车捐外，必须赚一元五角左右，方可能维持一家三四口人吃饭。

一天，一个英商怡和洋行的洋人坐上一辆人力车，没走多远车垫里的弹簧条忽然断了。扎了洋人屁股一下，洋人勃然大怒，气急败坏地不住辱骂车夫，并到英工部局面见局长巴恩士（W.H.Barns），要求检查"起英国捐"的8000多户人力车的弹簧垫了是否坚固，以免伤害洋人屁股。巴恩士立即下令传唤全体车夫到局登记验车，违者处罚。因为验车的人多，有些车夫白等了一天也挨不上验车。众车夫忍无可忍，群起向天津市人力车公会诉苦。于是该会公推董事长等人到社会局请愿。社会局以事关外国租界，不便擅自干预，即转请市府第三科，向市长请示解决办法。

当时的天津市长是二十九军第三十八师师长张自忠兼任。张将军听了报告，反复研究对策后，对第三科科长潘玉书说："中国人在英租界可以不拉座！"潘玉书当即转告人力车公会代表，让他们通报英租界的车户，自即日起一律拒绝在英租界拉座。

▷　天津街头的人力车

自通知车夫罢工后的第二天清晨，只见有人力车由英租界去中国地放空车。到8点左右，外国领事馆和驻军机关以及各洋行、码头的华洋职工上班时，不见有人力车，偶尔发现一二空车，也是匆匆忙忙地跑向中国管界，英国巡捕大喊"打住"，车夫却头也不回，拉着车跑出租界。

约9点钟时，英租界内的各重要路口即有英工部局派来的一些大卡车，将持有英领事馆、英军司令部和英工部局工作证的请上车送往工作地点；同时开滦矿务局、太古洋行、怡和洋行等外国企业，汇丰、麦加利等外国银行也都各自出车接送职工。

人力车夫罢工三天，巴恩士沉不住气了，到第四天早8点，亲自去潘玉书家中商谈解决办法，恳请及早给以答复。潘玉书马上去见张自忠市长报告。张将军对潘玉书讲："好办，你可以代表车夫去告诉巴恩士，今后不许可英国巡捕打中国人。验车延期，赔车钱，穷苦人不容易！"潘玉书回到自己的办公室后，即以电话通知巴恩士："车潮问题可以面谈。"巴恩士立刻笑着说："潘先生，如果现在方便，我可以去见你。"潘玉书回答："快正午了，我回家吃饭，顺便去你处。"放下电话，潘即驱车到英工部局以车夫全权代表的身份，向英工部局提出三项要求：（一）抗议英国巡捕打中国人，今后工部局要保证在验车期间，不再有殴打华人事件发生，在言语方面要有礼貌；（二）验车延期，过一小时，由工部局付延期费二元；（三）今后在英租界内，英巡捕对待华人，不得有任何侮慢行为。巴恩士听后表示一一照办，惟延期费一项，还了一个价，每辆车果因验车耽误半天，由工部局付给补助金一元。双方达成协议后，一场轰动英租界的"人力车风潮"遂告平息。

《英租界人力车风潮》

❖ 李树芬：英商天津赛马会

1901年，以德璀琳花园为中心动工修建英商天津赛马场。初具雏形，即先开业，以便获利后扩建。这时期正值李鸿章任直隶总督，他将毗连英租界马场道以西约百亩土地赠予英商，作为扩建赛马场之用。此地在租界外，英商便想乘机企图扩大租界，沿英租界南界修筑一条马路通向马场，但遭到清朝政府的拒绝，遂成悬案。英商一方面加紧修建赛马场，一方面设法解决交通问题，翻修通向马场的干路（今马场道）。1913年8月赛马场扩建工程全部完成，命名为"天津英商体育赛马会"。

英商赛马会所有会内外一切事项均由英国人包办，如马主人、骑马师必须是英籍人。英国马会初成立时禁止华人入内，后华商赛马会成立，方开放华人入场门票，观看赛马及购马票。每届马会开赛之前，关于出售马票、付彩、核算、食堂及承印马票、马书等均由英商平和、瑞隆、保禄等洋行包办，再转包给华人买办。

赛马场跑道为椭圆形，周围1.5英里，有3座看台，入场券售价有1元、3元两种，买3元一张入场券的在第二看台，地势较优，系特别看台；买1元一张入场券的在第三看台，系普通看台。第一看台为会员和来宾看台，离赛马决胜点输赢杆最近，位置最佳。各场入口均有印度巡捕站岗验券，管理非常严格。参赛的马匹分两种，即摇会马和大比马。摇会马是由马会出资委托马贩到内蒙古海拉尔和阿拉伯等产马地区采购来的。大比马系个人自由采购。

▷　赛马场跑道

英商赛马会赛马一般规定为春秋两季，每季正赛4天，加赛4天，合赛6天，共计14天。每届开赛前一个月，凡参赛马匹、马主人、骑马师须事先登记（名为"落簿"），马主人按自己的马的能力，确定参加哪一次的比赛，进行落簿，落簿费每参加一次要5元，参加次数不限。马会将"落簿单"辑成单行本（马书）提供给赌客们参考。此外，马会为了增加收入，官府也想扩大税收，往往巧立名目，如慈善赛、香槟赛、公益赛、马夫赛等，每季增加七八天。每年还举行一次跳滨赛，跳滨赛是在跑道中间设置跳滨的挡栏，这种比赛危险性很大。

赛马中最吸引人的是摇彩票。马会发售的彩票种类繁多，面额最大的彩票是香槟票，售价10元。每当赛马期间，赛马便成为报纸报道的中心内容，天津各报都刊登赛马的大幅广告。

《英商天津赛马会》

❖ 萧英华：英租界内的民园体育场

近代天津最早的几个体育场，大多在英租界，如英国球场（今新华路体育场）、民园体育场、巴克斯道（今保定道）游泳池、敦桥道（今西安道）游泳池、乡谊俱乐部（今干部俱乐部）等。

位于和平区河北路、衡阳路、重庆道、大理道之间的民园体育场，至今已有70多年的历史。1903年英租界向外扩张面积，从原墙子河以北（今南京路）向南扩占到马场道一带。这一大片土地本为低洼沼泽地，无法使用，只好暂时闲置，后来在疏通海河时，将挖出的淤泥通过管道吹到这里才算填平。约在1918年前后，英租界工部局在这里首先修通马路，然后将土地分割成小块，卖给军阀、政客、买办等富有者。他们大兴土木，修盖了大批楼房，中间留有一块空地属英工部局所有。1926年初英工部局用铁柱栅栏将它四周围起来，安上两个铁门，在场内西侧建有不足100米的木质和水泥两种看台，开辟了田径场地和两个足球场，四周有六道500米的跑道。沿着铁栅栏墙种植一圈树木，以大叶杨树为主。这就是初具规模的民园体育场。

初建场时，确实每天有英国侨民来此活动，其中有的人手持长条木板，打一种类似羽毛球的小球，不知是什么运动项目，不久附近居住的华人渐多，每日清晨总有些学生来这里进行各项体育活动，英侨来此活动的反而逐渐少见了。每年春秋季常有一些学校在这里召开运动会，万国足球赛和万国田径赛都曾在这里举行。

1937年日本发动侵华战争，为了防止日本飞机乱轰炸，在民园大门前的空地上（今民园正门和邮局之间），用油漆涂了个几十米大的英国国旗，来往车辆和行人都在旗上穿过。这个地上的英国旗直到1941年太平洋战争爆发，日军占领英租界以后才去掉。1942年，日军将原英租界的几个体育场地全都交给伪市教育局管理。1943年日军由于战争的需要，在中国占领区大肆掠夺钢铁，民园的铁栅栏和铁门也未能幸免，全部被拆走。民园的设施遭到严重破坏，加之缺乏管理，场地显得荒芜。1943年秋季召开华北都市交欢体育大会，经伪新民会和伪教育局拨款为民园修上砖墙，较原面积缩小一圈，将树木修在墙外，马路边道变宽。主席台改在北面，用砖砌成台阶，西侧原有的木质和水泥看台还保留，其余的围墙下皆用炉渣和沙土堆成斜坡状看台，无台阶，坐在上面时间长了很累，经风一吹立即卷起一层土，直扑人面难于睁眼。小主席台西门侧建有砖房四小间，东斜坡看台中间建砖房10小间，田径跑道改为400米。同年底，伪市政府将民园改名为"市立第二体育场"，英国球场为"第一体育场"。

　　1945年抗战胜利以后，民园体育场由国民党政府接管，但它并未能随着抗日胜利而改观，依然缺乏管理而荒芜，因无大门，任何人都可以随意出入。直到新中国成立后，民园体育场回到人民手中，经过多次改建，面目一新，成为天津市设备较好的体育场所之一。

《话说民园体育场》

❖ **章用秀：** 租界里的英国花园

　　英租界戈登堂的前面有一座公园，原名"维多利亚花园"。该园是天津旧租界开发兴建最早的一座花园，因地处英租界，又被称为"英国花园"。

　　整个花园占地18.5亩，呈方形，布局基本规则。中心是一座模仿中国式的六角亭，周围一圈花池，有四条辐射状道路通向四个角门。全园草坪平坦，道路比较顺直。从总体布局上看，它不是典型的英国式花园，而是崇尚实用性和经济性的园艺，其风格可以视为英国19世纪后半叶一种浪漫主义的园林学派造园艺术的缩影。但是，该园的东边和南边靠近马路的地方，有一串长方形花坛，确是传统的英国园林的一贯园艺手法。这种布局格调，对天津市现代园林的发展曾产生较大影响。纵观全园，可以看出，英国建筑师设计时，模仿了中国造园自然式布局的手法，但又未得要领，形成半规则、半自然式的组合，因此有人称之为模仿主义的设计。

▷　维多利亚花园全景

▷　维多利亚花园里的大钟

　　花园东南部早年曾辟有一处小型兽栏，展示一些观赏性动物。第一次世界大战结束，英国是战胜国，曾在花园的东南角修建一座高约五米的

"欧战胜利纪念碑"（新中国成立后被拆除）。1900年，还曾从海光寺移来一口大钟，放置在花园的东南隅，用于消防报警，第一次世界大战结束后，此钟被移往南开大学。1927年园内增建了一座大花架，造型简单，二平一拱，半圆拱居中间，据说意在形似皇冠，表现盛貌。

维多利亚花园居于英租界的政治中心，是外国冒险家和淘金者休憩和交游的乐园。夏天，由中国海关总税务司赫德组建的西乐队在这里举办每周一次的露天音乐会，节目单往往提前一周就能印发出来。据记载，"乐师是从苦力阶层中招来的，通过学徒制度以取得队员资格"，他们以能演奏"一百个保留节目而著名"。与当时上海外滩公园一样，这座美丽的公园仅供洋人消遣娱乐之用，却不准中国人入内。花园门口曾立有"游园须知"牌，写有"中国人不准入园"和"有人与无人带领的犬一律不准入园"的条款。

《维多利亚花园》

❖ 李汉元：英商会会长被绑架

1938年，警务处获悉日本特务机关准备进入英租界绑架英国商人，立即报告工部局，经英总领事决定，出动了英国军队严加防卫。不料过了不久，天津英商会会长在特一区被来历不明的人架入汽车，驶向市外。当经过津郊某地日本宪兵哨岗时被截留扣押，该英人得以托人带信给警务处。工部局闻讯后，立即指使警务处派人前去联系。当警务处人员到达日本宪兵岗哨时，被告知绑架英商人者系"皇协军"某部，为日本特务机关所派，所以又将该英商人交还绑架者带走。警务处探知了该"皇协军"的番号和他们藏匿英商人的地点后，立即报告给英总领事，英总领事随即要求日本总领事馆协助营救。三日后，日方答复说，他们已查出被绑英人在某地"土匪"手中，但为了保证英人能平安生还，不能用武力剿捕，如英方同意付款100万元，日方可负责将该英人赎回。经过反复讨价还价，最后英总领事同意付款50万元。在赎票的那天，由日本宪兵队派人陪同英商会代表卜瑞基及英国警官雷士，前往"绑匪"指定地点，付款50万元后，将英商会会长赎回。这是日军明目张胆的绑票勒赎行径，英总领事及工部局对之也无可奈何，只有任其敲诈勒索而已。

《英租界的绑票案件》

❖ 辛成章：美租界并入英租界的经过

八国联军入侵之后，各帝国主义国家为了在天津建立其侵略据点，已经开辟租界的英、法、日、德等国任意扩张地盘；尚未开辟租界的如俄、比、意、奥等国也都不择手段地乘机侵占中国领土。在这种情况下，美国侵略者竟出尔反尔，提出索回美租界。清政府知道英、德两国对原美租界觊觎已久，对此不敢贸然应允，急令天津海关道黄花农征询英、德两方面的意见，美国对清政府的这一举动又提出抗议。为了这131亩中国领土的隶属问题，李鸿章周旋于美、英、德三国领事之间，煞费周折。1901年11月，美国政府再一次表示放弃在中国的租界，才使这一争执缓和下来。

其实，美国玩弄了两面手法。一方面美国表示对华"亲善"，放弃租界特权；但另一方面又与英国政府暗中磋商，私相授受，将美租界并入英租界之内。美国公使康格同英国公使萨磋商的交换条件是：美国政府保留于必要时在该租界内行使单独军事管制的权利；美国政府保留于必要时在该租界河坝停泊炮艇的权利；至少要有一个美国公民参加推广租界工部局，如果没有依照规定在推广租界中参加一个美国公民，美国领事得依据协议有权指定一名；所有在美租界的土地转让事项，必须在美国领事馆登记；关于适用于美租界而不适用于英国推广租界的其他部分的特殊规章，均须经美国领事同意之后才能制定；美国政府保留在一年前通知对方，中止关于英国推广租界的协定和权利，并且承担经美国同意为发展租界所用的任何财政债务。

从这个面面俱到的协议中不难看出，美国名曰放弃租界，实际上继续占有在租界里的政治、经济、外交、军事等特权。

英、美两国私相授受，擅自把美租界并入英租界之内，昏庸怕事的清政府对此也无可奈何。1902年10月23日，天津海关道黄花农竟发出布告，正式承认这个既成事实。美租界划归英租界以后，称为"南扩充界"，并于《驻津英国工部局所辖区域地亩章程》中正式注明"南扩充界系指该区域曾划为美国租界而于1902年10月23日由天津海关道布告声明归英国当局管理者"。

▷ 海河岸边的英租界

美国放弃租界，曾给人以一种错觉，认为在各帝国主义侵华活动上，美国似乎是较为"善良"的；但后来美国侵略中国的历史事实，恰恰证明了美帝国主义侵略手法更为深谋远虑。表面上的美租界是不存在了，但无形的美租界却扩大了。虽然没有美租界，但并不影响美国在天津的外交、军事、经济等各种机构的设立，其政治、经济、文化侵略活动却更加有恃无恐，为所欲为。美国资本大量渗入天津，掠夺中国人民的财富，截至七七事变前后，美国人在天津设立的银行、洋行及工厂，有158家之多，仅次于日本和英国；美国的主要银行如花旗、大通、美丰等，在天津都设有分支机构，把持着中国的经济命脉。更为奇怪的是，美租界不存在了，但在天津还有美国驻军。

《天津美租界并入英租界的经过》

❖ **胡君素、李树芬：**陈友发在英法租界

天津青帮通字辈陈友发，是直鲁联军盘踞天津时，天津警察局庶务主任，与时任第四科科长的李汉元为同事。在职期间，不断通过青帮关系勾结司法科审讯员马荫丰，为一些为非作歹的流氓、土匪、犯案送押的人托情，因而更与一些青帮人物接近。例如土匪贾少卿，为天津警察局捕获，经陈友发营救释放后，拜陈为义父。后贾少卿成了汉奸北宁路局长陈觉生的心腹，故陈觉生对陈友发很尊敬，时往拜访。陈觉生死后，贾少卿又转为伪天津市长潘毓桂的保镖人。陈友发一向居住法租界老华利里，他收的徒弟多是租界的商店经理或海关的外班职员。海关外班的杨恩浩、贾文凯、吴连奎、陈恩祺等11人虽不是徒弟，但为陈的拜把兄弟，其中8人是拜上海青帮大字辈曹幼珊为师，但这8个人并不认识曹，是由陈友发代曹幼珊收的徒弟。他在外班中的徒弟，有刘长清、张璇。陈通过刘、张在海关进出口验货，时常为他商业中的徒弟减税或以多报少，蒙混过关，在其中谋取利益。例如陈的徒弟侯子龄经营的惠通祥药庄，经常有大批贵重中药材运往上海、香港、南洋一带，就是通过刘长清、张璇等办理的。陈的徒弟中有好几个人经营报关行，均有陈的人力股，因而进一步与海关勾结偷税走私。陈在英、法租界都有相当的势力，在法租界如遇有为难事，需要与法工部局说话，是通过侦探长麦拉扎和副侦探长各贝亚的中文老师陈翰卿（直鲁联军军长顾震部下，青帮通字辈，与陈友发为同参弟兄）为之转达。因而陈友发在法租界有法国侦探长支持，在英租界有李汉元的支持。

七七事变后，天津伪警察局侦缉总队长吴宁靖要一些名女艺人侑酒，女艺人遭到吴的侮辱，陈友发为她们打抱不平，遭到吴的嫉恨，吴严令缉捕陈友发，照会到法租界工部局。法国侦探长早就告知陈，陈即遁入英租界，住在刘静山经营的祥泰义商店里，受到李汉元的保护。不久，刘玉书卸任伪警察局长，吴宁靖连带去职。这时贾少卿从北平来，要天津商会出面派人到北平欢迎潘毓桂。通过贾与陈的鼓动，由刘静山邀同商会委员多人及商业群众，为潘毓桂来津任伪市长作了有体面的欢迎场面，把吴宁靖对陈友发的欺压扭转过来。后来，有军统局投日分子某在法租界劝业场遇见以前同伙蒋文，向其索钱，扭打到法租界工部局。蒋文方面托到贾少卿，经陈友发与工部局缓和，不要案送伪警察部门。但法租界当局这时不敢触犯日本人，因而工部局侦探班长贾玉珂保证送案后，不暴露蒋文军统身份。送案时，与伪警察局说妥以打架斗殴释放，由蒋文送两根金条交贾玉珂，转交投日分子某。案送后，先释放蒋文，过了几小时，再放投日分子某。这人到贾玉珂处索要金条，贾支吾其词，几天后贾玉珂在他家里被这人用枪击毙，陈友发因惊恐在劝业场附近跌倒中风死亡。

《天津租界里的青帮》

❖ **周振东：** 老西开事件

　　1900年八国联军入侵后，法国趁机把租界向西扩张，直达墙子河，连原占地扩大到两千多亩。新扩充的这一大片地方，原是开洼荒丘，人烟稀少，法国领事馆串通了直隶交涉署（当时的负责人是王克敏），用很低的价钱便买到手。

　　法租界扩大后，法国得陇望蜀，又企图再向外延伸。天主教总堂原来设在三岔口望海楼，1912年罗马教廷决定成立天津教区，需建造主教府，法国领事馆便怂恿杜保禄主教把主教府与总堂盖在墙子河外老西开地区。

当教会工程破土动工后，立即引起天津人民的强烈反应，要求政府出面干预，天津警察厅急忙派出几名警察，驻扎在距教堂工地不远的张庄大桥，以示维护国家主权。到了1914年7月，法国领事馆致函直隶交涉署，要求撤走中国警察，居民闻讯群起反对。忽然一日，直隶交涉署派来一位名叫王元恺的官员，召集当地居民开会，宣称：这里划为法租界业经海关道唐绍仪大人决定，你们不准反对。大家一听极为愤慨，决心集体反抗。于是，以商会会长卞月庭为首，发起建立"维持国权国土会"，推动各界人士向法国侵占老西开行动展开斗争。

1916年6月教堂等建筑竣工后，法租界当局派出军队巡逻，使几年来的争执突然激化。10月20日晚，法国领事宝如华派出一队法国兵，把驻在张庄大桥的九名中国警察强行缴械，并押走拘禁起来。法租界当局以武力强行霸占中国领土的行径，激起了群众的公愤，爆发了一场规模宏大的爱国反帝斗争，这就是"老西开事件"的由来。

法国强占老西开地区事件发生后，人民见政府媚外无能，义愤填胸，都想采取实际行动与法帝国主义一拼到底，包括在法商企业中做事的人，更觉脸上无光。当时我在法商仪品公司任职，奔走串联了各法商企业职工，组织起来，参加由卞月庭领头的抗法斗争，举行游行示威，赴省公署、交涉署及省议会请愿。10月25日，各界人士在南市大舞台举行公民大会，做出数项决议，包括与法国断绝贸易、不使用法国银行纸币、中国货不售与法国人、要求法政府撤换公使与驻津领事等等，通电全国。

10月28日北京外交部派来次长夏诒霆，说是来调查这次事件的，于29日在交涉署接见代表及群众。在谈话中他说："把老西开辟为法租界，是经过中国政府允许的，你们不要再反对了。""像这样的集伙成群的暴动，要惹出国际交涉来，那还了得吗？"接着，交涉署委员王元恺也大声对群众喊叫："此案不干我们的事，是唐绍仪送给法国的，你们能怎么样？"大家一听这两个狗官不但不肯保护老百姓，反而帮着外国鬼子欺压老百姓，都气炸了肺，于是振臂高呼："打！打！"这两个狗官见风头不对，一溜烟地跑掉了，跑到王克敏家里藏了起来。当时周振东（公民大会庶务部负责人）、吴子铭（公民大会交际部负责人）、王伯辰（维持国权国土会代表）等人，就带领群众闯进交涉署办公室，将其中家具、什物砸碎，愤愤而归。

经过这次斗争，群众更明白了政府官吏媚外欺民的态度，决定非起来自救不可。经多次商议，首先在法商企业里发动华工罢工。罢工是从11月12日开始的，由仪品公司的王朗斋、义善实业铁厂的李书馨带头，振臂一呼，群起响应，最初参加罢工的有180余人。嗣后，包括法工部局巡捕房、卫生队、消防队在内以及所有在法商公司、企业工作的中国人，都先后参加了罢工斗争的行列。这种短兵相接人民爱国反帝的威力，使法租界当局遭受了沉重的打击，一筹莫展。

▷ 望海楼教堂

各界对法租界的罢工行动给予极大的支援，尤以商会支持最力。商会会长卞月庭把商会的存款10万元及各处捐赠的4万元，均交给公民大会经手转发给罢工人员，每人按半薪发放，受补助者1600余人。其后，又在11月20日成立罢工团，内设文牍、会计、招待、调查、庶务、注册、稽查、演说等部，分别掌管各项事务，发挥了组织起来的力量。

天津《益世报》自始至终报道老西开事件的消息，极力声援罢工行动，北京、上海等地的报纸也大力宣传，并也都成立了公民大会，遥为声援。

本市及外地的捐款踊跃异常。这一场爱国反帝斗争，真是如火如荼，有雷霆万钧之力，势不可挡。由于广大群众抵制法国纸币，致使中法银行因挤兑而宣告倒闭。

在天津人民的坚决斗争下，法国暂时停止了公开侵占老西开的行动，从这一点来说，斗争取得了胜利。其后，在英国驻华公使朱尔典的调停下，中法两国举行多次外交谈判，作为悬案暂时搁置起来。但法租界当局始终没有放弃侵占这块地方的阴谋活动，几年以后终于把老西开地区纳入法工部局管辖之下，实现了其侵略野心，说起来真令人痛心！

《回忆老西开事件》

❖ **张澜生：**租界内的游艺园

租界内的游艺园始创于1917年的大罗天，至1925年前后达极盛时期，以后内战频仍，地方不靖，夜生活十分不便。1926年以后天祥、劝业、中原、春和等高大建筑每年夏季开办屋顶花园，游艺园则难以竞争而趋衰落。

▷ 英国俱乐部

游艺园实际上是夏季纳凉的夜花园，傍晚开始到天明闭园。备有冷饮、西餐、茶座。游艺项目有京剧、杂耍、电影，票价一般大洋一元。每年只能营业三四个月，再减除阴雨天气，有效营业日往往不到3个月，所以承租人得挖尽心思延聘名角上演，招徕游客。例如当年红极一时的碧云霞等曾在张园和大罗天上演连台本戏。陶园别出心裁，每天午夜燃放一次武清王庆坨镇制造的盒子灯烟火，用成套烟火重现火烧望海楼等历史故事，颇具号召力。

《租界往事琐记》

❖　**王桂森:** 法租界内的小梨园

▷　法租界旧影

　　小梨园是专演曲艺节目的，开始演出时以相声"攒底"（即压场戏），由张寿臣、陶湘如演出。张、陶是著名的老一辈相声演员，由于当时段子不多，不太受欢迎，上座不多。不久邀请唱梅花大鼓的女演员花四宝等，也只能上半堂座。在小梨园开演曲艺前，演曲艺的老园子有南市的燕乐升平茶园和天晴茶园（后改名大观楼）。在旧社会，南市一带是天津市比较繁华的地方，是娱乐场所、旅馆、饭馆、妓院等最多的地方，所以南市一带的戏园子经常客满，但是人员杂乱，园子秩序不好，而且园子的茶房（服务员）还收小费，除票价花费不少，所以有些上层人物不喜欢去。小梨园地处法租界，交通方便，环境比南市一带安静，园内清洁卫生好，装饰雅致，服务态度热情周到，而且不收小费，邀请著名的演员不断增多，所以业务逐步兴旺起来。天津沦陷后，很多富户人家、投机倒把商迁移到租界内居住和营业，尤其是日军曾一度封锁英、法租界，是小梨园的业务最兴盛的时期。除正常演出外，经常有银钱号经理、暴发户、阔少爷等人借这个园子捧妓女，就是在演节目之间，让被捧的妓女清唱一段京剧等，台上摆满了花篮。捧的人不怕花钱，除被捧的妓女所穿戴的衣服、首饰外，连前台的服务人员的开支都由他负责，利用这个机会显示他们的阔气，抬高自己的身价和妓女的名声。例如谦益银号经理李墨香，为了捧一个名叫素筠的妓女，就花了很多钱。这种情况给小梨园增加了收入，也开展了营业。

《小梨园兴衰纪事》

❖ 张绍祖：中国最早的电影院

电影传入中国之初，被称为"灯影""电戏""电光影戏""电光活动影戏"等。在中国，"电影"一词最早在大津使用。1905年6月16日，天津《大公报》在刊登英商快利洋行的一则有关出售电影放映机和成套影片的广告时，以"活动电光影戏出售"为标题，撰写了如下广告词："兹由外洋运到新式电影机器一副，并影片六十余套，其景致异常可观，兼有游戏影片甚多，见者莫不捧腹，而价廉物美，堪称独步。倘蒙赐顾，驾临敝行面议可也。"文中将"电光影戏"压缩为"电影"。由于《大公报》是中国北方最重要的报纸之一，加之"电影"一词言简意明，所以逐步取代了"灯影""电戏"等名称，并在津京地区乃至全国流传开来。

上海第一座电影院"虹口大戏院"建于1908年，而早在1907年初，天津就出现了中国最早的电影院——权仙电戏院。权仙电戏院的前身是权仙茶园，初创于1904年，位于法租界葛公使路（今滨江道）与巴黎路（今吉林路）交口附近的权仙电车站旁，由法国百代公司电影部经理周紫云创建，可容纳观众200余名。1906年开始放映电影，内容为世界各地名胜和滑稽短剧，同时加演外国魔术、歌舞。1907年权仙茶园正式改为权仙电戏院，这标志中国最早影院的诞生。1909年在南市广益大街建富贵电戏院。1912年权仙电影院迁至南市东兴大街，改名"上权仙电影院"，是当时华界最豪华的电影院。1916年被焚毁。1918年周紫云用火险赔款，加上自筹资金，在荣业大街新建了"上权仙电影院"。

《天津电影概述》

❖ 宋颂石：天祥商场的骗人行当

天祥商场为旧时天津法租界三大商场（天祥、泰康、劝业场）最早的一家。在劝业场未开业之前，天祥曾兴旺一时，三层楼上下有电梯升降，且有大观园、小广寒戏院，分演曲艺和戏曲，热闹非常。

自劝业场开业后，天祥逐渐衰落，只靠楼下店铺维持局面。二三楼多租出转业，有命馆、旧书摊和贩卖珠宝三种行业占据其间。

命馆：即算卦、相面的，皆为江湖术士，在天祥二、三楼设有门面，招待来客，他（她）们不仅以相术骗人，更以阔气排场唬人。当年登上天祥二、三楼，就可见"终南仙客""了然居士""指津相家""醒尘道士"及"李半仙""小神童"等光怪离奇的招牌。更有以"日课十命、超之勿待"，"每日应课三小时，过时不候"，还有"设立预约客，卦金加倍"等虚伪宣传，以夸大其身价。曾有位名"了尘女士"的女相家，以"一言断命定，不应罚千金"唬人。这位女相家唇上有痣，极易认出。隔了二年，我在新三不管看到她，蓬首垢面，形如乞丐，在路边卖大碗茶了，由这证明她所说的完全是骗术。

旧书摊：当年天祥三楼旧书摊很多，且多古本线装书，故旧碑帖及残存的手稿。其中有一张记书摊，经理人面麻。他所陈列的书籍从外表看是名著，但里面却掺杂淫秽书画。张麻子每见有顾客徘徊其摊前，则让到室内商谈，此类书摊毁人不浅。

收集珠宝商：租室一间，悬挂收售古玩珠宝牌匾。此等珠宝商全是"古玩虫子"，有识别文物本领，且有造假字画绝技，以收真售假的骗人手段，蒙哄顾客，虽十天半个月不开张，但遇到俏货，一笔买卖所得，能供一年生活，甚至可发财致富。据说一巨富之家的仆人，窃得瓷瓶一只，这里的珠宝商以三百元购得，转手卖去得两千元。

《津门旧事鳞爪》

❖ 陈德仁：日军封锁英法租界

1937年7月30日天津沦陷后，日本侵略者推行为所欲为的殖民统治，首先是要消灭抗日力量，其次是排斥其他国家的势力。当时在天津有日、意、英、法四个国家的租界。意租界当局与日本占领军关系比较协调，而英、法两租界，由于历史的原因，日本的统治势力没能插进去。当时在英租界内明显地违反日伪当局的要求，继续使用中国政府制订的教科书教课，市面上继续流通着国民政府发行的法币，不承认日本在华北占领区强行使用的与日元同价的伪联银券，拒不交出中国、交通两银行储存的白银；更使日本不安的是在租界这块弹丸之地的"孤岛"里，经常有中国抗日力量开展的各种抵抗活动。当时在英、法租界开展抗日活动的组织有：中共河北省委领导的华北人民抗日自卫委员会，中共天津市委领导的中华民族解放先锋队（"民先"），国民党军统系统的抗日锄奸团，第三国际天津地下爆破组等。当时在市内发生铁路职工不愿为日本人效力自动离职的活动，有电话局职工抗交拒管的斗争。在市内还出版了抗日报刊，经常在街道、学校、公共场所张贴抗日的标语和传单。愤怒的人民群众对日军不断进行袭击，纵火烧毁或爆炸日本的洋行、仓库、工厂、商店，在电影院驻放置定时炸弹，以及枪杀汉奸，等等。这些都使日伪当局深为恼火。因而不断对英、法租界当局施加压力，从而加剧了日本与英、法租界当局之间的矛盾。

从1938年12月19日起，日军对英租界采取限制行动，从每日下午6时到转天早晨6时，在英租界四周实施戒严；同月22日又在要道上架设铁丝网，宣布出入英租界必须持有日伪当局颁发的通行证。其后，因为法租界内发生了枪杀汉奸案件，1939年元旦日方又宣布对法租界包围，实行同样限制。这就是日军对英、法租界的第一次封锁。封锁英、法租界，干扰租界的供应，限制抗日活动，逼迫英、法当局让步。两租界当局对此限制当然不满，但受各自国策的约束，对日方都没有作出任何回应。当时日本处在全面侵华战争初期，尚怕引起国际干涉，采取的对策是："对于英、美、法等资本主义列强，必须竭力避免发生摩擦"，因此，这次仅一个半月的封锁，到1939年2月9日便无声地撤销了。

《日军封锁英法租界的前前后后》

❖ **孙立民：** 日租界之毒窟

纵容毒品的制造与贩卖，是日租界当局残害我国人民的最恶毒的手段。在日租界旭街的楼房初建成以后，日租界当局就为贩卖毒品大开方便之门。在旭街及其附近一带，公开制造或贩卖吗啡、海洛因等毒品的日本商店有松本盛大堂、广济堂、丸二兄弟、楠德义、须田等药房及以卖日用杂货为名的金山、乾卯等洋行约160家。中国人经营的德义楼、乐利、新旅社、息游别墅、大北饭店等旅馆内开灯供客以及贩卖鸦片的土庄、烟馆等约有500余家。在日租界开办土庄及烟馆的手续很简便，只要向居留民团交纳"公益费"，再对日本宪兵队、警察署的大小头目行些贿赂，即可开张营业，并不需要什么正式的批准手续。

▷　20世纪20年代的旭街

　　毒品的贩运受到日租界当局的公开庇护。鸦片都是从外地（如热河、察哈尔、绥远、奉天以及日本、印度等地）运来的，日租界警察署司法课警部松下兼雄、巡捕长刘寿岩、副巡捕长徐树溥、李文祥等人都直接参与了贩毒活动。每当大批鸦片运抵天津东站及码头时，即由徐树溥等人负责用汽车运至日租界德义楼，然后再分发到各土庄、烟馆。

　　九一八事变后，日租界制毒和贩毒的情况更加严重。日租界居留民团主事田中助太郎命其妻弟在桥立街（今北安道）公开设厂制毒，日本特务金璧辉（川岛芳子）在明石街（今山西路）也设有制毒厂，外地的一些制毒犯也纷纷转来天津设厂制毒。

《日租界的毒、赌、娼》

❖ 孙立民：日租界公开的赌场

日租界公开的赌场，早期有方若主办的同文俱乐部，聚赌者多为官僚豪富，输赢数字甚巨。与同文俱乐部同时成立的还有个行商分所，位于芦庄子，是专供洋行买办消遣聚会而设的，参加者均为买办阶级，如泰昌洋行经理李全泰、新泰兴洋行买办宁星普、平和洋行买办杜克臣、义昌洋行买办赵聘卿、横滨正金银行买办魏信臣、武斋洋行买办沈瑞安、井陉煤矿买办高星桥等。这些人每天下午6时以后到此聚会，一面聚赌，一面交换商业情报、调剂资金周转。该行商分所仅有会员五六十人，一般商人不得参与。后来由于帮会、流氓经常扰乱，聚赌活动逐渐向英、法租界转移。

在日租界还有一种害人更多的赌博，就是袁文会操纵的花会。这种赌博，相传始于清末，其后一度被禁止。九一八事变后，上海大流氓任渭渔来津，与袁文会相勾结，买通日租界警察署及宪兵队，先后在日租界芙蓉街（今河北路）、荣街（今新华路）设立了两个花会筒开赌。花会赌博的特点是：第一，花会分为36门，凡押中都以一赢36，得利丰厚；第二，赌注不拘多少，五分、一角也能押；第三，赌局雇用很多无业游民担任"跑封"，分别到各家各户去收敛赌注，赢钱时由"跑封"代取代送，因此不出家门就可以行赌。由于这些原因，造成了花会赌博盛行一时，把社会上各个角落的小市民都吸引到这种赌博中来。花会的36门，包括了社会上的各种活动和现象，如人、鬼、神、生、老、病、死、婚、丧、嫁、娶、花、鸟、鱼、虫、牛、马、猪、狗、升官、发财、生子、做寿、出门、外归等等，都是人们生活中接触到的事物，人们在迷信思想的支配下，便以生活中遇到的事物作为兆头而押赌，如看见猪就押猪，梦花就押花……促使很多人终日为押花会而神魂颠倒。偶有押中者，立刻广泛传开，诱惑更多的人上当受骗。在七七事变前的几年里，全市各角落押花会成为风气，甚至诱引了许许多多的家庭妇女，其影响甚广，害人匪浅。

《日租界的毒、赌、娼》

❖ **杨大辛：**日租界两报人被杀事件

日本帝国主义1931年侵占我国东三省后，进而觊觎华北。

1934年3月，日本少将梅津美治郎由参谋本部调任华北驻屯军司令官，在天津就职。当时，中国人民的抗日怒潮一浪高过一浪，地临抗日前沿的华北，局势非常严峻。1933年5月签订的《塘沽协定》，南京政府不但默认了日本炮制伪满洲国的既成事实，而且又同意划冀东、察北一带为非武装区，中国军队不得驻守，相反的日本军队却可以随时进入"视察"；也就是说，上述地区纳入了日军的势力范围之内。这是日本侵略华北的一个重要步骤，但尚未达到其策动"华北自治"的既定目标。因此，还要伺机寻找借口，挑起争端，把南京政府的党政军势力从华北排斥出去。梅津就是负有这样的使命走马上任的。

日方找到了挑起争端的由头。1935年5月初在天津日租界突然发生了两起暗杀报人的事件。5月2日晚，《国权报》社长胡恩溥在日租界北洋饭店住处被枪杀，凶手2人当即逃逸无踪；接着5月3日晨4时，《振报》社长白逾桓在日租界义德里22号私宅被害，凶手同样也未抓获。胡恩溥与白逾桓都属于亲日派，所办报纸均接受日本津贴，并具有明显的亲日宣传色彩。胡恩溥还标榜自己是国家主义派，自封为国权党总裁；白逾桓在民国初年曾一度追随孙中山，后来与蒋介石不和，旅居日本。1931年来天津办报，同时担任伪满通讯社记者，与日本军方关系密切，死后从他身上发现一封致日本关东军司令官的密信。由于胡、白二人具这样的政治背景，致使华北驻屯军参谋长酒井隆喜出望外，认为向南京政府进行政治讹诈的机会到来了。

5月25日，酒井隆给日本杉山元参谋次长拍发了电报，声称："关于在天津租界内发生暗杀白逾桓、胡恩溥事件，经调查结果终于判明系蒋介石系统所策动"；"白逾桓系我军机关报的社长，属于我军使用的人员，依据条约，应受到保护。"5月29日，酒井会同日本驻北平武官辅佐官高桥坦，向北平军分会委员长何应钦递交了含有上述要求的"通告"。5月31日，日本驻天津总领事川越茂也与军方相呼应，就此事向河北省主席于学忠提出抗议。酒井还叫嚣"若中国政府不加以注意改善，则日方将取自卫行动"。同时，调关东军主力部队入关，空军在锦州集结待命，海军从旅顺派出驱逐舰驶抵天津。一时剑拔弩张，风云莫测。

中日双方经过一个月的交涉，最后以梅津美治郎与何应钦互致备忘录达成协议，史称《何梅协定》。协定主要内容包括：取消河北省内一切国民党党部；撤退驻河北省的中央军、东北军及宪兵三团；解散军分会政治训练处及蓝衣社、励志社等机关；撤免河北省主席于学忠及其他高级官员；取缔全国一切反日团体等。在此期间，南京政府还向全国下达了《邦交敦睦令》，以取悦于日本政府。

《日租界两报人被杀事件》

❖ 张澜生：观魔术表演

变戏法是"什样杂耍"中不可缺少的一项。早期艺人有刘文治、王福山，20世纪二三十年代有冯树田、罗文涛，均在京津享有盛名。租界开辟以后，外侨日益增多，适合他们口味的洋戏法也陆续引进天津。洋戏法基本以手彩为主，结合声、光、化、电科学手段，令人眼花缭乱，比古典戏法专靠穿大褂藏东西更能引人入胜。

20世纪20年代前后，日本魔术家天佐师率团露演于日租界旭街新明大戏院（今人民剧场）。在津日侨万人空巷前往欣赏，由于节目精彩，中国观众也趋之若鹜。后来天佐师去世，由其女天胜娘继续到世界各地巡回公演，来天津时演出的地点仍在新明大戏院。记得节目有歌舞、车技、耍火球、枪毙活人、魔术等。给我印象最深的是扑克牌节目，表演者从台上向观众连续抛出一张张扑克，每一张都能自动回到表演者手中或台上，最远可以抛到楼上后排。速度之快，牌数之多，令人目不暇接，显然是真功夫。还有一项到现在我也琢磨不透，表演者把一张牌抛到台上直立不倒，用手做运气状，手掌前推，直立的牌就前进一步；手掌抬高，扑克牌就悬立空中，随手掌前后左右移动，可能是一种人工的遥控吧。

1936 年，世界著名丹麦大魔术家邓脱博士先后在英租界平安电影院和法租界光明电影院演出，中外报纸都加以宣传。此人曾获得英国王室奖赏。表演节目确实出凡入圣，个别节目至今我还没有见到别的魔术团表演过。例如有个叫"理发馆的秘密"节目，由邓脱本人扮演理发师，穿上白大褂，另一女演员扮理发人，邓脱把泡沫剂涂到女演员头上，用剪刀慢慢替顾客修剪头发；在悦耳的音乐声中突然一声巨响，台上灯光刹那一闪，然后再看坐在椅子上的竟是邓脱，穿白大褂的理发师变成女演员。明知是假的，但是手法之快不能不令观众折服。

《租界往事琐记》

❖ **李希闵：**意租界回力球场

原来的天津意租界，虽濒临海河，但因海河淤北而扫南，无法修筑码头，很难像英、法租界那样发展。租界内商业很不发达，收取的捐税也远不及英、法等国租界。1931 年，曾任意国驻华公使的齐亚诺（意大利法西斯头子墨索里尼的女婿，后来担任外相）来津，与当时意国驻津领事查壁商讨如何增加租界收入，鉴于上海的回力球场开设以后获利颇丰，乃有在天津创办回力球场的动议。

意租界当局是把回力球场当作摇钱树来扶持的，把租界内最好的地段售给回力球场建房，地址在当时的南西马路（罗马路）靠近马可波罗广场（又称西圆圈）和花园的地方。这里本来是意租界花园内的一座专供意国侨民使用的网球场，为了让回力球场在这里建房而把网球场迁移到别处。

回力球场的建筑整体坐东向西，是东西面较短、南北面较长的长方形建筑。西侧临罗马路，是大楼的入口，门厅呈长方形，正面偏右为电梯，左右两端为楼梯。顶层北端为一高大塔楼，与南端的小塔楼相对称。大塔楼的造型十分别致，为八角缩尖角柱形，上有塔尖。在角柱的四周，有四组混凝土筑造的浮雕，每个浮雕是飘带缠绕着一捆圆形立柱（据说是36根，其中有一根的顶端突出捆外），旁边夹着一柄斧头，据说这是褐衫党——墨索里尼的法西斯党的标志象征。大楼正面和北面的墙体上，上下交错着刻有各种回力球运动姿势的八组浮雕，十分生动。大门的上方有"FORUM"（回力球场的外文名称）的大型霓虹灯组字。整个建筑物的四周均用霓虹灯环绕，每到夜晚，更显出它的豪华与壮观。

球场的内部，除茶厅和舞厅是分层而设并占有一定面积外，主要是赛球场和看台。赛球场在右侧，看台是面向赛球场从底层起斜坡式向上延伸，到二、三层楼处是包厢（为高级赌客特设）。赛球场是一个长方形场地，三面是有弹力的击球墙面。向看台的一面以铜网相隔，看台上的人可以隔网观看比赛。赛球场和看台是在一个由底层延伸到顶层的大厅里，占了整个建筑的大部分。

回力球场和赛马场一样，都是以运动竞技为名的大赌窟。回力球场开业之初，约聘了许多外籍球员，他们分别来自西班牙、意大利和南美的一些国家。这些球员身体健壮，球艺精湛，先是球场利用报纸和海报大肆宣传，刊登照片，逐一介绍，尔后通过竞技献艺，颇得一些人的赞誉和青睐。

回力球的比赛方法分单打和双打。单打是每场（盘）出6名球员，两人对打；双打是每场出12名球员，两人为一组，两组对打。比赛采取单循环方式逐个（逐组）淘汰，产生胜家。这样一场场地进行，按场次出售球票，一个夜晚，可以进行6—8场比赛，赌客们可以有选择地（每场比赛出场的球员不同，又有单、双打之分）分场次参赌。每场比赛时，出场球员被编列为1至6号（组），球场分号售票，赌客选其认为能胜者购票下注，如能押中，可得高于票价若干倍的彩金，彩金数额由球场按得胜的球员被下注的多少来决定，每场赛完后在场内特设的黑色板牌上用醒目的白色数字公布。

当时出售球票的价格有每票2元和每票5元之分（5元的位置票，如购买某号球票未能取胜，但在比赛的结果中排列在一定的位置号，则购此票者虽不能得头等彩金，还可以得到少量彩金）。购票张数不限，凭票领取彩金。赌票的种类很多，有独赢（某号球员独得5分）、双独赢（两盘球赛均是该号球员获胜）、联号（是指每场第一、二名均被押中）等等，以上种类繁多的办法促使赌客多方参赌，大量购买球票。

回力球场自开业以后，每日可收球票（赌注）款二三十万元，因为比赛是在赌客之间进行，即所谓大伙儿赢大伙儿，球场从售票款中提取15%至20%的利润之后，其余才是彩金，所以回力球场所掠夺的不义之财为数可观。

《意租界回力球场》

❖ **秦颖：德租界的德国俱乐部**

德租界的德国俱乐部，也称德国球房、德国总会，于1905年5月动工，1907年7月竣工。占地6330平方米，建筑面积为3922平方米，是三层砖木结构，造价15万两白银。该建筑属于新罗马式风格，在造型及装饰上具有显著的日耳曼传统色彩（1976年地震房屋受损，重修时在结构及造型上多有改变）。木屋架、牛舌瓦和瓦陇铁屋面，有阁楼和老虎窗，山尖和尖顶较多。一层窗台至室外地坪以及门窗券皆用天然石料砌筑。门窗多是半圆拱券，系德式建筑造型。

俱乐部的首层为酒吧、台球房、舞厅、图书阅览室、衣帽间等；二层以礼堂为主，面积约250平方米，另有酒吧间、会议室等；三层为厨房，可用升降机将饭菜送至一、二楼，其阁楼间是工作人员的宿舍；地下室有锅炉房、茶炉、浴室和小型餐厅；后院有保龄球房及露天网球场。1907年德国俱乐部建成后，即成为德国侨民的政治、社交、娱乐中心。德国人在这里举办化装舞会、圣诞节狂欢、为孩子们的演出……去年著名作家航鹰到德国考察，从天津近代名人汉纳根的外孙孙郎格先生那里，获得了五六张老照片，真实地记录了近80年前发生在这里的历史画面。其中一张是在二楼礼堂的舞台上，当年汉纳根夫人正主演普契尼的歌剧《图兰朵》。

▷ 德国俱乐部

1914年第一次世界大战爆发，1917年中国政府对德宣战，并宣布收回德租界。1919年德国战败，在津的德国侨民被遣送回国，德国俱乐部从而宣告结束。后来，有俄国人承租俱乐部房产，改组为大赌场。这座赌场以三十六门转盘赌为主，也有扑克、牌九、麻将等。赌徒以外国人为多，也有少数华人。由于这个赌场地点适中，设备齐全，具有餐厅、舞厅，所以来赌的人特别多，生意十分红火。1921年5月，中德两国恢复邦交，德国商人重新来天津做生意，随着德国洋行的日益增多，德国人也多了起来，恢复后的德国俱乐部又成了德国侨民的活动中心。直到

1945年5月德国在第二次世界大战中战败，德国侨民被遣送离津，德国俱乐部再度宣告结束。

《德租界的德国俱乐部》

❖ 张澜生：外国马戏

马戏是外来语，我们从前叫作跑马解，操此业者多半是河北吴桥人。表演内容有走绳索、耍坛子、空中飞人等。由于是流动性的野台子演出，所以陆续就把驯马项目取消了。随着租界的设立，外国马戏团偶尔也来天津淘金。不过由于场地困难和票价高昂，除外国侨民外，中国观众不多。

20世纪二三十年代之间有几次轰动津门的演出。一次是日本富田大野马戏团，在今天多伦道中原里原址搭棚表演。每天只演晚场，节目有走钢丝、魔术、耍球、马技等。比较突出的是人骑马钻火圈。由于场地简陋不能全天演出，所以看客寥寥无几，中国人很少。另一个是日本安松马戏团，大约在1927年左右，从日本来津，在今和平路胜利公园广场搭大棚，内部比较讲究，设有日式榻榻米，观众席地盘腿而坐。表演项目以马术为主，由指挥人用马鞭引导马匹做出各种动作。给人印象最深的是首次在天津演出的飞车走壁节目，由一个人驾驶摩托车高速在竹片组成的大圆筒中上下爬行，扮成卓别林的小丑在切换节目当中穿插表演各种手彩杂技。由于节目新奇再加上事先在报纸上大登广告，演出半个月，上座率相当高。据我记忆，真正来自西洋的马戏团只有一次，即1928年在耀华学校原址那块三角地的一侧出现了一个英国马戏表演团。票价昂贵，观众以外侨为主。听看过的同学讲，里面有老虎、狮子和几匹大洋马，其他节目有杂技、舞蹈和惊险高空表演，比日本马戏团水准高出很多。20世纪30年代以后租界虽日渐繁华，但再没听说有外国马戏团到来。

《租界往事琐记》

❖ 李世瑜：租界里的青帮

　　青帮是土生土长的民间结社，清初发生于沿运河、长江的漕运水手、船工之中。清代晚期漕运停废，水手、船工们弃舟登陆改营各种行业，青帮也就被带到沿运河、长江的各个商埠、口岸。起初它是一种水手、船工们的互助团体，彼此团结一致与清政府的盘剥迫害进行斗争，很起了些积极作用，就是弃舟登陆之后的初期，他们的行为也还是无可厚非的。大约从20世纪20年代开始，某些地方的青帮组织就蜕化变质了，成为反革命势力的帮凶、帝国主义的鹰犬、无恶不作的社会流氓集团。

　　天津的青帮是20世纪20年代初传来的，一开始就扎根在混混儿和脚行组织之中。天津的脚行很多，各霸一方，因此青帮的发展很快，除脚行之外，烟馆、饭馆、旅馆、妓院、赌场、戏园以及贩毒、走私、绑架、拐卖、杀人越货之类的营生，几乎成了青帮分子的"专利"事业。这些行业最初集中在城乡内外繁华地区，后来向租界发展，青帮分子也就跟着进了租界。

　　最早进入租界的青帮还是脚行头子们。西方资本主义列强在天津开辟租界的目的首先就是要插进一个攫取利润的管道——进出口贸易的码头。1860年天津开埠以来直到1900年义和团运动之后，海河两岸出现了80多个码头。大批洋货从外国运来分别卸在这些码头上，又从这些码头满载从内地收购来的工业原料和土产而去。只是在这80多个码头从事装卸的苦力就有4000多人。另外还有一大批仓库、货栈、大工厂企业的装卸工人，这叫驻厂脚行。但这些运进运出的货品，码头脚行和驻厂脚行并不能直接运进市内再转运内地，也不能从市内将内地来的货品运到码头，而是还要靠市内的脚行往来于码头。

　　贸易离不开运输，脚行把持了运输，青帮把持了脚行。通过租界的国际贸易的运输也同样被脚行和青帮把持。天津的青帮扎根于脚行，由脚行头子们主宰青帮达数十年，这是天津青帮的一个特点，外地青帮是没有这种现象的。

▷ 海河沿岸的德租界

脚行头子们都是些胸无点墨的粗人，只知剥削搬运工人，胡作非为，形成地头蛇。有些自喻正统的青帮人士对此十分看不惯，但又不敢撄其锋焰，有时不得已还要对他们曲意奉迎。这些人都不是天津人，而是从外地"跑海"来的。他们来到天津根本不敢在"中国地"求发展，那是土生土长的青帮的天下，于是只能托庇于租界，形成租界里的又一种特殊势力。

《租界里的青帮》

❖ 杨大辛：租界收回的方式

外国租界的收回，有几种方式：一是因与租界国宣战而收回的，如德、奥、意、日租界；二是租界国主动提出放弃的，如俄、比租界；三是与租界国谈判达成协议而收回的，如英、法租界。各租界存在的时间，最短的是奥租界，17年；最长的是英、法租界，85年。

《天津租界的设立与收回》

❖ 杨大辛：日、意"交还"租界的傀儡剧

1941年12月8日太平洋战争爆发后，英、美等国与日本进入战争状态，在重庆的国民党政府也于12月9日发表了对日、德、意宣战文告，声明与日、德、意所缔结的一切条约、协定、合同一律废止，收回日、意租界。由于当时大片国土尚处于日军占领之下，这一维护主权的举动不能付诸实施。其后不久，日、意两国政府却与汉奸汪精卫演出了一幕"交还"租界的傀儡剧。1943年1月9日，日本政府与汪精卫伪政权签订了"交还"日租界的协定，随后将租界改名为"兴亚第一区"。同年1月14日，意大利政府也发表声明，宣布"交还"意租界。

中国政府对日、意租界的实际接管，是在1945年8月日本投降之后。

《天津租界的设立与收回》

第四辑

文教在津门，
广开民智不平常

❖ 叶笃庄：天津知识书店

天津知识书店在中共北方局的领导下，于1936年9月开张，1937年7月28日停止营业。当时正值日本帝国主义加紧侵吞华北，华北人民抗日情绪日益高涨，蒋介石的不抵抗主义遭到全国人民反对，共产党团结一致的抗日主张则受到热烈的拥护。在这样的政治形势下，书店从始至终都受到了广大读者的欢迎和支持。书店成立不到一年，发行了大量抗日救亡的书刊，宣传共产党团结抗战的主张和抗日民族统一战线的政策，影响之大，不仅近及天津，而且远达济南、太原、北平等地。

书店在开张时，主要销售上海出版的由邹韬奋、胡愈之、陶行知、李公朴等主办的一些新书刊。因为当时在天津销售这种书刊的书店很少，所以一开张便门庭若市。我记得开张的头几天，书店内挤满了人，有许多读者要在门外等候里面的人出来之后，才能进去。

书店从内容到形式都是新颖的。我们采取了开架售书的方式，读者可以在书架上自由挑选。书店内设置了沙发和靠背椅供读者坐在那里阅览他们愿看的书刊，当时我们是参照东京的一些书店的模式去布置的。为了方便读者，可以电话购书，只打一个电话来，把书名或刊物名说清楚，即可派专人及时送去，即使要一本售价一两角钱的期刊，也可照办。书店橱窗的玻璃上有店名"知识书店"，从左往右写的，当时一般都是从右往左写。在店名上面，又用所谓的新文字（拉丁化）标出，成一弧形。这些措施在天津都是独一无二的。

《回忆天津知识书店》

❖ 王鹏：王芸生与《大公报》的渊源

1929年夏，王德鹏进入天津《大公报》，成为一名职业新闻记者，从此他改名王芸生。他的名字和他的命运就同《大公报》连在一起。

若追溯王芸生与《大公报》的渊源，还得从他为《华北新闻》写社论时谈起。1926年9月，天津《大公报》续刊后，风行一时，总编辑张季鸾写的社评是一大特色。1927年春节，王德鹏由沪返津后，每天为《华北新闻》写一篇社论。两报同在天津，评论文章又都不署名，自然有点竞争的味道。当北伐军打进南京时，火烧了外国领事馆，这在当时是轰动中外的大事。转天两家报纸对此各有一篇评论。《大公报》主张应该自责，理由是中国人搞革命，不应该烧外国的领事馆。《华北新闻》恰恰与《大公报》唱对台戏，认为这是中国人民的正义行动，是应该的。又过了一天，《大公报》再登出一篇社评，大意是：犯了错误应该责备自己，不应该苛责别人。《华北新闻》就此论调，又登出一篇社论，题为《这个革命之根本观》，大意是：中国自鸦片战争以后，外受洋人侵略欺压，内则军阀混战，民不聊生。因此，中国革命的根本问题，在于对外取消不平等条约，打倒帝国主义，对内平息内乱，打倒军阀。这篇文章登出后，《大公报》哑然无声了。而租界当局却认为《这个革命之根本观》一文是共产党所写，责斥《华北新闻》老板说："我们租界里不需要共产党人，不需要共产党办报"，并责令其停刊，经老板苦苦哀求，结果罚款200元，才算了事。

这次的笔墨官司促成了王芸生与张季鸾的结识。张先生曾从侧面打听和他打笔仗的人是谁，表示希望约他见见面。王芸生得知后便主动到《大公报》馆拜访张先生，两人闲谈了一番天下大事，但未谈及他进入《大公报》的事。

▷ 王芸生

　　"四一二"政变以后，有进步言论的王芸生处境很困难，冷酷的现实迫使他不得不为生活奔波，他继续为《华北新闻》写文章，一篇稿子赚一元钱，以养家糊口。1928年5月，天津《商报》创刊，王芸生经人介绍，任该报总编辑。在《商报》工作一年多，后因与老板观点不同而离职。就在这断绝生活来源的时候，他写信给张季鸾先生，求得帮助。第二天，张先生亲自登门把过去打笔仗时的年轻对手接到《大公报》去了。王芸生进入《大公报》纯属偶然机缘，但新闻事业从早年起就成了他压倒一切的愿望，而他又能够做到把自己的毕生精力全部奉献给新闻事业。从这一点来说，他进入报界是一种必然。

《"大公王"——王芸生》

❖　**涂培元：《华北新闻》与《大公报》的笔战**

　　1927年3月国民革命军克复南京时，曾发生个别士兵打伤外侨事件。起因是英、美、日、法等帝国主义国家的军舰炮击南京，引起程潜率领的第六军官兵奋起抵抗，激愤中捣毁了外国领事馆。《华北新闻》和《大公报》就此问题爆发一场笔战。

这时的《大公报》正由张季鸾主持笔政，报纸以言论出色著称。《华北新闻》则由王德鹏（即王芸生）执笔，发表社论，抗议帝国主义暴行，声援第六军将士的正义行动。而张季鸾主编的《大公报》却发表了相反的言论，主旨在追究打伤外侨的责任。两报展开激烈的辩论。最后1927年4月1日，《大公报》发表一篇社论，题为《躬自厚》，内称："……东方道德所以为人类交际之规范者殊多，其中一义曰：'躬自厚而薄责于人，人与人如是，社会和平矣。国与国如是，世界和平矣。今之中外关系亦然。如其咎在我者，我应自责之，所谓躬自厚也。'"

针对《大公报》上述观点，《华北新闻》于翌日发表社论《中国国民革命之根本观》，予以反驳。文中写道："……中国自鸦片战争以来，即沦为帝国主义侵略下的半殖民地，被侵略者对侵略者无所谓'躬自厚'的问题。中国国民革命的根本任务，不仅对内要打倒军阀，对外还要取消一切不平等条约，把帝国主义特权铲除净尽。"

王德鹏在此文付印时，对周拂尘谈起张季鸾，说他那一套是丧失民族意志的奴隶道德。

这一社论发表后，《大公报》沉默了。但法租界工部局把周拂尘叫去，大发雷霆，认为文章是共产党的宣传，在法租界不容许这样讲，当即处以罚款。

当时驻津法国领事令工部局翻译员田蕴川长期监视《华北新闻》，对新闻评论均加以严密检查，只要查出"帝国主义"四个字，便要给予警告、罚款处分。

《不平常的报人周拂尘》

❖ **刘洪升：张琴南改革《庸报》**

1930年，张琴南先生应聘到天津《庸报》任总编辑，充分发挥了他的办报才能。在他的主持下，《庸报》内容、质量、印刷、编排都有显著提高。张先生自己撰写社论并主编要闻，贾俊秀主编各地新闻，王儒珍主编本市新闻。张先生对于报纸编排力主新颖别致，他鼓励各版编辑，仿效上海《时报》的标题及排版，《庸报》版面相当清新、醒目。

副刊编辑许君远是和张先生一起从北京来到天津的。他除编副刊外，还兼任晚间翻译路透社电稿，扩大新闻来源。后又聘请南开中学语文教师姜公伟、北平艺专的张鸣琦等主持副刊工作。把原来副刊的报头"天籁"改为"另外一页"，广泛向文艺界征稿，增加了《庸报》的号召力。

张先生在《庸报》很注重体育新闻。采访部的外勤记者赵泉、李世琦都是南开的学生，又同为篮球运动员，对体育界很熟悉，与体育界的领导人董守义、章辑五、李清安、李友珍等和南开"五虎将"有较深的友谊，采访新闻极为便利。又增聘足球健将孙思敬、卞凤年为体育版写球赛讲评，把体育版办得很活跃，受到各校学生和体育爱好者的欢迎。

在琴南先生的精心培育下，《庸报》面目一新，报纸销路大增。可惜随着日本帝国主义侵华政策的急速扩展，《庸报》竟被日军收买。张先生痛心疾首，在报上刊登了一篇告白，题为《我倦矣，我将小休矣》，公开宣布从此与《庸报》脱离关系。

《爱国报人张琴南》

❖ 徐景星：主张抗日的《益世报》

1931年，九一八事变爆发，日本帝国主义强占我国东北，中国人民面临亡国的惨痛。国民党政府主张不抵抗，强调镇静，等待"国联"处理，大好河山，拱手让人，群情激愤，许多人在考虑救亡图存的大计。这一时期的报纸论调各不相同，如《大公报》，跟随国民党政府的不抵抗政策，宣扬"缓抗论"，受到读者的唾骂。《益世报》在这一点上比较突出，从一开始就主张抵抗。

1931年9月24日，社论有"国人……断不可依恃'国联'，怀抱侥幸心理，希望不牺牲而可恢复被敌人强占土地"，又说"抵制要全国人民动员起来"。9月28日社论："日本帝国主义给予吾人之教训……唯对于唤起民众一事，则疏略而不注意……及至外患侵入，乃爽然于民众无组织之失计。"

1932年1月12日，《益世报》发表罗隆基第一篇社论《一国三公的僵政局》，便是抨击国民党内蒋介石、汪精卫、胡汉民三人派系之争的。

▷ 《益世报》

1932年1月26日，即淞沪抗战爆发前两天，罗隆基在《益世报》上连续发表《可以战矣》和《再论对日方针》两篇社论，倡言武力抗日，提出"战可以改换国际局面，战可以得到真正的统一"等论点。这两篇社论初步奠定了天津《益世报》对日主战的立论基础。这家报纸还发表了《攘外即可安内》等社论，对蒋介石的法西斯独裁和不抵抗政策进行激烈的批评，呼吁停止内战，共同抗日。

从这个时候起，天津《益世报》在新闻报道方面，除了尽量披露全国各地的抗日新闻外，还不断揭露日寇侵略中国的阴谋诡计和各种残暴的事实。突出的如每日连载的《满蒙忧患史》《万鲜惨案实录》，全文刊载了读之令人发指的《田中奏章》《满蒙权益拥护秘密会议记录》等。此外，还比较系统地报道东北沦陷后的情况，如《盗治下的沈阳》《铁蹄下的长春》。在东北沦陷后很长一段时间内，天津《益世报》还有特派记者在东北秘密采访，因而成为独家向全国记者报道日军在东北种种暴行的第一手消息。

《重振〈益世报〉的刘豁轩》

❖ 涂培元：晚报《四点钟》起风波

1924年5月《华北新闻》增出晚报《四点钟》。由于对国内外的消息提前报道，当天新闻当天见报，速度很快，因而风行一时。每到下午4点，报贩和读者即聚集报社门口等候发售。

这一年的10月23日直系的冯玉祥发动"北京政变"。囚禁贿选总统曹锟，驱逐溥仪出宫。由于京津电话线被割断，这一惊人消息天津当日竟无所闻。周拂尘通过在电报局工作的朋友得到确讯，即在《四点钟》晚报上刊登。报纸出版之前，编辑部把这一消息写成大字报，贴在报社门口，即刻挤满了围观的读者，并奔走相告。

这时天津尚在直系统治之下。天津镇守使李荣殿经过报社门前，认为消息不确，立即命令警察厅长杨以德出面取缔。杨以德因鲁嗣香讼案对周拂尘正怀恨在心，想借此出一口气，便派东四区警察署长夏曾佑率警察多人赶到，驱散群众，撕毁大字报，又捣毁报社门窗，逮捕周拂尘。以造谣惑众、危害治安等罪名论处。

次日北京政变的消息证实，李荣殿、杨以德鉴于政局动荡，不知所从，未敢别有动作，遂将周拂尘释放。

《不平常的报人周拂尘》

❖ 王喆夫：刘髯公创办《新天津报》

天津本地的老年人差不多都记得20世纪二三十年代有一份满街叫卖的《新天津报》。它以连载小说、白话社论和戏曲评介迎合普通市民和农村读者的阅读兴趣，成为当时拥有最广泛读者群的报纸之一。最盛时发行日、晚、画三刊，号称日销五万份。

给外国人当过侦探、染上抽鸦片烟的恶习，没有受过多少教育，更没有接触过新闻理论的回民刘髯公，是《新天津报》的创办人，一直担任社长，并常以"髯公"署名发表白话评论。他因此成为当时天津的名人。

刘髯公原名刘学庸，字仲儒，生于1893年（清光绪十九年）。原籍河北省（今天津市）武清县（今武清区）杨村镇，回族。"髯公"是他办报时写评论用的笔名。

1923年（民国十二年）8月，《新天津报》正式发刊。四开一张，每天印500份。它跟别的小报没什么区别，当时并没有引起人们的注意。

刘学庸在法租界工部局听法国人介绍，法国报纸很多是四开小报，每天一份出十几张。他说："咱就叫法国式吧。先出一张，慢慢增加，两张、三张、五张……说不定哪天能出10张40版。"他还说到小型报纸的优点是："小报比大报便宜，平民百姓买得起；不占地方，携带方便，随便在什么地方，打开就看；不用来回折叠，减少麻烦。"这些考虑比较适合一般读者的心理。

在《新天津报》的报头旁边，注上一行副标题："平民化的报纸"。他为报纸定位，读者对象是普通市民、社会中下层群众。他批评当时的大报，是专给大人先生们看的，"上人见喜"了，赏你几个钱花。批评小报要无赖，敲竹杠，他说："咱不那样干。"

他在编辑部的会议上发表他的办报方针："咱们是小报，可咱们要有志气，要有大报的气魄。什么理论我全不懂，我就懂说点良心话，说点平民百姓想说不敢说又说不出来的话。"

创刊初期，他以"髯公"的笔名写社论，单刀直入，骂贪官污吏，骂旧军阀，重点突出，快人快语，很受读者欢迎。他的文字水平不高，写出来多是大白话。错字和文理不通的地方，由薛月楼、张翕如替他修饰。这些社论浅显、明白、干脆，很容易被读者接受，并引起共鸣。从此，刘髯公这个名字代替了原名刘学庸、刘仲儒。在那个年代，提起刘髯公，可以说是家喻户晓，知名度越来越高。

他把报纸启蒙性质的社会教育功能，比做拿绳子救井下的人，他说："你必须把绳子的一头往下放，让底下的人能抓住，你才能慢慢往上提，提高到文明进步的程度。你拿着绳子不往下放，只在井口唱高调，他够不着绳子，他怎么上来？"

《骂敌殉报的刘髯公》

❖ 王喆夫："看晚报！新天津晚报！"

《新天津报》最盛时期每天出四开报三张，共12版。一、四版为广告，二版为国内新闻和社论，三版为国外新闻，五、六版为本市新闻，七、八版为外埠新闻，九、十版为经济新闻，包括金融股票行情，十一、十二版为副刊，星期日增刊一张画报。晚报两万份，主要在本市销售；日报两万多份，主要销往外地。华北、东北、西北都设有分社，各县、乡村分销单位有300多处。

每天下午3点钟，全市30多家派报社的头人们，在报社门前向聚集在那里的报贩们收钱、登记，然后统计报数、钱数，向报馆营业部交款，拿到了订报单，等候发报。5点一过，报馆内铃声响起，工人们把印好的报纸一沓一沓地摔在柜台上，几个业务员迅速分发给各派报社，派报社把报纸抱到报馆门外的马路边，在报贩们拥挤喊叫声中分递出去。黄昏时分的街道上立刻回荡起一片人们熟悉的嘶哑的叫卖声："看晚报！新天津晚报！"成为天津市一幅特有的市井风情画，持续20多个寒暑。

1931年夏天，张作霖的三儿子张学铭出任天津市长。由于二次直奉战争时《新天津报》拥护商系，反对奉系，对奉军将领张作霖等人曾加以辱骂；这时就有人出来鼓动张学铭，勒令《新天津报》停刊。刘髯公四处奔走，请客送礼，花了不少运动费。正赶上九一八事变，刘趁机活动，借口"国家兴亡，匹夫有责"，声称要为抗日宣传作些贡献，终于获准复刊。东山再起，报纸较前更为火炽。

《新天津报》仅靠发行收入每月就有四五万元，加上连载评书单行本畅销，广告费日渐增高，报纸盈利，刘髯公买了楼房，又置三辆汽车，二台电力自动轮转印刷机器，编辑、记者、职员、工人共达100多人。

吴云心评论《新天津报》："在天津报纸中销路相当可观，最高峰时达五万份以上，以后稳定在两万上下（在全国来说也是上游数字）。自出版至结束，始终是一个不赔钱的报纸。它似乎没有什么有力的政治后台，雄厚的资本，更没有知识力量，不单办报纸没有新闻理论，即一般经济上管理制度也很简单，不懂什么管理科学。它却从小变大，发展迅速，可谓奇迹。"

《骂敌殉报的刘髯公》

❖ **张绍祖：中国第一所电报学堂**

中国第一所电报学堂，是李鸿章于1880年在天津创办的北洋电报学堂，校址在城东门外扒头街。1886年校址移到法租界紫竹林。

电报是中国最早引进的外国现代通讯技术之一。中国培养电报人才始于清光绪二年（1876）福建督抚丁日昌在闽所办的电学馆，但那是训练班性质的，正式的电报学堂始于李鸿章1880年在天津创办的北洋电报学堂。第二次鸦片战争后，帝国主义要求在中国通商口岸架设电报线路的呼声愈来愈高。随着社会经济的发展，洋务派在政治、军事和商务方面对电报的需用也更为迫切。李鸿章在接受1874年在抵御日本侵台中，因无电报信息不通以致误事的教训后，于1877年，由总督衙门（今金钢桥西）至天津机器局，试设了一条6.5公里的电报线。接着又于光绪五年闰三月（1879年5月）在天津至大沽炮台、北塘海口炮台之间试架了一条长约60公里的电报线，试通军事电报。这是继台湾电报线之后，中国大陆的第一条电报线，成为其后建设津沪、南北洋两大电报干线的发端。1880年9月16日，李鸿章奏请架一条由天津通往上海的电报线。同时，经李鸿章奏准，在天津东门内问津行馆（又称杨家花园，今东门里大街），设立津沪电报总局，这是中国第一家电报局，也是中国第一个负责线路工程和组织电报通信的管理机构。

▷ 北洋电报学堂

1880年9月，在建设电报线、设立电报总局的同时，奏请在天津创办北洋电报学堂。李鸿章说：设立学堂训练电报人才，可以做到"自行经理，庶几权自我操，持久不敝"，得到清王朝的批准，令其"妥速筹办"。经过不到一个月的紧张筹备，在天津城东门外扒头街设校址，于同年10月6日开学，雇用了一批聘期为一年的丹麦大北电信公司的技师担任教习，教授电学与发报技术，训练管报生。所有毕业生都将拨往各地电报分局工作，不胜任工作的毕业生被送回学堂补习。

《中国第一所电报学堂》

❖ 衡文：天津最早的女子学堂

随着时代发展，到了1905年，天津最早出现的一个女子学校，叫普育女子学校。开始只有小学，只招女生，后来初小才招少量男生。学校位于鼓楼西板桥胡同，校舍的前身是火神庙。至20世纪30年代时，校舍的大门和前院还是火神庙的大门和前殿。后院的大殿和偏殿改建成两层楼房，教室宽敞，光线充足，楼房在四周，中间是个方形院子，也就是操场。

学校的创办人是温世霖先生，他曾和孙中山先生一起进行革命，反对清朝，被清朝政府充军发配到新疆，回来后毅然办学，以求教育救国。温校长故去后，由他的儿子温子英继任校长，温子英是美国留学生，他崇拜孙中山先生，在学校向学生灌输三民主义，同时又将美国的教育方法介绍给教师，让教师按新的方法进行教学。女校规模虽小，教学内容还是不错的。教师大部分都是当时开明的妇女，思想先进的女人，少数的工作人员是男人。当时校长不经常在校，在校主持校务的是赵宾桐先生，学监（相当于教导主任）是张文英女士，教唱歌、体育、缝纫的女老师都是冲出封建家庭的新女性，她们上身穿靠色带大襟的褂子，下身是青裙子、白高筒袜子、青布鞋，有的老师还是半放足呢。

每逢星期一早晨第一节课是周会，北面教室窗户上方挂着孙文总理遗像，全校学生列队站立，温子英校长站在前方台阶上，老师随各班学生分散站立，先是放唱片，随乐声升旗，然后全体师生随校长读总理遗嘱，接着校长训话，会场整齐安静，令人肃穆。上课除主科外，最吸引人的是体育课。过去大门不出、二门不迈的姑娘们，整齐列队，首先按女教师的口令进行走步、编队、穿梭般地变换队形；然后做徒手操或器械操；器械有哑铃、棍棒、藤圈等。还分拨打球，有排球、篮球、垒球、司令球等。有时是练集体舞，随着歌声变换舞姿。20世纪二三十年代的女孩子能有这样的体育活动，在天津可以说是首屈一指的。更有趣的是星期六下午，由学生会主持的活动，北面楼下的两间大教室中间是可以拆卸的木隔墙板，将墙板卸下来之后，就变成了一个礼堂，全校学生都带了椅子，随琴声排队进入礼堂，依次坐好。五六年级的大姐姐登台表演，有舞蹈、有歌剧、有话剧，还有辩论会。有才能的姑娘真不简单，中若悬河，你争我辩，台下的一群小妹妹都听傻了，张大了嘴。就在这个学校的偏院，还设立了幼稚园，那时都叫蒙养园，招的幼儿为数不多，但有教室，有游乐场，场内有滑梯，摇船、小秋千等。这个幼稚园是全天津最早的幼儿教育场所。

《天津最早的女子学堂》

◆ 张咏诗：1908 年的幼儿园

南开区第二幼儿园是天津市现今保留的幼儿园中建园最早的幼儿园。

光绪三十四年（1908），在今南开区老城户部街8号设私立蒙养院，叫私立朝阳观蒙养院，古式木建筑，由私人筹建。专门接收3至7岁儿童，当时有保姆2人，照顾为数不多的幼儿，教员是来自严氏保姆讲习所的毕业生。采用半日制教育，每日授课不超过4小时。1932年，市立师范学校幼稚班的首届毕业生前三名由校方留校，开始筹办幼稚园，为该校毕业的学生提供实习的场所。于是，1933年由国民政府接收，将私立朝阳观蒙养院改为天津市立师范学校附属幼稚园，由政府拨付资金。这是天津市当时唯一的一所市立幼稚园。设置教室2间，大休息室1间。由于入托儿童均为有钱人家的子女，每日由保姆接送。儿童每日上午9点至11点上课，下午2点至3点半活动，其间保姆在大休息室等待，上午接回家，不在园里吃饭和午睡。上午为作业时间，下午为游戏时间。负责人是市立师范附属小学校长刘宝常，当年有教养员3人，儿童30人。

自1933年成为一所正规的幼儿园后，园内管理严格，注重幼儿身体健康，开发智力，培养良好的品德行为习惯，保育方法以儿童易懂、喜欢为原则，内容有游戏、歌谣、谈话、手技（手工）。每年都要为毕业生合影留念。

《1908年的幼儿园》

❖ 肖鼎彝：天津第一个官办儿童图书馆

七七事变以前，天津的图书馆略具了一些规模。租界区除外，分布在市区各处有七个通俗图书馆，此外有五个宣讲所，一个市级图书馆，一个省立图书馆，还有一个小小的博物馆——广智馆。这些馆所向群众宣传科学常识，破除封建迷信，活跃文化活动，唤起群众爱国意识，正值国难当头的时刻，也起到了一点点作用。

那个时期的小人书铺，是儿童们经常光顾的地方，花钱看那些封建迷信充满糟粕的小人书，对身心有害。可是不去小人书铺，到哪儿去看书？1935年，当时的天津市教育局长邓庆澜认为必须增设儿童图书馆，使儿童们能有一个读好书的场所，便决定因陋就简地试办一个儿童图书馆。为此，在鼓楼西大街路北，距鼓楼不远之处，租了两间门脸房作为馆址，馆名为天津市第一儿童图书馆，隶属于东马路的天津市第一通俗图书馆。

儿童图书馆起初是一位姓洪的女士任管理员，不久她又去西北角大伙巷筹办第二儿童图书馆，第一馆管理员即由我的大姐肖彬如继任。馆内书籍都是精选中华书局和商务印书馆等出版的儿童读物，如"小学生文库"

等图画文字书刊，藏书上千册。每天上下午晚上都开放。阅览手续简便，签个名字就可以看书。城里居住的儿童闻讯纷纷而来，室小人多，拥挤不堪。小读者们频繁地借书换书，我大姐一个人忙不过来，常找几个大孩子协助工作。日子长了，我大姐与小读者们建立了深厚的感情，有一次她生病了，由我的哥哥代替一天，小读者们进门一看管理阅览的是一位陌生的男子，扭头全跑了。

小小的儿童图书馆只办了两年，1937年7月底，日寇占领天津后，便关闭停办了。

《天津第一个官办儿童图书馆》

❖ 马紫明：大栅栏内的民众教育馆

在市教育局的直接隶属下，于城区内建立一所市立民众教育馆，设在西门里大栅栏内，靠近芝琴里的路西一所小四合院内。前院南房两间，系天津市沿革的展览室。内有天津从元代建卫的历史，旧城概貌，多是彩色绘画、石印说明和影印图片。其中比较珍贵的一帧，系清道光年间绘制的天津城郭图，鸟瞰了天津城区人口、商业分布概况。以鼓楼为中心，鼓楼东为衙署、文化、官宦大户集中地，如天津道署、盐运使署、文运堂书房、二道街、石桥胡同，皆赫然在目。鼓楼北，有天津府衙门，直通城门的北门里大街内，金店、首饰楼，鳞次栉比，富商巨贾住宅也多，盐商益照临张家、益德号王家、钱行公所大院以及元升茶园点缀繁华盛貌。鼓楼西，以市民住户居多，里弄胡同纵横交错，蜿曲小巷密如蛛网。鼓楼之下200米即是九道湾胡同。镇台公署、分府衙门、神机营，由东往西分列路北。鼓楼南，东面房舍住户紧密相连，西部仅有少部分居民，从涌泉寺以西越过板桥，向西南望去系一片汪洋洼地，即现今小马路、大水沟等处，直至西南隅城根下，由城内向城外南望，则是一片柴火草场。今日的姚家卜场、华家场、官沟街崔家大桥，皆系一片禾土，图着黄色，与鼓楼东、北门里的青砖房，绿树院成鲜明之对比。该图虽系复制品，但极为罕见，确系天津市的历史见证。

后院，东屋三间一明两暗。左方宣传"忠孝仁爱"，右则提倡"信义和平"，主要是宣扬宋代岳飞的忠孝报国，明代戚继光的战退倭寇等历史。也有民国初年津门"双烈女"的贞节事迹。西屋三间系倡导卫生科学常识，劝告人们每天漱口刷牙定期沐浴，不食生冷变馊的物品，开窗吸取新鲜空气，清扫庭院，儿童每年接种牛痘，以防天花麻脸等的卫生常识。特别提醒人们务必戒赌不嫖。绘有因赌博荒废事业、导致倾家荡产，嫖娼冶淫容易沾染梅毒性病，以致毁身害命，伤戕子孙后代的实例图画。北屋为客厅及馆员办公室。

民众教育馆的门前，竖有蓝底白字的大牌子，上写"天津市立民众教育馆"，门的左方有阅报牌，粘贴《大公报》《益世报》。门的右侧立有《参观规则》若干条。每天上午开馆，观众进门领一木牌，不收任何费用，径直入内自由游览，任凭摘记，不作讲解。每个房间各有一个馆员值班，守卫照料。凡是询问需解答的重要问题，则由馆长出面亲自接待详谈。馆内设有馆长一人，馆员三人，杂役二人。

馆长孙仕琛，字泽民，系天津市知名的饱学之士，人们尊称"孙三爷"。经常穿着丝绸长袍，外套缎面团花坎肩，戴散光兼近视的双圈眼镜，鼻下有短须，如抹鼻烟状。待人接物，笑容满面，和蔼可亲，平易近人，出言幽默，辞藻丰富，才思敏捷，妙语连珠。七七事变后，天津沦陷，民众教育馆停业，孙馆长曾在东马路育才高级职业学校任国文教员。

在民众教育馆接待观众询问时，孙馆长解答极具爱国热忱。一次，某观众对天津市某些居民纷纷移住租界之举大惑不解，就询于孙馆长。其答复是，凡是搬往租界居住的，大多是有财怕盗，或有难想避之人，以图外国人之庇护，把租界当做安乐窝或避风港。试看一些正直的人，公正廉洁，无所畏惧，何必迁住？稍具有民族气节的人，多居住在中国管辖境内，无须依赖外国的保障。如教育家林墨青住西门里中营前，南开校长张伯苓住南关下头、省立中学校长、政治活动家马千里住鼓楼西丁家胡同。为什么中国人要靠外国租界来庇护？可知其人之品格，由此可以窥见一斑矣。

《二三十年代的天津社会教育活动》

❖ 马紫明：广智馆，广开民智

广智馆，顾名思义即广开民智，启迪认识之处所，系教育家严范孙提倡，林墨青主办的社会教育场所，设在西北角小石道东头，文昌宫小学的左邻，至美斋糕点店之旁（现已拆除部分，只剩边楼）。坐北大门，有扇宽阔的木板门，上悬白底黑字的楷字"天津广智馆"匾额，左右各为一面高大砖墙，墙上钉有一米见方的白字黑底牌四块，左右各两块，每块书写一个颜真卿体的大字。分别是"礼、义、廉、耻"。据说系天津市书法家华世奎所写。

▷ 天津广智馆

进馆左侧小窗，出售参观门票，每人铜圆四枚。馆内庭院宽阔，中有花坛。西边、北面各有一排二层楼房。展室在西边楼内。上下各为一连五间长的通室。

楼下展品,主要有当时新兴的电报通讯、纺织作业的生产流程。电报从拟稿开始,陆续译码,拍发,到电波振荡,收报接码,翻译等操作过程,有文字说明详为介绍。

楼上之展室,多系工艺品及历史文物。室中正中置放十多张八仙桌并列,放有李鸿章死后的杏黄色木刻讣闻(俗称报丧帖)。其中历数罗列李鸿章一生所受封的官爵,如一等肃毅伯,北洋钦差大臣,各国事务总理大臣,赴外国的特派大使,钦赐黄马褂,赏戴翎眼花翎,以及直隶、两江总督、江苏巡抚等等,足有七八十行。据说这是李鸿章在光绪末年死后,其家人向严修报送的一份,竟成为向观众炫耀显赫之物。

展室四周贴墙处,架有几凳,陈列"泥人张"之作品,主要有天津市大户人家奢办红白事的全套仪仗执事。这些工艺品,极其精巧,虽属泥塑,却惟妙惟肖,神情逼真。

红事中"娶媳妇"的仪仗,前有领马高照,旗锣伞扇,金瓜钺斧朝天镫,华盖云舫八宝銮驾,童子串灯,谱子鹤龄,吹手样鼓,彩色花轿,子孙长明灯等数十人。红色鲜艳,富贵吉祥。

白事最为热闹的是"大出殡"的全堂泥塑,浩浩荡荡,蜿蜒陈设,长达数米。特别醒目的是执绋送殡的人群,本应是伤心吊祭的悲哀相,而实际上却是互相交谈、谐趣风生、毫不关切的喜笑相,讽刺地刻画了送殡人漠不相关的世俗民情。

此外,还有剪纸,及该馆编印的《广智丛刊》,为四开版,报纸发黄,印刷粗糙,内容介绍陈列的说明,以及社会见闻之动态,仿照北京故宫博物院之《故宫画刊》,但纸质不是铜版纸,且无铜锌版图,枯燥乏味。天津沦陷后既无新展品补充,又因观者稀少,门票收入不抵支出,延缓到20世纪40年代初期,遂停闭关门。

《二三十年代的天津社会教育活动》

❖ 王锡荣：王襄结缘马家店

王襄（1876—1956），字纶阁，号簠室，天津人。他从20岁起，即酷爱考古研究，成为我国最早鉴识及收藏研究甲骨文的人之一，他所著《簠室殷契类纂》《簠室殷契文征》，在我国的历史文化领域中，都具有很高的学术价值。

就是这位津门文化名人、大学问家——王襄，却与一个小店——马家店结下了不解之缘。事情是这样的：那是在清光绪二十四年秋天（1898年10月），有一位山东潍坊的古玩商人，名叫范寿轩，他携带着从河南安阳农民刨花生时在田间挖出的带有刻痕的龟甲骨，来到天津求售，此人就住在马家店里。因为范寿轩不知甲骨的价值，故而不肯轻易出手，他还想当贵重药材卖，得个高价钱。这件事传到王襄的耳朵里，于是王襄从城里来到了马家店辨认甲骨，他与孟定生（古文字学家、书法家）一同走进马家店。范寿轩忙把甲骨拿出来给王襄和孟定生二位先生观看，但他们也是第一次见到此物，它大小不等，薄厚不均，品质不同的片片甲骨，引起了王、孟的极大兴趣，揣摩良久，初步认为是古简；并嘱咐范寿轩回安阳细心搜求多些甲骨，以后再来……此后，王襄经过精心研究后确认甲骨为商代殷墟卜骨，刻在甲骨上的痕迹系殷人占卜时所记文字，这是一个空前的重大发现。但是，范恃殷墟文物，索价昂贵。王襄限于财力，只能买下一些碎片，珍贵的大片甲骨则由范寿轩携至北京，售于当时任国子监祭酒的王懿荣。光绪二十六年（1900），津门义和团运动如火如荼，八国联军攻陷了津城，王襄的母亲因遭惊吓而病逝，其叔父王筠生也不幸故去。在遭遇国家与家庭如此变乱之时，古玩商范寿轩又跨津门，住进马家店，仍邀王襄来店，求售甲骨等。就在这种灾难变乱之际，无人肯出钱买甲骨，范无奈之下，只好贬值求售。王襄本不富裕，倾囊仅凑钱十千，把这批甲骨买到手。转年（1901）范寿轩再次来津住进马家店，王襄又到马家店，所获益多。至此，王襄据有甲骨一编430品，二编220品，三编14品，这三编共拓664品。后经细心考究，他将研究这些甲骨的成果编撰成书，辑为《贞卜文临本》。1911年，他所释的甲骨文中"甲子年表"是我国较早解释甲骨的文字。所以说，王襄实为我国发现与鉴识或确认甲骨文的较早的人之一。而马家店则是甲骨在津门最早的落脚之地，也应具有一定的历史纪念意义。

马家店开办于清代中叶，正名为"元升店"，店主姓马，俗称马家店，当年是河北、河南、山东等地禽鸟贩子聚居之处，所以也叫"画眉店"。它位于西门外大街旁南小道子西头路南，现旧门楼仍存，已改为住房，后把店门改在西侧的故物大街1号，并改名为"利民旅馆"。

《王襄结缘马家店》

❖ 王杰：丁家立在北洋大学堂

北洋大学堂是中国近代第一所大学，丁家立在该校创办后担任总教习长达11年之久，为学堂的创建做了大量的奠基性工作，也为中国近代高等教育的发展起了可贵的示范性作用。

丁家立是北洋大学堂初创时的实际掌校人。北洋大学堂创办之初设督办，即名义校长，由盛宣怀担任。丁家立为总教习。盛宣怀于1896年调任南洋，后续学堂督办都由津海关道兼任，他们大都不到学堂理事，实际学堂事务由总教习丁家立总理。丁家立也自以"校长"身份在学堂公文签字和著作上都署President。丁家立总理校务，制定规章制度、厘定课程、聘请教员等等，一心将北洋大学堂建设成为当时中国新型大学的样板，正如盛宣怀奏章中所表示的初衷，"设立头等二等学堂各一所，为继起者规式"。

北洋大学堂创建时设有工、法两大学科，属于综合性大学。在丁家立掌校期间于1897年增设铁路专科；1898年附设铁路班；1903年附设法文班、俄文班，培养专门翻译人才；1907年开办师范科培养师资。在他的努力下，"北洋大学在初创时期，实已包括文、法、工、师范教育诸科，初具综合性的新式大学"。

▷ 北洋大学旧影

北洋大学堂是当时中国仅有的几所大学，由于当时教育体制不健全，因此学堂生源十分困难。为了解决学堂生源问题，1902年丁家立受袁世凯委任为保定直隶高等学堂的总教习，并将该学堂建为北洋大学堂的预备学堂。随后他兼任直隶全省西学督导，建立起由普通学堂、高等学堂到大学堂的教育系统，形成了完整的新的教育体系。

北洋大学堂创建之初就将毕业生出国留学作为一项主要内容，丁家立亲自兼任北洋大学堂留美学堂监督，多次带领北洋毕业生赴美留学。1901年至1907年我国官费留美学生总计约有100余人，其中北洋大学堂就占有半数以上。他们大都成为我国著名的专家学者，如王宠惠、马寅初、秦汾等等。

丁家立为重建北洋大学堂做出了重要贡献。1900年英法等八国联军入侵京津，北洋大学堂先被美军所占，后成为德军兵营，学堂被迫停办。丁家立为此亲赴德国交涉，向德国政府索赔白银五万两。后在天津北运河畔的西沽重建北洋大学堂。1903年4月27日，北洋大学堂在西沽新校舍正式复课。经过丁家立的努力，到1908年他离校时北洋大学堂的校园环境、校舍建筑、图书资料、仪器设备乃至师资队伍、教学水平、学生质量在全国首屈一指。

《丁家立在北洋大学堂》

❖ 杨肖彭：张伯苓与南开学校

　　南开学校先有南开中学，继建南开大学，又建南开女中，最后建立南开小学。到20世纪30年代以后，比较妥当的提法是：私立南开学校，分为四部，这就是南开学校大学部、中学部、女中部、小学部。南开中学只收男生，从性别上与南开女中分开。南开大学与小学则男女兼收。张伯苓先生是南开学校的校长。学校是张先生毕生创建的，凡是从南开学校读过书、做过事的人，除在校学习的学生以外，都是南开校友会的校友，其中坚分子则是大、中两部的毕业生。几十年来成千上万的校友，分布世界各地，在"南开精神"的内在联系下，以张校长为核心，彼此联络感情，砥砺学行，维护母校，形成了一个较大的社会力量。张伯苓校长堪称"桃李满天下"。每年的10月17日，分散在世界各地的南开校友们，都不约而同地聚在一起，欢庆南开母校的校庆日。具体到天津，则更是热烈非凡。母校放假三天，演戏，开运动会，游艺会，会餐等等活动，无不尽欢而散。所有这些活动，都是围绕着一个核心人物，这就是张伯苓校长。

　　1923年9月，我到了南开中学之后，看到什么都是新鲜的。当时学生有1600人，多数住校，通学生（即走读生）也有几百人。住在租界的官僚、买办、资产阶级家庭出身的子弟们，多是有汽车或靠"包月"（即自备的人力车）接送。午饭虽然学校设有三个十分整洁的大饭厅，六人一桌，有荤有素，四菜一汤，白米白面的主食（分为全餐、两餐、一餐三种），仍不能满足这些少爷式的学生口味时，他们可到学校对面的太平洋西餐馆，或仁义成、捷胜和等饭馆去吃。生活享受上，应有尽有，只要有钱，都是不难解决的。甚至考不进初中，也能以学宿费加一倍的办法，免考入学，作"副学生"。学校为这批学生单开一班，试读一个学期，考试及格者，第二学期即转为正生，否则退学。这种办法，是在当时其他学校所没有的。

1924年孙中山先生逝世不久，教务主任喻传鉴先生在中楼前的操场上，给大家播放了一次孙先生生前在广州演讲的录音片，听到革命的道理，我的印象较深。

在星期三上午的全校师生周会上，我最爱听张校长的训话。我记得下面几个内容对我的感染最深。

一次在周会上，张校长亲切地对我们说："现在南开学生多了，不似当年在严馆时，只有十几个人。我可以分别请你们到我家去吃个便饭，谈谈家常。现在咱们有1600多人，你们要让我请你们一顿饭，会吃我个家产净绝。但是大家如有家庭问题，愿找我谈心的，可以到办公室约定时间，我愿帮助你们青年人，解决个人问题。"我就是这类学生当中的一个，从此把张校长看为自己的恩师。

1927年大革命之后，一次张校长在周会上讲："救中国没有别的出路，只有办教育，造就人才，实行教育救国。"

张校长反对早婚，学校规定入校后不满20岁的学生不许结婚。他对学生们讲："你们入南开以后不满20岁的不要结婚，早结婚有害处。如果你的父母非要让你结婚不可，你就对他们说：'我结婚是要给自己娶太太，不是给你们娶儿媳妇。'他们如果还不同意，你就说这是我们校长说的。"

张校长常讲："咱们南开真是'难开'，不管钱怎么困难，咱学校的房子一定要修好，该上油的地方一定油饰好，永远看着有朝气。青年人不能萎靡不振。"

我在校的六年中，学校遭到几次变乱，如褚玉璞、李景林、张宗昌控制着天津时，市面几度陷入混乱状态。张校长除了把女中与南大的女同学，都临时迁往租界避难以外，自己总是以身作则地留在学校，同师生们一起，共甘苦，同患难。我记得有一次校外的散兵与土匪勾串起来，到处放枪抢劫，学生们有些害怕，张校长把我们召集到大礼堂，笑容满面，态度轻松地对大家讲："你们不用害怕，那些大兵们就怕看见书，你们在这里是念书，所以他们不敢进来。"

《我对张伯苓校长与南开学校的回忆》

❖ 王锡良：闻名全国的南开体育

当年天津南开学校的体育活动，在全国颇负盛名。这首先归功于校长张伯苓先生的重视和支持。他是当年历届全国体育总会的主席，对全国体育活动的提倡发展以及对国际体育运动交流，都做出了很大贡献。南开学校对学生们身体健康的重视，同对德、智方面的重视是同样的。可以说，提倡体育运动是张伯苓先生一生兴办教育事业的组成部分。

南开学校的教学机构中专设体育课（科），由章辑五先生担任主任，负责全校体育活动。体育老师都是从国内各体育专校聘请来的优秀毕业生，如文进之、侯洛苟、齐守愚、陶少甫、李飞云等，均具备教学经验和专长，上课严格认真，一丝不苟，深受学生们的敬爱。校内有比较完善的体育设备，仅在南开中学校内，有四百米跑道的田径场地一个，足球场二个，排球场一个，网球场六个，篮球场十二个，冬季滑冰场一个，单杠、双杠、跳马、吊环、天桥等，分布在校园内，学生们除正式上体育课外，每日下课后，多涌到运动场上，各按所好进行练习或比赛，全校呈现一片朝气蓬勃的景象。在各项体育运动普及和发展中，涌现出不少优秀的选手，产生了实力雄厚的各种代表队。在20世纪20年代，南开篮球队曾获得华北和全国冠军各一次，棒球队获得全国冠军一次，足、排球队在华北区赛中获得多次冠、亚军，田径运动，南开中学"大金刚"张颖初，"二金刚"速明是全国的"五项""十项"运动的冠军，周兆元连获百米、二百米华北区冠军，张曙明获四百米冠军。在体坛上，南开选手出了名，他们为学校争得了荣誉。

▷ 20世纪30年代南开大学女子篮球队合影

篮球运动在南开学校更有一种魅力，全校师生都喜好而有深厚的兴趣。校队分一队、二队和少年队，各年级有代表队，来自外地的学生组织同乡队，还有同学们自由结合组成的队，此外还有老师队和职工队等。经常互相比赛、观摩，从而提高了技术，涌现出不少优秀的选手，壮大了校级代表队伍，多次赢得全国的美誉。

《忆当年南开"五虎"鏖战南北》

❖ 卢永琇："甲骨四堂"之一罗振玉

罗振玉也是甲骨学的奠基人之一，他（号雪堂）与王国维（号观堂）、董作宾（号彦堂）、郭沫若（号鼎堂）并称"甲骨四堂"。而他更是中国个人收藏殷墟甲骨数量最多的人，他毕生致力于甲骨的流传，功劳卓著，为学术界所公认。从1906年开始，罗振玉留意搜求甲骨。这里还有一个小故事。甲骨发现之初，古玩商为哄抬物价，故意藏匿甲骨出土地点，谎称出土地点为河南汤阴和卫辉，学者们也未发现真相。罗振玉决定自己寻找真正的出土地点。1909年他委托琉璃厂古董商及其弟罗振常等四次赴河南收购甲骨。1912年他在所著《殷墟书契前编》自序中说："因遣山左及厂肆估人至中州，瘁吾力以购之，一岁所获殆逾万。意不自歉，复命家弟子敬振常，妇弟范恒斋兆昌，至安阳采掘之，所得则又再倍焉。"1925年，他又亲自前往河南考察、研究，从甲骨文中认出殷帝王名谥，恍然悟出甲骨确为殷商之物，由此发现了甲骨的确切出土地点。这一发现意义极其重大。

寓居天津的罗振玉与津门的收藏家们相互敬仰，交往颇深。作为中国甲骨文最初发现者之一的王襄，也是天津收藏甲骨的第一人。目前天津博物馆中藏有王襄捐献的甲骨千余片，其中多为一二级品。罗振玉抵津不久便结识了王襄，并于1920年春前往拜访，参观其所藏。罗振玉心中极为赞叹，他是这样向王国维描述当时的情形的："刻见天津王氏所藏卜文甚佳，约七八百纸，佳者约大半。"与王襄的交往极大地丰富了罗振玉对甲骨文的认识，王襄的许多甲骨都被他收录在《殷墟书契考释续编》一书中。

罗振玉不仅继续甲骨的搜集，而且对甲骨文的考释研究有了深入的进展。1927年他出版了《殷墟书契考释续编》。这部著作是在1915年的《殷墟书契考释》的基础上，更进了一步。他逐字精密地审核每一个甲骨文，尽量用字形的比较和偏旁的分析，将甲骨文字清理出来，为以后进一步的研究奠定了基础。该书较1915年初本时多释甲骨86字，达561字。该书中不仅有罗振玉考释甲骨文研究的成果，也尽量吸收了王国维在甲骨文研究方面的贡献，既代表了那个时代的研究水平，也标志着初创时期的甲骨文进入文字考释阶段。

《罗振玉收藏研究皆辉煌》

❖ **罗澍伟：** 近代天津第一学人严复

自称"卅年老天津"的严复，是鸦片战争之后全面向中国介绍西方思想的第一人，是近代中国的著名思想家，曾被时人誉为"哲学初祖"和

"新道德"的启蒙者。作为中国早期海军留学生，严复在欧洲期间，正值西方资本主义全盛阶段，欧陆各国经济发达，大思想家、大学问家辈出。在中西两种不同社会制度的巨大位差刺激下，严复在学习海军战术及枪炮营垒诸法的同时，兼习了哲理、政治、经济、社会诸学。回国不久，严复即来到天津水师学堂主持教学工作。中国在中日甲午战争中的失败，使严复大受刺激，积蓄多年的忧国忧民之情沛然而发，在报纸上发表了一系列的指斥时弊的论文，创办了《国闻报》，翻译了《天演论》，一时间严复名声大噪，天津也因此成为呼吁维新变法的舆论中心。戊戌政变发生后，严复继续从事西方社会科学名著的翻译工作，成为我国第一位将西方社会科学名著作为一套完整理论介绍到中国的大学问家。特别值得一提的是，严复一生中最有作为的黄金时代是在天津度过的，他在自己61岁生日所写的一首诗中说："曩饮津沽水，燕居二十年"，"裘成千腋集，书及万言陈"，正是当时情形的真实写照。在此期间，他用自己熠熠闪光的思想，为中国人民照亮了一条向西方寻求真理的道路，为近代天津增添了霞光般的异彩。作为近代天津第一学人，严复是当之无愧的。

《近代天津第一学人严复》

❖ 萧英华：漫画家朋弟

朋弟以绘画为生，作品颇丰，但以连环漫画最突出，不仅数量大还很受欢迎，都有单行本问世，流传很广。1936年为上海《时代漫画》画题为"万能博士"宣传抗日的四格子形式的连环画，仅七八组，社会影响不大。在《通俗读物编刊社》时，画了"马大人"发表在编刊社办的《民众周刊》上连载二十余期停刊，也不被人注意。1937年为《天津银线画报》画"老白薯"近五百幅。约1941年画"老夫子"一百多幅发表于《新天津画报》，接着为《天津庸报》画"阿摩林"一百多幅。以后画故事集《阿摩林罗曼史》《发财还家》《上海现形记》等作品。新中国成立后又画人漫画人物"元大头"未发表过，知道的人很少，在天津恐怕只有吴云心、黄冠廉和我见过一面。

朋弟笔下的几个漫画人物，诞生的时代不同，形象与着装各异。"马大人"脑满肠肥，穿着长袍马褂，为当代男人时装。"元大头"也是胖乎乎圆头圆脑，穿中山装戴制服帽，很时代化。而在沦陷时期所画的三个人物就不同了，为了避祸及便于讽刺，不得不费番思索使用曲笔。"老白薯"那个奇大的头，明显的变形和夸张已构成笑料，却又穿上极落伍的服装，不伦不类。"老夫子"干脆倒退至清代，以老古董和遗老的样子出来混事，免得时人与他们对号。"阿摩林"是方言，意为没见过世面或傻瓜，却西装革履新潮的样子，错位的打扮本身就很逗笑。所有这些足以说明作者用心良苦，和极强的创造力，实乃聪明之举。由于当时环境的局限，朋弟除了画那些日常生活中的小故事和幽默画外，也用隐讳的手法，表达对异族侵略的不满情绪。他曾画过这样的画：一群男孩子趴在地上玩弹球，围观者有一个大腹便便碧眼黄发的警察，也伸着脖子在看热闹。不料一个玻璃球被弹出去，却反常地飞向后方，不偏不倚弹到警察眼睛上，他忙用手捂着金星四射的眼睛，那副尴尬的丑态，引来在场人的哄堂大笑。如此选材是需要胆量的，这类题材的画还有几幅，据说惹过麻烦。

朋弟为编刊社画了大量的通俗读物插图，利用民众喜闻乐见的文艺形式，例如大鼓词、民间唱本、民间故事等，内容有《宋哲元大战喜峰口》《百灵庙大捷》《宋代亡国史》《精忠报国》《大刀王五》等十多本，每本印刷数量相当大，对教育广大人民起着积极作用。在"一二·九"学生运动时，大学生们即以这些小册子做宣传材料，走向街头走向农村宣传爱国思想。与此同时，朋弟和青年同事邵某深入浅出用国画手法画了大量的年画，朋弟画有《二十九陆军大战》《大战百灵庙》《周处除三害》《文姬归汉》，最著名的一张是《娃娃戏》。这些画是由天津富华年画店承印，采用套色技术，印刷得相当精致。1937年春节前在北平鼓楼上展出，参观者踊跃，购买者多为外地采购年货的商人，影响较大。之后由北平民众教育馆将展品出了个年画专刊，说明这些年画的价值。

老白薯 老夫子

▷ 朋弟的"老白薯"和"老夫子"

朋弟除却漫画，在国画、年画、宣传画、封面、插图等方面都画了不少。记得20世纪30年代末，天津光明电影院放映大厅的墙上和天花板下面，有一圈装饰味很浓的小黑人，形态各异，看着很像剪影，那是他登着高梯画上去的。

《画海钩沉》

❖ **张绍祖：**中国社会学的鼻祖陶孟和

陶孟和是中国社会学的鼻祖，是闻名海内外的卓有贡献的爱国教育家和社会学家。

陶孟和，名履恭，字孟和，以字行，天津人。1906年毕业于南开中学堂，为第一届师范毕业生。1906—1910年在日本东京高等师范学校学习史地。1910—1913年在英国伦敦经济政治学院学习社会经济学，获经济学博士。同年归国后任北京高等师范学校教授。1914—1927年任北京大学教授、系主任、文学院院长、教务长，投入新文化运动，参与编辑《新青年》杂志。1922年应聘为商务印书馆编辑。1926年受命筹建中华教育文化基金董事会社会调查部，任秘书。1929年改称北平社会调查所，任所长。1934年该所与中央研究院社会科学研究所合并，仍任所长。他曾先后在几十个省市县从事社会调查与专题调查。编著有《中国乡村生活和城镇生活》《社会与教育》《中国社会之研究》《中国劳工生活程度》及《孟和文存》等。自1935年起任中央研究院评议会评议员。1948年当选为中央研究院院士。

陶孟和从事社会学研究的突出特点之一，是十分关注劳动人民的生活。早在1913年他在南开中学任教时，就带领学生深入天津社会调查市民生活。以后，他在《北京人力车夫生活之情形》一文中写道："报告虽不详尽……颇可使我们猛省，发同情谋济的方法。"直到1927年左右，北京人力车夫的生活状况仍在他的调查范围之内。《北京生活费之分析》一书的调查对象，主要是人力车夫。在书中，陶孟和以确凿的数据指出，人力车夫在六个月内的工作日为172—181天，因为生活所迫，他们几乎没有休息日。在《关于陶孟和先生》一文中列举了陶孟和的著作篇目，透过篇目更让人感到陶孟和先生对劳动人民生活关注的一贯性。

陶孟和从事社会学研究强调研究要为社会所用，而绝不可走教条主义的空对空、理论到理论的脱离实际的路子。他担任社会调查所所长时，进行了大量有关当时中国工农业实际情况的调查，如农业经济方面有：河北、山东棉花贩运调查，定县集市调查，安国县（今安国市）药材集市调查，华北粮食生产、运销、消费调查等等。工业经济方面有：上海工人家计调查、华北铁路工人工资调查、天津面粉工人工资调查、山东中兴煤矿工人工资调查等等。

《中国社会学的鼻祖陶孟和》

❖ 崔锦：国宝《雪景寒林图》险落敌手

张翼先生收藏文物、保护祖国文物的功绩要远远强于他的政绩，最突出的一个例子就是从英法侵略军手里买回了国宝《雪景寒林图》。为什么说这张画是国宝呢？这幅画是用三幅绢拼接起来绘制的，纵193.5厘米，横160.3厘米，堪称一幅巨制。《雪景寒林图》描绘了北国风光的神姿异彩，远处千岩万壑，气势雄壮，山顶上白雪皑皑，烟岚当空，山腰里一片树林，或欹或侧，结林深邃，凛凛然寒气逼人。作者画的虽是寒林，但寒而不荒，树上的枝丫茂盛、挺拔，一派生机勃勃。范宽是北宋初年的杰出画家，与李成、关仝并称为北宋三家，被誉为"百代标程"的大师。据宋《宣和画谱》记载，宋朝内府收藏范宽作品仅58件，其中雪景占三分之一，可见范宽对雪景寒林是情有独钟。范宽的作品流传至今凤毛麟角，现在仅知台北故宫博物院收藏的《溪山行旅图》是可信的真迹。此外还有《雪山萧寺图》（台北故宫藏）和这件《雪景寒林图》。清朝初期，《雪景寒林图》被天津著名的收藏家安歧收藏在他的沽水草堂里，安歧在《墨缘汇观》一书中评论这幅画时说这是"宋画中无上神品"，可见其价值之高。后来，安家败落，安家收藏的文物散落，《雪景寒林图》等被收入清宫，收藏在圆明园中。1858年一场空前的浩劫降落在中国人民的头上，英法侵略军用大炮轰开了中国的大门，他们在天津、北京使出了打家劫舍的手段掠夺金银财宝，一双双贪婪的眼睛早就瞄准了圆明园，这里收藏的奇珍异宝令他们垂涎三尺，能抢的都抢走，抢不走的就放火烧，一座象征着人类文明的艺术殿堂就这样被毁了。《雪景寒林图》当然也逃不掉被抢的厄运，万幸的是他们没把这件珍宝运走，而是拿到街上出售，正巧被慧眼识珠的张翼先生发现。张翼当时只是一个十几岁的少年，他在市场上丝毫没引起这伙强盗的注意，几经交涉，《雪景寒林图》就被张翼先生买下了，这件国宝才幸免流落异国他乡。

《张叔诚父子两代护国宝》

第五辑

书写天津卫的繁荣盛景

工商百业，

❖ 林竹：大沽船坞——天津现代工业的开端

1880年2月，大沽船坞正式动工兴建。李鸿章派天津海关税务司英国人德璀琳和清朝道员罗丰禄在大沽占地110亩作为船坞厂址。在那里挖船坞，盖厂房。

大沽船坞是给北洋水师修理船舰的工厂，平时修理旧船和刚进口的新船。到了冬天，军舰可进各坞避冰。船坞落成的第二年，就承修了从外国购买的镇海、操江等6艘军舰，解决了北洋水师舰船修理、维护保养的问题。从1883年起，开始装配船舶。据记载，1883年、1884年两年，大沽船坞装配过飞鹰、飞艇、遇顺、利顺等船。后来还造过拖泥轮船、接泥驳船等工程用船。大沽船坞的设备和技术，能在同一时间装配和修理6艘船舶。从1882年到1900年20年中，共装配轮船、挖泥船18艘，造河驳船145艘，修理大小船舶70余艘。

从1884年起，大沽船坞还承修海防工程。船坞工厂修理了大沽海口各营炮械及电灯等项工程。从1891年起清政府命令大沽船坞除修船合龙外，还要生产军火，大沽船坞又成了一座军火工厂。1900年八国联军侵华战争中，老沙皇占了船坞，船坞设备惨遭洗劫。《辛丑条约》签订后，俄国于1902年12月将大沽船坞交还中国。1905年，清政府把大沽船坞改名为"北洋劝业铁工厂大沽分厂"。到1907年，船坞的月经费银由开办时的四五千两，压缩到1700两。除修造船外，那年还包揽了唐山启新洋灰公司厂房装建、马家沟矿机器合龙、北京自来水公司水楼建造等项工程。辛亥革命爆发后，大沽船坞处于北洋军阀的争夺与统治之下。到1913年大沽船坞划归北洋政府的海军部管辖，改名为"海军部大沽造船所"。

与1860年建的天津机器局一起，大沽船坞成为有代表性的近代天津知名工商业——清政府官办工业。它们是天津大规模近代工业的开端。1900

年以前，在天津，包括外国资本和民族资本的所有工业在内，没有一家能赶上天津机器局和大沽船坞的规模。天津机器局、大沽船坞等官办工业对于以后天津近代工业的发展有着重要的影响。

大沽船坞诞生了北方第一代的产业工人。船坞工人是早期天津工人阶级的重要组成部分。1860年天津开埠以后，随着外国资本家在天津开办企业以及官僚企业和民族企业的产生，在19世纪60年代到90年代间，天津工人阶级诞生了。据不完全统计，到1894年，天津仅工厂企业的工人，就能达到5000人左右。其中天津机器局和大沽船坞的工人就占了三分之二以上。后来北方较大的工矿企业如启新洋灰公司、开滦煤矿等在开创时，都雇用了原机器局、大沽船坞的技工。天津机器制造业和造船业的技术工人有不少是从机器局、大沽船坞代代相传、培养出来的。它为日后华北造船工业的发展提供了人才，还支援了我国各地的造船工业。

大沽船坞以及机器局的建立，打破了中国几千年封建社会闭关自守的状态，也是从西方资本主义国家引进先进科学技术的开端。

《大沽船坞——天津大规模现代工业的开端》

❖ **张绍祖：** 唐廷枢与天津轮船招商局

唐廷枢是中国近代历史上著名的洋行买办，又是清末洋务运动的积极参加者。1873年，李鸿章委任唐廷枢为天津轮船招商局总办。他的一生，对创办近代民族实业，推动民族经济发展，有过重要的贡献。

轮船招商局是我国官僚资本的第一家航运企业，1872年9月李鸿章派朱其昂、朱其绍在天津、上海联络华商，招集资本，选购船只，招聘和雇用管理航业和轮船驾驶人员。李鸿章也投入5万两商股。1982年12月16日正式开办，总局设于上海。1873年6月，唐廷枢脱下买办的"洋皮鞋"，穿上李鸿章递过来的"土布鞋"，出任天津轮船招商局的总办。局址在原解放南路281号（现已拆）。天津成为我国最早的近代航运事业发祥及决策之地。

　　唐廷枢在中国航运界威望最高、财力最富、经营管理经验最多。他在任职期间，朱其昂、徐润、盛宣怀、朱其绍等为会办，重新修订有关章程，规定资本为100万两。唐廷枢亮出的第一手是招商入股。他大胆引进先进的西方股份制企业体制，向天下华商招募资金，折合股份。他自己入股10万两，并把原来附寄洋行的轮船"随带入局经营"。他邀请同乡、大买办商人徐润入局，徐氏前后两期认股48万两，成为招商局的会办。凭借唐、徐的威望，众商踊跃入股，让李鸿章得意非凡，向朋僚宣传："唐廷枢为商董，两月间入股近百万。"著名的上海实业界人士经元善也说："唐、徐声望素著，非因北洋增重。唐之坚忍卓绝，尤非后来貌为办洋务者可比。"至此，"招商局"的"招商"二字名至实归，成为中国第一家具有明显的股份制性质的商办企业。

▷　天津轮船招商局大楼

　　轮船招商局在天津、牛庄、烟台、福州、广州、香港、汕头、宁波、镇江、九江、汉口及日本的长崎、横滨、神户、英属新加坡、槟榔屿、安南、吕宋等处设立分支机构。天津招商局在紫竹林南面沿河地带建有栈房及码头，成为天津港第一个与外商抗衡的"官督商办"航运企业，唐廷枢成为中国第一家新式轮运业的掌舵人。

《唐廷枢与天津轮船招商局》

❖ 周慰曾：周学熙创办启新洋灰公司

周学熙（1866—1947），字缉之，号定吾，60岁后又号止叟。安徽东至县人。清末历任天津道、长芦盐运使、直隶按察使，总办直隶工艺总局、天津官银号，创办启新洋灰公司、滦明矿务公司、京师自来水公司。民国初年两任北洋政府财政总长。后脱离仕途，专心致力实业。又创办华新纺织公司（天津、青岛、唐山、卫辉四纱厂）。中国实业银行、耀华玻璃公司等，奠定了北方实业基础，被誉为华北实业巨擘，与南通张謇齐名，群称"南张北周"，是近代工业创始人之一。

启新洋灰公司创建于1906年，是民营性质的股份有限公司组织，也是周学熙一生所办实业中的重点、亮点。

启新最初的投资人，主要是周学熙、袁世凯、李士铭、卢木斋四大户。他们在启新最初的资本100万元中约占40万元上下。每家约合10万元左右。周学熙的股份最初是由周氏家族各房所出，长房周学海出的最多，二房周学铭、四房周学熙、七房周学渊、九房周学辉都有投资。周学熙是周氏家族向启新投资的总代表。

启新洋灰公司董事会及总事务所均在天津。启新洋灰注册商标为"龙马负太极图"。畅销后被用户简称为"马牌"洋灰。启新自1907年至1923年间，由一个厂逐渐扩建发展为甲、乙、丙、丁四个厂。生产能力由年产灰25万桶，增长到年产灰150万桶。设立南、北、东、西四个总批发所管理经营。南部总批发所设在上海，以扬子江流域及苏、浙、闽、粤沿海各地为营业区域；北部总批发所设在天津，以扬子江迤北各省为营业区域；东部总批发所设在沈阳，以辽、吉、黑三省及朝鲜、蒙古边境为营业区域；西部总批发所设在汉口，以湘、鄂、皖、赣、川、贵各省及豫、陕、甘等省南部为营业区域。资本总额由原创办时的100万元经过几次增资上升到1300余万元。启新是周学熙所创办实业核心中的核心，它对周学熙的其他实业起到支柱作用。如滦州矿务公司、华新纺纱厂、耀华玻璃公司、中国实业银行、江南水泥厂、久安信托公司等，启新均有大量投资。

▷ 启新洋灰公司全景

启新之所以产销如此蒸蒸日上，一方面是清末推行新政，民初进行建设，如建筑炮台、码头、桥梁、铁路等急需洋灰。另一方面则是启新在营销上享有各种特权：在捐税上，启新出厂洋灰只完正税一道，值百抽五，无论运至何地概不重征；在运输上，启新与各铁路局及招商局订有减收运费合同；在用煤上，启新与滦州煤矿订有互惠合同，尤其在那些曾任政府要职的启新董事的推荐支持下，启新洋灰几乎销到各个部门的建筑领域。仅据1919年统计数字看，启新洋灰在国内市场销售量占全国总销量的90%，这段时期是启新的黄金时代。

《周学熙创办启新洋灰公司》

❖ 周利成：天津最早的外资银行

第二次鸦片战争后，随着天津被迫开埠，外商银行开始进入津城。1881年成立的英国汇丰银行天津分行既是天津最早的外国金融机构，也是当时天津最大的银行。1941年12月太平洋战争爆发被日军接管停业前，该行一直主宰着旧天津的金融市场，给天津的旧式钱庄、票号及工业企业带来了巨大冲击和重大影响。

▷　建设中的汇丰银行大楼

天津作为首都的门户和北方商贸重镇，汇丰银行天津分行的地位一直高于其他分行，其经理以总行代表的身份坐镇天津。该行的这种特殊地位，使它在群雄逐鹿的天津外商银行中始终独执牛耳。它与清政府、北洋政府都有密切的合作关系，从1880年到1927年，共向官方借款48笔、3.38亿两白银，取得了盐业与海关两大税源的总管权。天津的外汇市场价格也是以天津分行的牌价为准，外国银行在津设立的"天津外国汇兑银行分会"，天津分行独领风骚，处于主导地位，成为天津外汇市场的实际操纵者。该行每天按上海、伦敦的电报，在上午11点的时候挂出牌价，天津各银行一律按照这一牌价交易，而天津外汇经纪人也完全由天津分行为主席的"外商国际汇兑银行公会"指定和指挥，并在该行的指导下没有外汇经纪人公会，把持天津的外汇市场。

汇丰银行的纸币是随着天津分行的建立而进入华北的。发行钞票是该行的主要业务之一，它先后发行了加印"汇丰银行天津分行"字样的7种货币。1933年，天津分行发行钞票数额达47.5万元。其在华发行纸币及银圆，增加了汇丰银行通过金融市场操纵清廷和北洋政府财政的砝码，可以说，天津分行稍一动作，就能令天津乃至京师的金融业感到震动。

汇丰银行天津分行成立后，国人无论是官方还是民营银行的创办、经营，无不以其为蓝本。它的成功模式催生了中国一大批银行的创建，也促成了今天解放路星罗棋布、华洋交织的北方金融市场，成就了天津北方第一大金融中心的地位。

《天津最早的外资银行——英国汇丰银行天津分行》

❖ 李焕有：天津劝业场的"八大天"

天津劝业场是个大型综合性商场和游艺场，由高星桥集资兴建，于1928年2月3日破土动工，同年12月20日建成，12月21日上午10时揭幕开业。

当年劝业场各楼层的布局是：一、二楼是各商户铺柜营业场地，三楼以上主要是游艺场所。一楼临街的门脸有知名的金九霞鞋店、德华馨鞋店、久成鞋店、福林祥鲜货店、德义针织商店、上海三友实业社、立章纽扣店、还有李同益呢绒店、松寿当。一楼商场内部以板墙相隔，有很多铺面和货摊，主要经营日用百货、绸缎布匹、针棉织品、搪瓷玻璃器皿、钟表、金银首饰等，还有一家卖纸绢花镜框店。二楼有经营文房四宝颇有名望的梦花室，号称刻字专家的周与九刻字店，独具风格的王佩芝画像社，以及若干家古玩玉器书画店。三楼除了几家古玩玉器书画店和经营寿衣、工艺品、自来水笔店铺外，大部分场地由两个球社占用。再往上四、五、六楼则主要是剧场、影院、茶社等游艺场所，只四楼有两家相面馆，为人们打卦算命占卜吉凶，还有一家草虫社，夏天卖蛐蛐，冬天卖蝈蝈。

▷　天津劝业场旧影

天津劝业场的游艺场素有"八大天"之称，即天华景戏院、天宫影院、天乐评戏院、天会轩、天露茶社、大天纬球社、小天纬球社和天纬地球社，以及天外天屋顶花园。对游艺场所的命名，高星桥是费了一番心计的，他专门请了亲朋好友商议，为各游艺场起个叫得响的名称，可以招徕游客，同时还要体现出胜过毗邻天祥市场的含义。针对"天祥"和天祥市场内"大观园""小广寒"两个剧场的名称，确定劝业场各游艺场名称都冠以"天"字，比起天祥市场的"天"要多出几倍。"小广寒"是神话传说中的月宫仙境，"大观园"是文人笔下的人间园庭，而"天宫""天华景"的意思是天上的宫殿、天上的诸般胜景，当然比起月宫和园庭又要胜过几筹。

劝业场的"八大天"各有特色，吸引着各个阶层、不同爱好的游客。

《漫谈天津劝业场的"八大天"》

❖ 刘建章: 久负盛名的天津中原公司

▷ 20世纪30年代的中原公司

20世纪20年代，我国民族资本商业在帝国主义商业涌入倾销的压力下寻求出路，南方各大商埠中新型大百货商店纷纷兴起。上海先施公司高级职员林寿田、黄文廉脱离先施，与旅日经商多年的林紫垣合作，由黄出资5万元作为基金，于1925年在上海成立新设公司的筹备处，对外招股，网罗人才。由于资金短缺，在沪难以竞争，乃北上天津，开辟新路。随他们一同来津的还有原先施公司的中层干将陈军海、何逸州、容原刚、何嘉年等人。于1926年将筹备处迁来天津大沽路兴隆洋行楼上，一面招股，一面调查市面，寻找建楼地皮。通过徐良（字善伯）的活动拉来一些下野军阀的股份，如陈耀珊、陈光远、陈希晃等人，但他们许诺要等企业开张时才能交股。林寿田原计划在繁华的法租界购买基地，看中了后来建交通旅馆的那块空地，几经托人周旋，终因英商先农房地产公司索价奇高，未能如愿，陷于进退两难境地。当时由于时局影响，人们都不愿在日租界立足，市面冷清。日本驻津领事为了日租界建楼，并许以种种便利条件。在徐良的极力撺掇下，股东们终于同意仅以3万多元的低价在旭街（今和平路）买下1200平方米的地皮来建筑中原公司大楼。

基泰工程公司的创始人关颂声提出把全部设计费折成股金投资入股，此办法对资金短缺的筹备处甚为有利。于是股东们议决交由关颂声会同朱彬、杨宽麟等工程师进行设计。他们南下考察，参照港、沪各大公司蓝图，根据此处的具体条件，设计出上有尖塔独具特色的六层中原大楼。塔身与楼房调度相等，俯视海河，鸟瞰全市，全高60多米，共投资47万银圆。由夏兴公司投标包工，1927年12月竣工。1928年元旦中原公司大楼隆重开业那天，鼓乐喧天，鞭炮齐鸣，观客拥挤，水泄不通。为了扩大声势，特邀请前大总统黎元洪剪彩揭幕。游客如潮地涌进大楼。全楼设计新颖，规模宏大，货色齐全，设备先进，尤以垂直电梯最为引人兴趣，可谓盛况空前。在当时来说，中原公司是天津第一高楼和最大的建筑物，人人都想来看一看。中原公司在开业前就通过各种渠道购进及赊进了几十万元的货物，开业后以专营高档日用百货而闻名华北，以"始创无二价，统办全球货"自诩。一、二、三楼为百货商场，经营洋广杂货、绸缎、布匹、呢绒、食品以及各种器皿、电料，以后又增建附属鞋厂及家具工厂，辟地销售；四、五两层开设舞厅、游艺场、影戏院、中西餐厅等；六、七楼是露天花园。这些辅助设施招徕了大批游客，更加使销货额上升。1928年秋又从上海组织了大批滞销商品，进价低廉，于是在天津举行首次大规模的大减价活动，特别是削价倾销绸缎，大受欢迎。顾客群起抢购，日营业额高达五六万元，当时在国内各大商场中实属罕见。

《久负盛名的大商场——天津中原公司》

❖ 刘续亨、宣益湄：中国人开办的天津金城银行

　　天津金城银行是有名的北方金融集团"北四行"成员中的主要支柱，创立于1917年5月，总行设在天津。成立前期，业务重心在北方，重点是天津、北平等地。随着业务的迅速发展，两次增加资本，实收700万元，银行业务也从存、放、汇款扩展至开办储蓄、信托、保管、仓库、买卖证券和国外汇兑、代理保险等多种业务，机构也先后从黄河流域伸展到长江流域，后又指令性计划至珠江流域和松花江流域，曾先后在天津、北平、青岛、济南、郑州、上海、汉口、南京、苏州及哈尔滨、大连、广州、香港等地增设分支机构。至1937年6月抗战前夕，全国各地分支行已增至60余处，存款也从1917年的404万元增至1936年的1.8亿多元，增长45倍，超过了上海商业储蓄银行，而跃居全国私营银行存款总额的首位。放款由1917年的381万元增至1936年的1.4亿元，增长36.7倍。到1936年金城银行放款在全国25家重要商业银行放款总额中所占的比重也已达到13％，成为全国性的著名银行，在天津及华北地区的金融界具有较大的影响，尤其是对天津工商业的支持与发展，促进天津形成北方经济金融中心，做出显著的贡献。

《天津金城银行支持民族工商业二三事》

❖ 曲振明：最早的民族卷烟厂——北洋烟草公司

　　1902—1906年兴办的北洋烟草公司是中国第一家引进外国设备的机制卷烟厂，也是天津早期的民族资本工业企业。它的产生，标志着中国民族

卷烟工业的崛起。它的破产，反映出清末民族工业的共同结局。

1903年，北洋烟草公司在天津南郊区小站（新农镇）淮军辖地的营房正式成立，除工厂外，还设有烟叶实验场。后因距离天津城太远，交通运输不方便，遂购买了江苏海运局在南市闸口南斜街（今辽北路）的一所房屋，由小站迁至城里。迁厂后，公司又陆续扩建，共有大小房屋82间。机器设备有惠斯通电桥（亦称单臂电桥，是一种测量0.1欧姆到0.6欧姆电阻的仪器）一架，烟丝机2台，卷烟机3台，原动力有10马力。雇用职工49人，日生产卷烟15万—20万支。

"龙球"牌香烟10支为1盒，50盒为1匣，100匣为1箱。除了纸盒装的以外，还有50支的铁筒装的一种。公司经过一年的努力，卷烟销售顺利，月产卷烟60大箱，产品除北京、天津以外，在烟台、营口、锦州也销售颇畅。1904年，公司计划扩大规模，使卷烟机达到10台，月产香烟300大箱。由于公司资金不敷周转，黄景与黄思永分赴上海、湖北、广东、山东等地。在上海，与铁路大臣盛宣怀商定，分别在汉口、上海两地建立分公司，拟招股各10万两。在广东与富绅梁恪宸商定集股10万元，在广东分设津粤烟草公司。黄思永路过家乡金陵，晋见两江总督周馥，商定在江苏合办烟厂。另外，黄思永亲赴烟台与姻亲陶瑗商议，计划在烟台开办北洋烟草公司。

北洋烟草公司实行董事会制，直隶农务局总办黄景为总董，职责是与官场周旋，维持公司大局；北京工艺商局经理黄思永为商总董，公司事无巨细悉听主持；留学日本的烟草工艺专家秦辉祖为工场总董，所有考工选料，监造督销工场事皆归裁决。另举副董，分任执事。后来黄思永、秦辉祖相继脱离公司，公司体制有所改变。股东王朵云继任商总董，工场总董另举一董事分办，但在官总董的节制之下，公司后期形成了官商总董二人为核心。

公司创办之初，秦辉祖为工艺技术指导，负责工场的考工、选料、配方、卷烟制造等工作，使产品颇有销路。后来他脱离公司，公司又从日本大胶聘来烟草专家皆野佐太郎。

1904年美国政府拒绝废除不平等的《中美会订限制来美华工保护寓美

华人条款》，激起了海内外中国人的反对。当时天津爱国商人宋则久发起提倡国货运动，提出"不用美国货、不吸美国烟"的口号。北洋烟草公司龙球牌香烟当时备受市民欢迎，而美国烟成了滞销品，达到创办公司时提出的"挽回利权，以图抵制"的目的。

《中国最早的民族卷烟厂——北洋烟草公司》

❖ 王作勋：天津最早的粮栈——怡和斗店

天津历来是水陆码头，自清朝中叶以来，人口陡增，商贾萃集，对粮食的需求量有增无减。城市用粮，早期主要来自粮食集市，后因城区不断扩大，人口屡屡增多，粮食生意有利可图，外县粮商（俗称"老客"）便大批贩运粮食来津。成批的粮食运津后，一则需要有个暂存之地，二则粮商囤积居奇，观测行情，善价出手，于是天津"斗店"逐渐应运而生并发展起来，时间大约在清道光、咸丰之间。

斗店的营业性质，就是代客买卖。"斗"，是旧日使用的一种量器，分为方形、圆筒形两种。因斗店代客买卖粮食是用斗计量，故曰"斗店"。彼时运输主要靠内河船只，因此斗店多坐落在天津南北运河的两岸。

过去天津著名的大斗店有五家：怡和、万春、同顺永、华丰裕和同孚新（原名庆长顺）。以业务渠道分为西集和北集两路：怡和、华丰容、同孚新为西集，万春、同顺永为北集，各有自己的生意路子。在这五大斗店中，论资格以怡和开业最早，规模也比较大。且因它处于南运河的上游，占有地理的优势，成为天津斗店业的首户。

怡和斗店所接纳的粮食老客，多来自沧县、独流、兴济、杨柳青等地，他们贩运的粮食品种，包括玉米、小麦、大豆、芝麻等。每当粮船拢岸后，货卸仓库，客宿店房。这时，斗店的外柜就代客四出张罗卖货，成交后斗店得佣金一分。有的粮商急于得到货款，在粮食卸入仓库后，即可以货为质，先期向斗店支取货款的50％。对于信用较好的粮商，斗店也准许他们使用超出存粮数目的价款，等于做放款生意。对这种先期使用货款的，一般的按一分二厘计息（日息）。怡和斗店在生意兴旺的年代，每年获利可高达10万块现大洋。

各地粮商运进津门的粮食，销售对象分布于全城区的米面铺。成交的方式或由"会俄"（粮食经纪人）从中撮合，或由各米面铺派人到斗店购买。买卖双方讲妥货价后即由斗店"抱斗的"过分量。"抱斗的"在过斗时，他所掌握的刮斗小木板公平与否，有很大分寸。少抹去一点儿，卖主就要吃亏，多抹去一点儿，卖主就占便宜。久于卖货的老客，是深知其中奥妙的，为了使自己能占便宜，常在暗中贿赂"抱斗的"。但是另一方面，买货的客商为了分量能涨出来，也在暗中对"抱斗的"行贿。由此可见当时斗店在为客商买卖粮食时存在的黑幕。新中国成立后改用过磅计量方法，"过斗制"根本废除了。

粮食老客住在斗店里，吃喝住全由斗店负责，按日计算房饭各费。斗店为了拉拢粮食老客，常以吃喝玩乐为诱饵，如摆酒席，设牌局，吸鸦片，有时还要陪老客到南市"三不管"一带寻花问柳。其实，斗店为此付出的一切花销，最后全转嫁于广大购买粮食的群众头上，即所谓的"羊毛出在羊身上"。

1931年天津新兴起的代粮商存粮和买卖的启泰粮栈，在河东大王庄宣告成立。当时北宁铁路局新修了一小段支线通到启泰栈内，装卸粮食非常方便，从此粮商由东北运津的粮食，就运进启泰栈，待价批售。这使原有的天津各斗店的业务大受影响。

延续到天津解放后，人民政府实行统购统销政策，打破了旧日私人商业垄断操纵、囤积居奇的局面。因此解放初私商大批贩运粮食来津者日渐减少，各斗店的业务更呈现苟延残喘的萎缩状态，日亏一日，难于维持。在这样不利情况下，怡和等斗店1953年主动向天津工商局申请歇业。各斗店人员分别领到遣散费，部分转入天津粮食公司任职，也有的自谋出路。各斗的旧址，改作天津粮食公司的存货场所，从此天津斗店业，便成为一个历史名词。

《天津最早的粮栈——怡和斗店》

❖ **蔡欣如：**兴隆洋行，天津人经营的进出口商号

兴隆洋行在20世纪30年代，以出口业务为主，这个时期兴隆洋行的出口产品主要有皮张、绒毛、桃仁、杏仁、蛋黄白、胡麻、菜籽、草辫、肠衣等。另外，兴隆洋行在这个时期还开设了一个子公司——津海贸易公司和一个连兴德商行。其实津海公司不过是账面上虚设的一个公司，它是为分散资金和做进出口生意时迷惑对方而设的。例如兴隆洋行在对外报价时，先以津海公司的名义向国外客户报一个较高的价格，然后兴隆又以自己的名义向外商报一个较低的价格，这样很容易给对方造成错觉，使对方与兴隆成交。兴隆洋行的经理高少洲，不以一事得失论成败，而以巩固客户，打开销路，积累资金，扩大经营为目的，以求更大的发展。因此他在这个时期，注重出口质量，讲究信誉，加之较为灵活的经营手段，出口业务开展得很顺利。

七七事变后，日本帝国主义侵华，外贸业为日商独霸，进出口商品必须依日军需要而定。同时日军又以统制、协会、组合等名目限制中国商人的经营范围，因此兴隆洋行此时转向以进口为重点开展业务。兴隆洋行根据战时粮食紧张的特点，大量进口粮食，主要有澳洲面粉、美国面粉、越南和泰国的大米、加拿大的小麦等，投放市场后获利甚丰。兴隆洋行在进口粮食时，采取不用资金而倒扣商品的办法获取暴利。例如它包销的钟楼牌面粉，每次与外商成交后，就由经纪人出面向国内订货商户收取包括利润在内的全部货款，然后将这笔钱存入银行吃利息，待对方货物装船结汇后，再给外商付款。

抗战胜利以后，物价一度回落，批发和零售商都上街摆摊售货，兴隆洋行也在黄家花园繁华处卖库存积压的呢绒绸缎、皮张皮件及进口香皂、牙膏等品。国民党接管天津后，物价又大涨，来势凶猛。兴隆洋行忙把资金换成房地产和黄金，并开展存放款业务，以吸收游资。他用吸收来的游

资开展业务，而用自己的资金囤积居奇。因此尽管当时百业萧条，兴隆却没受到什么损失。

《我所知道的天津兴隆洋行》

❖ 刘炎臣：专售国货的中华百货售品所

在天津繁华的和平路上，有二座五层大楼的百货店，它就是天津有名的老字号"中华百货售品所"。路经其间的"老天津"们看到这个非常熟悉的店招，特别是"售品所"三个字又展现在津市最繁华的街头，触景生情，不能不忆及当年爱国商人宋则久创办中华百货售品所的坎坷经历。

1900年八国联军入侵后，袁世凯继李鸿章任直隶总督兼北洋大臣。他为维护清廷摇摇欲坠的统治，兴办北洋实业。光绪二十九年（1903）派周学熙赴日本考察实业情况，回来后在天津成立直隶工艺总局，下设实习工厂，生产民用商品。另设考工场，用以展销实习工厂的产品。1912年3月2日（农历正月十四）考工场在"壬子兵变"中被焚毁。劫后重建，改名天津工业售品总所。因为是官办，经营不善，难于维持，转年便招商承办。这时，早在清末就为振兴实业、提倡国货各处奔走的宋则久，为实现其夙愿，毅然辞去担任了10多年的敦庆隆绸布庄经理的职务，以自己仅有的两万元，于1913年5月1日接办这个天津工业售品总所，收兑了实习工厂的全部货底。因为仍以扶持资助小手工业和改良仿洋精制日用小商品为主，所以字号沿用天津工业售品总所原名未变，成为当时国内唯一专售国货的新型百货商店。

售品所从一开始即提出为"救国救民志愿牺牲"，"不问销售之难易、利钱之厚薄，非本国货不售"，还特别关心国事，参加爱国政治运动。在五四运动中，每逢开会游行，售品所必停止营业积极参加，由宋则久率领同人们高举国货售品所大旗，沿途散发传单，讲演宣传，同时宣传要救国必须购买国货，一举两得。

售品所专卖国货，受日人嫉恨及仇视，多次受到恫吓及诽谤，1922年2月有人散发传单称宋则久之弟由日本运来汗衫1800打存于私宅。售品所当即登报声明：如查出一打则认罚一万元。结果无人能领，谣言自破。1935年市面有出售"抗日牌"汗衫（汗衫上印一妇女海浴用伞遮日光避晒的图案，故名抗日牌），据称该货系由售品所批发部购进。日本人竟派出红帽（宪兵）越出日租界到北马路国货售品所，将批发部主任及会计赵萼楼、李俊杰二人捕去，严刑逼供，令承认"受中国政府津贴做反日工作"。诸如此类的事在售品所发生过多次，但在各种打击威胁面前，宋则久与国货售品所同人毫不屈服，坚持销售国货，受到了天津市民的敬佩，售品所的声誉在天津市民心中更加提高了。

1949年天津解放时，这最后存在的中华百货售品所总所，仍设在天津辽宁路（今和平区辽宁路艺林阁所在地）。经过1956年的公私合营，1958年因天津调整商业网点，中华百货售品所全部人员和商品并入南市百货商场。

《名重津门的中华百货售品所》

❖ 立侠：自制国产油的天津志合油墨厂

在20世纪40年代初至50年代，每逢提起天津生产的"金豹"牌油墨，许多人无不夸口称赞，"金豹"牌油墨的生产为民族工业和天津印刷、油墨业争了气，博得了各印刷厂的支持和欢迎，从而打破了外国油墨多年在中国的垄断。

"金豹"牌油墨是天津志合油墨厂生产的，该厂建于1943年，经理檀楫汝早年毕业于石家庄师范学校，长期经营煤业，任天津市常山煤栈经理，本人在经营商业方面很有经验。厂长王子周，早年毕业于天津北洋大学，1943年前在井陉煤矿任矿长职务，本人科学知识丰富，擅长经营管理。在他任井陉煤矿矿长时，因不愿奴颜婢膝地当汉奸，而脱离了井陉煤矿，回到了天津。当时物价一日数涨，民不聊生，并因受第二次世界大战的影响，进口物资数量锐减，不仅欧美货稀少，就连东洋货亦寥寥无几。

当时，王子周发现天津市油墨非常短缺，生产油墨有利可图，因此他到处奔走，多方求援。在一些朋友和一些经营银号的乡亲（因王子周原籍是河北省南宫冀县人，天津有些银用油墨印刷的"烟标"号属南宫冀州帮）的支援下，准备集资开设油墨厂，但无厂房，后经人介绍，认识了檀楫汝。当时檀正在天津三区（现河北区）米冈路（现东河沿大街），开设常山煤栈，当时煤栈业因受日本帝国主义的种种限制，已是奄奄一息，所以当王子周找到檀说明筹建油墨厂的设想，以及资金已经筹备完毕，檀马上应允，同意合作，经过研究决定关闭煤栈，利用煤栈场址改为油墨厂。经过筹备，天津志合（即志同道合的寓意）油墨厂即于1943年诞生了。利用常山煤栈的几间房子又盖了几间简易的库房，买了一台天津德华机械厂制造的小型墨机和六口25公斤的生铁炼油锅、几口大缸，自己又制造一些氢氧化铝和硫酸钡、铬黄、普鲁士蓝等填充剂和无机颜料。当时职工约有二十多人，大部分是常山煤栈留用职工。因此志合油墨厂上至经理厂长，下至工人，没有一个是做油墨的内行，虽然已经开业，但还是处在摸索试制阶段。在试制阶段中起码应该有一个设备稍具规模的试验室，但由于资金不足，只能把工房前的夹道内不足十平方米的一间小屋做试验室，室内设备也很差，当时只有两三架托盘天平和一些玻璃仪器。经过半年左右的时间，初步试制成功一般的彩色胶印和铅印油墨，质量合乎要求，并于1944年初和用户见面了。

志合油墨厂从建厂到试制油墨成功这个阶段，经济上是只支出而无收入，资金几乎耗尽。正式投产后，市场需要油墨量很大，急待扩大生产。这样首先就面临生产设备问题，在此情况下，志合油墨厂只能依靠银号贷款来增添设备扩大生产。先后订购大型轧墨机器4台，增添了炼油设备，并相应地增加了工人。经过一番努力，"金豹牌"彩色胶印、铅印油墨，基本上占据了天津油墨市场，声誉大振。

《油墨业发展在天津》

❖ 陈铁英、王树森：蜡烛业兴衰

天津蜡烛业的发展和天津卫的形成是相得益彰的。豪门富户，下野、黜徙的官宦多寓于这九河下梢，水陆交通的要衢。他们为摆阔气，夸豪富，在喜庆宴会，祈神祭祖时，蜡烛是重要的供品，而且蜡烛越燃越大。在庙宇敬神、许愿、还愿时，为增加庙堂的神秘和肃穆的气氛，表示自己的虔诚，贡献蜡烛是必不可或缺的。而天津市有天后宫、大悲禅院、海光寺、东岳庙、天齐庙、东大寺、慈惠寺、韦驮庙等庙宇130余座。凡有庙宇就有固定的祭祀日；凡祭祀日，必焚香贡献蜡烛，这也是蜡烛作坊兴旺的原因之一。

做蜡烛的原料，主要是羊脂油占百分之七八十，再掺上少量的花生油和蓖麻油，而关键的原料是"川占"。"川占"是四川产的"蜂蜡"。蜂蜡就是蜜蜂腹内分泌的蜡质，通称黄蜡。把原料按比例配合好，放在大铁锅里熬。熬够火候，经过冷却，再把卷好棉花的细苇秆（苇秆心是空的，一头可以插在蜡扦上），放在模型里制成大小不同的蜡烛，加上"川占"制成的蜡烛，非常光泽、结实，落地摔不断，熔化点高，点燃的时间长，也不因蜡碗破裂而流油，俗称"干碗蜡"。不加"川占"的低劣产品，点燃不久油碗破裂，蜡油像泪水一样，顺着蜡烛流下来。所以那叫"温碗蜡"。温碗蜡也是天津的一句俚语，意思是此人软得流油，一点也挺不起来。

制蜡烛的关键——蜡烛芯非常重要，蜡烛芯要选用上好的苇秆，粗细适当，苇秆上缠上已经浸油的棉花，放在模型里挤压。这样的蜡烛点燃以后随着蜡油的熔化浸透，苇芯吸满蜡油，这样保持直立不倒，不掉灰烬，火焰明亮，稳而不晃。制造的蜡烛一般都是按斤计算，有八支一斤，六支一斤。还有较大的一斤两支，一斤半两支或一斤一支的大蜡烛。大型的蜡烛都是官宦、富豪人家喜庆宴寿订制的。为表示他们的豪富和庆祝隆重，要求堆花的花烛。其实堆花并不难，用制好的模具，或龙，或凤，或万寿无疆，或鹤鹿同春，或凸脑门的老寿星；趁蜡油还没有凝固，掺好颜色搅拌均匀，灌入模具里制好，趁热贴在蜡烛上。一支普通的素烛立刻变成艺术品。再把贴好花的蜡烛装在特制的镶金铺缎的玻璃盒内，立刻身价倍增了。

但是，天津在没有发电厂以前，居民是以点燃油灯为主。油灯有陶制、锡制的两种。用陶制或锡制的当托，托上放油盏。油盏里放满植物油、动物油，油里放灯芯，可以点燃照明。清末民初，大量的煤油涌入，又改为点燃煤油灯了。煤油灯有玻璃罩，比点油盏灯先进，煤油代替油盏灯。后来建立了发电厂，电灯代替了煤油灯。不过，只有在停电时，还用蜡烛临时代替照明。

《烛光退去电灯明》

❖ 芮允之：天津地毯，远销国外

20世纪初叶，地毯工艺由北京东门派传入天津，在第一次世界大战前，先后在津成立了义盛公、义聚恒、庆生恒等地毯工厂。这一派大都是河北南宫、冀县（今衡水市冀州区）、枣强等县人。约在1911年前后，西门派来津成立三顺永、玉盛永、协立永等地毯厂。天津地毯厂凡挂有永字的，都是北京西门派，当时这一派在津占有很大势力。

天津地毯主要销往国外，1858年签订的《天津条约》允许外国传教士在中国自由传教，因而中国地毯被传教士发现，认为质地坚韧，花色富有东方艺术特色，他们回国时都欢喜带走几块中国地毯，自用或赠送亲友，这或是中国地毯输出到欧美各国的开始。1893年，中国地毯在美国万国博览会上展出，获得好评，更引起国际上的普遍重视。从此，来华的洋人，无论是军官、外交人员或商人，都设法掠取中国的地毯，携带回国送礼或贩运牟利。那时各外国洋行专门搜罗宫廷铺用过的旧地毯。据说这种旧毯一平方尺值十几块美金。欧美地毯市场过去一向被土耳其、波斯地毯占据，但在工艺色彩、图案方面，远不如中国地毯别具风格，因而中国地毯成为欧美市场上的稀罕物品，特别在第一次世界大战后，中国地毯在欧美市场上的销路日益旺盛，出口数量逐年增加。从此，地毯便成为我国对外贸易的重要商品之一，到1937年前后，天津地毯出口占天津海关出口货物数额的第二位。

《天津地毯工业的兴起和发展》

❖ 张利民：棉纺织业的发展

棉纺织业在20世纪初，直隶总督袁世凯曾"试办机器纺织"，计划"在天津招商集股，设局开办"，令原长芦盐运使杨宗濂率其侄杨味云督办，但不久杨宗濂病归故里计划落空。最早出现的纺织厂是1911年直隶省宝坻县新集镇的利祥生纱厂，资本14万元，以当地原料生产供当地消费棉纱，仅数年即停业。民国以前，只有一家6000纱锭的官办直隶模范纱厂，1915年开始由军阀官僚和商人创设了裕元、华新、恒源、裕大、北洋、宝成等6大纱厂，共有纱锭217000余锭，占全国同年民族资本纺织厂纱锭总数的10%左右。纱厂和小型织布厂用纱厂的棉纱织成各种棉布供应市面。天津先后建立针织工厂39家，工人近千人，1925年人造丝大量输入天津，天津的华昌织厂成为第一家使用人造丝或人造丝与棉纱混合为原料织布的工厂。作为出口包装的帆布，也是商人集中投资的企业，1914年的宜彰帆布公司和1916年的恒源帆布公司，资本均达到了10万元；1927年的泰和帆布公司资本也有8万元；另外1912年天津建立了资本30万元的万兴麻袋公司，生产出口所需的麻袋。由于天津每年有大量的羊毛出口，市场上的毛呢则完全依靠进口；一些商人开始投资毛纺织业，除了以前的天津织绒厂外，又建立了资本70万元的万益织呢厂。20世纪30年代有较大的发展，1931年建立的仁立和东亚两家毛纺厂，引进了外国的机器设备、工艺和澳大利亚羊毛，提高了产品的质量，增强了竞争能力。1936年仁立生产的呢绒达到13.3万米，床毯1220条，东亚生产的"抵羊"牌毛线，1932年为15万磅，至1936年增加到145万磅。该厂在北平、上海、济南、烟台、重庆、长沙、南昌、汕头等地都设有经理部，全国城镇代销处达650家。

《浅谈天津近代工业》

❖ **周晓光：**恒源纱厂

根据史料记载，天津恒源纱厂，是由直隶模范纱厂和恒源帆布公司合并扩建的。原直隶模范纱厂自1915年经直隶省官办，资本16.3万元，厂长王竹铭留学日本，毕业于东京高等工业学校纺织科，具有精湛的纺织技术。该厂从英国购买好华德厂的纱锭1536枚，这在天津是首先使用动力纺纱机器设备的。恒源帆布公司，是恒记德军衣庄资东章瑞庭创办。这两个厂全设在金钢桥西北堤头，相距极近。一个是纺纱，一个是织布，为了两全其美，双方进行合作。最初直隶模范纱厂称恒源北厂，恒源帆布公司称恒源南厂。从1917年双方商谈，经过近三年的时光，终于合并在一起，1920年正式开工。

当时正值工商业迅速发展时期，生产的"蓝虎牌"棉纱和"炮车牌"帆布质高价廉，在市场畅销。为了加强经营管理，制定了章程，其中比较强调安全与卫生，在当时是难能可贵的。

1937年七七事变后，天津沦于日军之手。日商想吞并恒源，一再遭到拒绝。日军采取报复手段，在所谓的"治安强化运动"中硬逼恒源"献铜献铁"。恒源迫不得已，忍痛拆毁了40%的机器设备"献纳"。但日军犹未满足，竟断绝供应原棉，以扼杀恒源。而恒源发挥了死里求生的精神，多方设法收购棉桃，消极对抗，暂渡难关，顶住了日人妄想吞并恒源的野心。恒源是纺织企业中没被日军占有的一个纺织厂，保持了中华民族的气节。

《恒源纱厂及其管理》

第六辑

老行当·

老商市·老字号

❖ 杨绍周：出赁香谱

最先有烟市的魏三（忘其字号，他是后来大事全经理绰号"魏小辫"魏子文的父亲）及东门里喜华斋，袜子胡同墨稼斋等。香谱原是一种经幡，用白绫做成，书写经文。后来为显露技巧，用绫锦包镶，做出花卉、百古、飞禽、走兽等花样，着以鲜艳颜色，栩栩如生，配以流苏，白事用素穗，喜事用红穗，名为彩谱。更有提炉、盘炉，一出多少对，皆由彩衣童子提着。

《解放前天津"吃红白饭"的人》

❖ 杨绍周：吹鼓手

这行是中国旧有，婚丧事都雇用响器。他们也是小大由之，普通市民娶亲，赁一顶寻常花轿，用八名吹鼓手也办了事；财主出大殡，就要100多名，分成若干档子，随大座吹打。有对鼓大乐和铜鼓大乐，乐器以唢呐为主，配以大号（大喇叭）、鼓、锣、钹等器物。另有一班小吹，即管弦细乐。大殡一般小吹全乐器需几十人。送殡吹鼓手有穿红号衣的，有穿白齐袖的，喜事完全红号衣。这一行里有所谓"黄鹂"，就是不会吹打随班充数的，以小吹班容纳"黄鹂"最多。算账时也有许多需索，如赁彩活、穿齐袖、酒钱等类，不外乎主家要好看，行道借端多索钱。

《解放前天津"吃红白饭"的人》

❖ 于昭熙：杠房

旧社会，家中死了人，第一件事就是找杠房，先把死者停在板上，然后再预殓、念经……一直到出殡，这一系列事务中，杠房是非常重要的一环。

家中死了人，着人去和杠房打招呼。杠房派人带着"板"和"凳"到事主家。如人尚未咽气，他们在下房坐等；人死后，他们去给穿"装裹"（也叫寿衣）。停板后或预殓后还要负责守夜，家中男人少或胆小都是杠房守夜，主要是为了防火、防盗。

▷ 出大殡

天津的杠房业在军阀混战年代红火起来，城内外的有钱人家为了自身安全纷纷迁入租界。有个叫魏子文（魏小辫）的，看到这种形势，在墙子河大同桥畔开设了第一家"大事全"杠房，不久又在张庄大桥附近开设了第二家杠房叫"福寿全"。沦陷时，日本人尚未封锁租界前，他又在黄家花园的周家食堂（现苏闽菜馆）附近开设了第三家杠房叫"天津全"。在此以前，原在温泉澡堂的"益寿全"迁到河北路口，三义庄萧姓的"长富杠房"迁到张庄大桥，目的是为了卡"大事全"生意。魏子文不甘示弱，才开了"天津全"与"长富"杠房竞争。总之，魏子文凭他机智能干，阿谀奉承，巴结富户的本领，多年垄断了英、法租界的白事行业。

以前的"杠房"只负责和杠有关的业务，例如杠房出大杠，而棺罩是赁货铺的生意。自魏子文干杠房后，他包办了白事的一切行当，如买棺材，小货铺，赁货铺，请僧、道、尼、番、军乐队等都是他一手包办，好像一个"总指挥"或"大提调"，事主也宁愿多花钱，欢迎这样办，因为一个头比多头好办事。

民初以来，天津有多次大殡。如南皮张氏双烈女的大殡就是用"益寿金"的"独龙杠"；李纯的大殡用的是东门内"福利号"的杠；其他如李善人、陈光远、李竹坡等都是出的大殡。

《老天津的杠房》

❖ 杨绍周：扎彩作

这一行专做纸人纸马焚烧的冥器。因能够施展技巧，做得栩栩如生，其代价也很可观。做四个男女仆人需20元上下，充其量不过用3元的材料。更有将花样增多，有样车、样桥、阴执事、开路鬼、鹤童、虎判、方弼、方相等。出大殡的要临街搭许多席棚摆设扎彩。鼓楼北有一个蒋家扎彩作做精细扎彩，每个要花三四十元。袜子胡同的墨稼斋也做精细扎彩，他们应一个大殡的扎彩就能作几千元的生意，到坟地一火焚之，暴殄天物孰甚于此！

《解放前天津"吃红白饭"的人》

❖ 张澜生：叫卖行

这个行业是随着八国联军一起引进中国的。当年高魁昌洋行的创办人Pennel就是英国侵略军的一名兵士，退伍以后在英租界弄到一张工部局签发的叫卖行执照。后来他的儿子继承父业，直到新中国成立后才歇业。原址在今解放路曲阜道拐角处，现已拆除。

当年英、法、日、德四国租界内的拍卖行不下四五十家，严格地说，这些叫卖行并不是真正的叫卖行，有的从事收购，有的倒腾新旧家具。尤其是小白楼一带已形成专业化，例如永大拍卖行专门买卖枪支弹药，表面是猎枪，实际上手枪也照样卖；新华拍卖行专门买卖照相机、打字机、计算器等。还有几家以出租家具为主，白俄经营的公寓和普通外侨都是它的主顾。法租界天祥叫卖行就是因收购平和洋行火灾残货发了大财，东家李魁元和张浙州后来都成了法租界华商公会头面人物，并且创办了天祥市场。

叫卖行的服务对象完全是外国侨民，他们回国时一般只随身携带细软，其他大件行李、家具、日常用具等大多就地处理，由魁昌洋行组织看货成交，不计成本，不设底价，拍板成交。买货人多半是中国人经营的叫卖行，买回来再加价出售。1938年美国驻军撤退时，天津叫卖行都做了一笔好买卖。1946年国民党敌伪产业处理局处理零星物资时也委托魁昌洋行拍卖。新中国成立后，随着外侨离境和委托行的兴起，在租界内延续半个多世纪的叫卖行从此消失了。

《租界往事琐记》

❖ 杨绍周：花轿铺

全市花轿铺有三四十家，最大的有三五顶轿，小的一两顶轿。规模大的花轿铺也如白货铺一样，雇用一些技巧匠人，挖空心思设计新样，以迎合有钱人家的选择。若事主点样子绣新轿，连同灯彩仪仗，用一次就需出赁价一两千元。普通头轿也需三五百元。最次的一次赁价也得几十元。无论高次用两个半天，头天下午亮轿，夜晚上灯，转天午前迎娶新人，下轿后落拆，如数支付赁价。事主连一个布条也留不下。

《解放前天津"吃红白饭"的人》

❖ 杨绍周：京彩局

这本是北京的行业，天津原来没有，后因军阀、资本家办事铺张，好学北京的派头，遂有人把这一行搬来天津，不久就大大发展，也立了门市。他们能以彩布扎成牌楼、经彩、经坛佛座、金桥、银桥以及点缀灵棚、客棚的墙垣门户，并能相度地势临时构成，极尽技巧的能事。他们是大小由之，小事只大门挂一块经彩也要五六元赁价，大事叮做上白元的生意。

《解放前天津"吃红白饭"的人》

❖ 谢鹤声、刘嘉琛：赶洋

"赶洋"这个名词是由"赶毛"演变而来的。1860年天津开埠以后，帝国主义列强在天津划定租界，设立洋行倾销商品，把天津变成为外国商品的销售市场，并大量掠夺我国土特产品，运往国外加工销售。因此外国轮船源源驶入海河，停泊在码头靠岸，大批船员水手们都要登岸购买各种食品和日用品，有些商人为了多赚钱，将商品搬到海河码头，卖给外国轮船上的大副水手们。早年人们对外国人都称为"毛子"，所以把这部分商人称做"赶毛的"。后来由于海河淤塞，轮船吃水过浅，外轮不能驶入码头靠岸，改在大沽口外停泊，因此"赶毛儿"的也就随之消失绝迹了。有一部分经营干鲜果的"赶毛儿"商人，流入估衣街晓市继续营业，在晓市上的人们称他们叫"赶洋"的。他们的经营特点是以个人经营为主，不设店铺，不雇伙计，有时与同行三五人一起，合伙做一批生意，但不是永久合作，均为一次性的，待一批生意结算完了以后，仍然是各干各的。这些人一般的资金不多，仅能维持生活而已。但他们的商品知识相当丰富，对市场货源和销路非常熟悉，商品信息灵通，了如指掌。

《六十年前的天津估衣街》

❖ 翁进步：洋鼓乐社

20世纪40年代，天津老城厢东门里大街的经司胡同口，临东马路一侧有一间小门脸。它既无橱窗也无幌子招牌，里边经常发出洋鼓洋号声，原来是专应喜庆典礼演奏的"鼓乐社"。

过去民间婚丧红白事多由吹鼓手伴奏，乐手使用的是唢呐、笙笛和锣鼓钹等民族乐器。演奏的是传统的曲牌和民间小曲，后来发展夹杂一些戏剧声腔和流行歌曲。

到了20世纪40年代，除办丧事沿用吹鼓手外，男婚女嫁办喜事由女乘花轿改乘西式马车或扎彩绸的汽车，乐队则由洋鼓洋号代替了，所以在旧城厢出现了这家鼓乐社。

鼓乐社实际只有老板和领班为二号职，完全是私营，有东家业主。社内准备乐手穿的彩色礼服和一些乐器，如小号、拉管长号、圆号和大小贝斯。乐手则为临时工，招之即来，每吹奏一场根据技术高低拿份子钱。

因为旧社会办喜事都看皇历，所以适合办喜事的日子往往会有多家同时邀请鼓乐前往吹奏。鼓乐社的领班必须运筹安排，尽可能充分发挥乐器和乐手的潜能，一日之内协办多家的喜事。伙计拉着小排子车或洋车，把彩衣大鼓大号等大家什运到第一家女方。乐手们吹起"迎婚曲"把新娘送入彩车，然后脱下彩衣，放下乐器，随拉家什的人力车匆忙奔赴男方。有时男方家住离女方过远，跑步焉能赛过汽车？就只能在男方家另派一组乐队，待女方彩车到来吹奏《结婚进行曲》，把新娘、伴娘和提着花篮的童男女送入礼房。如果有人点吹流行歌曲，就要额外增加酒钱，那就是乐手们的外快了。乐手们往往一天要赶若干场，吹得不算累腿却很累。

乐手们除了应付喜事外，还给商号开业庆典和平日的竞争做宣传，在商号的门口和楼上窗口对外吹奏，吸引顾客，如同现在的录音机和扩音器。乐手们多未受过正规训练，是业余爱好而下海，许多人是为了糊口兼职。其中不乏混有"黄丽鸟"南郭先生，滥竽充数，拿低微的份子钱。

《洋鼓乐社》

❖ 王寿岩：进宝斋花样铺

天津旧时在东门内大街文庙牌坊下路南，开设有专事经营花样之铺店，店名"进宝斋花样铺"，距今已有近百年的历史，具体年代不详，因为在20世纪20年代即闻此铺开设历有年矣。最初的创办人也已说不清，只知道后来店铺兑给了伊德元。伊是河北省保定市涞水县人，早年跟师傅在进宝斋学徒。他接手进宝斋后，带四五个徒弟苦心经营，直到1952年，进宝斋与天津工艺美术厂合并。目前伊德元的徒弟张书奎仍在经营进宝斋刻纸。该铺有门面及退身各一间，乃前店后坊之格局。所售之花样皆自行刻制，工精细巧，品种繁多，且时有翻新，一般小贩望尘莫及。

进宝斋之花样，不特用之于绣花，更有点缀端午、新年之纸刻、节令饰物及嫁女陪送嫁妆中所用之纸刻衬托二种。绣花花样以棉连纸为之，节令花样如窗花以宣纸染红为之，或有人物花鸟又多着色。吊钱与嫁妆衬纸则用红棉纸或梅红纸制之。其剞劂之法，乃以纸约20张为一叠，上铺画样，固定于蜡盘之上，以小刀依迹刻之。进宝斋之精工刻线，有时纤细如发丝。尝见其彩色蝈蝈、萝卜等帘花，贴之窗上，阳光透过，红绿相映，跃然得趣，尤以马尾为虫首、为须角，更为生动。

《忆进宝斋的花样》

❖ 谢鹤声、刘嘉琛：估衣铺

"估衣街上估衣多"，这话不假，从估衣街西口到东口，估衣铺就有15

家，买卖虽然不大，但家数不少，比较有名的如瑞兴号、德和号、源合时等，其他有华盛号、广义永、同裕号、益德号、义兴合、德茂成、义成厚等等，后来发展的越来越多，延伸到锅店街里边的就有27家，单街子里边有3家，共计45家，占全市估衣行业120余家的三分之一左右。

▷　街头的估衣摊

估衣铺的货源，主要是从当铺打当出来的当死的旧衣服。当年一些有钱有势人家的不肖子弟，终日吃喝嫖赌，穷奢极欲，一旦落魄穷困，变产还账，生活窘迫，只好把夏葛冬裘、鲜衣华服值十当五地送进了当铺，按规定18个月期满，月息二分八厘，到期无力赎回，就变成了死当，当铺打当时，由估衣铺低价收买，再以高价售出，从中牟取厚利，大发其财。

这些估衣铺从每天早晨到日没，门前铺着大张苇席，席上摆着一大摞估衣，每件估衣上的下角缀着"飞子"。上边写着暗语，叫作"暗春"，这是估衣铺的行话。为了便于讨价还价，牟取厚利，把钱数从一到十，用暗语密码代替为"肖道挑福乐前贤万世青"10个数字，非本行家不懂，只有估衣铺的同行彼此知晓，用此来向买主漫天要价，买主只要一张口还价，就很容易上当。不仅如此，还南腔北调地吆喝着，叫作"喝估衣"，合辙押韵，诙谐动人，把估衣翻过来掉过去，一唱一和，引人发笑，使围观的人们越聚越多，其中或有买主上钩。估衣街上估衣铺一家连着一家，喝估衣声、讨价还价声，吵吵嚷嚷不绝于耳，使估衣街显得更加火爆。

估衣铺的买卖，不仅是靠门市上"喝估衣"，更多的销路是靠批发销售给外地农村乡镇的"外客"，他们大批买去以后运到农村，可以获得更高的利润。

《六十年前的天津估衣街》

❖ 金彭育：要想富，开当铺

旧社会有句俗话：要想富，开当铺。可见当铺是个赚钱的行当。在那时，穷苦百姓生活毫无保障，是当铺的常客。没落的官宦家人、富家的纨绔子弟，为了挥霍也时常光顾当铺。

老城厢作为天津卫政治、经济中心，当铺出现很早。清朝嘉庆年间就有小当铺出现，但真正形成规模是在光绪年间。天津经营当铺以善于理财的山西灵石人为最多，开的当铺也最早。

开当铺和盐商一样，都有官办色彩或社会背景。天津"八大家"中，有多家开当铺。"中昌当"即为长源杨家开设，杨家共在市内外开当铺40余家。其他如振德黄家、杨柳青石家、土城刘家、正兴德穆家。天津当铺的行业组织——津邑当行公所成立很早，地址在北门东。直到1929年改为天津典业公会，才迁往估衣街。1945年抗战胜利后，天津典业公会又迁回原址。

20世纪30年代至40年代，老城厢有当铺12家。中昌当开业最早，为1905年，经理张子淮。其规模也是老城厢最大的。德华当开业于1932年，位于鼓楼西，经理尤锡九。和顺当开业于1925年，位于北门里，经理余月川。源祥当和裕生当均位于西北角，分别开业于1932年和1933年。鼓楼东有同聚当、日升当和庆德当。同聚当位于东门内大街172号，开业于1921年，经理为文贞斋。庆德当位于石桥胡同9号、11号，经理金云樨。此外西门内还有经营时间较短的元和当，南马路上有同和当、富源当和义泰当。

庆德当有一件趣事广为流传。那是在1913年冬，柜上收了两串高级珍珠，当价400元，收下后才知是假货。收当人懊悔不已，金云樨却不介意，反而安慰他。一个月过去，金出帖请客，各下四桌酒席。客人有古玩、珠宝商和同业经理。酒过三巡，菜过五味，金拿出了两串珍珠给大家看，并说："以后大家要留神，别像我们柜那样被人骗。"说着把珍珠抛进火炉烧毁，众人惊愕。十天后，那个当主拿票赎取珍珠，当柜上把原物送还他时，他连声说："罢了，算我栽了，我栽了。"原来，请客当众烧珍珠是金云樨一计，那串被烧的珍珠是替代品。

当铺以独资为主，资本金最低不少于4万元。开业时要领"当帖"，清朝称"龙票"。旧时，典当业种类有典、当、质、押4种。1930年前，城厢当铺沿用旧例，当期24个月，利率二分五厘。当铺门口通常有大"当"字和"裕国便民"招牌。进当铺有一人多高的柜台、木栅栏，显得威严气派。每家当铺均有掌柜、二柜。柜台有坐柜、司柜各一人，外账、内账各一人，其他有库房、杂务和学徒，一般十人左右。典当业有独有的术语和当字谱。死当物品的出售渠道有估衣铺、金店、银楼、首饰店、古玩店和拍卖行。

《老城厢的当铺》

◆ 张慈生："开张吃三年"的古玩店

当时人们说古玩店"三年不开张，开张吃三年"，说明古玩业是很能赚钱的买卖。他们主要的经营方式有门市收购、买行、串行、搂货和伙货。

门市收购，就是坐等卖主上门。有时遇到一些卖主急等钱用，他们就情愿作价低一点儿，以解决现金问题。或遇卖主外行，不明行情，或卖的是前辈留下的东西，随便给点钱便可成交。

买行，即买同行的货。有些中、小户资本有限或鉴别能力低，一旦遇到珍品，就转手卖给大户，从中得点利润。

搂货。遇到顾客想买而店里没货时，店家就设法到存有此种古物的同行或住户中，凭着信用，将货取来代卖，从中得利。如不成交，将原物退回。这样既不积压资金，又不担打眼的风险。当时古玩行中多采用此办法。

伙货。中、小户遇到门市或亲友介绍来的贵重物品，由于本店资金少，不能成交，当时把有资金、有鉴别能力的大户请来，当面洽谈，成交后由大户出钱，以后卖出得利均分。另一种情况是几家大、中户临时合资买一批货，以避免同行之间互相争购发生冲突。如民国十四年（1925），清逊帝溥仪由北京来天津，因开支浩大，急需款项，便将从宫中带出的几件罕见珍品卖给了锅店街万昌古玩店，作价一万余元。此事轰动了京、津两地，同业无不眼红。溥仪知道后，又拿出几件珠宝，告诉经办人多跑几家古玩店，以防上当。经办人先到了日租界旭街的恒利金店，估价是六万元，又到附近的物华楼、天宝金店和东马路锅店街几家较大的古玩店，皆估价在五六万元之间，最后在万昌店以六万余元成交，这便是伙货起了作用。在恒利金店作价六万元没成交时，在座的一位北京客人认为这些稀世珍宝能赚大钱便提议伙货，由他出头给附近的十几家金店、古玩店送信；见到此货作价不要超过六万元，不论哪家成交，作为伙货，赚钱均分。所以万昌店才得以顺利成交。经办人从中得跑道费300元。

溥仪对两次卖价都不满意，后来又拿出一批古玩卖给了法国古玩商罗森泰，作价60余万。罗森泰常到天津收购古玩，一些清室王爷贵胄、军阀、政客都和他有过交往，他每次来津之前都在报纸上大登广告，从天津买走了不少珍贵文物。

《天津古玩业简述》

❖ 杨春霖：城内的水会

天津早年民间的救火组织"水会"习称"救火会"，其驻地叫"会所"，以急公好义、防患御灾成为地方公益组织名噪津门。

清代中期和末期天津火灾最为严重，仅就城内而言，同治十二年北城楼因火药爆炸发生大火灾延及民宅，损失伤亡很大；光绪三年东南角保生所暖棚大火，烧死妇婴近千人，天津各级地方官吏，统被降职一级。天津城内人烟稠密，店铺毗连，各级衙门、豪门富户咸集于此，每遇火警不堪设想，因此，由官家支持，富绅资助的水会纷纷成立。操持者既落了"乐善好施"的美名，又保护了各自身家安全，可谓一举两得。

水会的组织：管事的叫会头，参加救火的叫"善"，多为肩挑背负的小贩，也有无业游民和"混混儿"等类。他们闻警后也奔赴水会集合抬救火器械到火场参加灭火。火熄后火场附近的店铺和住户有的捐钱，有的捐几十斤百斤小八件点心，犒劳众"武善"等参加灭火人员。一些混混儿、"混星"等，见有利可图，也借酬神、演戏为名，由会中出帖向铺户分送，募集捐款，人们称为"吃会的"。特别是春秋两季摆会之日，混混儿更要捞上一把，名曰"打秋风"。当然，这只是极少数，急公好义者仍是多数。

救火的工具是"水激"，为硬木所制一大水柜，用铁条箍牢，上有压杠带动活塞，由多人上下压动横杠。水的射程一般由十几米到20余米，各水会的水激一般都有名称，如苍龙、云龙、猛龙等。除水激外，另一种工具是挠钩，用以断截火道，不使火势蔓延，所以同时又出现了挠钩会所。

清代诗人周楚良在《津门竹枝词》中说："救火水激武善抬，鲸奔豕窜号锣催，小旗大旌分先后，会首扛枪（水枪）缓步来。"诗人崔旭咏道："结社同防回禄灾，登时扑灭剩残灰，锣声几道如军令，会伍争先奋勇来。"

清末民初天津有了自来水，建立了消防队，灭火工具机械化，盛极一时的救火会遂被淘汰。

《城内的水会》

❖ 刘嘉猷：外地来的乞丐

外地来的乞丐，大都是天津附近各县和邻近山东各县的农民，一般说是女多于男，都是因为旱涝不收，灾情严重，逃来天津，乞讨活命。这类行乞的多数是30—40岁的妇女，有的在冬天敞着衣襟，揣着小孩，提着破饭罐和小篮，挨门乞讨。

有一类乞丐，不是讨要残羹剩饭，专在大街上追赶坐人力车的，伸手要钱。他们带来10岁上下的男女小孩，经过精心"导演"，也让小孩们分别追人，伸手要钱。他们在居民区里，挨户在大门内外喊，有的也到商店区挨门乞讨。平常每月初一、十五两天和阴历年期间，这类乞丐也多起来。

再有一类乞丐，男女老幼皆有，专来天津过冬。他们主要的乞讨目标是"粥厂"。天津有几个慈善团体，到了每年冬令，在西头、南马路等地，设立几处粥厂，每天清晨七八点钟，便开门施粥。粥是小米熬的，半稠不稀，供喝粥人在当场喝足，不准携走。这些喝粥人在喝粥之后，再去讨要剩饭，他们大多临时住在西门外"窝铺"里边。据说这些人是为了节省冬天在家里的吃用，才来天津"赶粥厂"。到了转年春暖，又都回乡种地去了。

还有一类"赶春节"的乞丐。每在阴历年间，由正月初一日起，他们就走街串巷乞讨要钱，大都不要残羹剩饭，常在各商店门前行乞，从除夕的傍晚，这些乞丐就开始行动了。他们手里拿着三样东西：一种是木刻染色的财神爷画像。他们举着画像，去各商店、客栈门前，高声大叫"送财神爷来啦！"一般则以"请来啦（或有啦）"回答他。遇到这种情况，谁都不愿意说"不要"两个字，于是由站店门的店员扔给这种乞丐一两个零钱，把他们打发走了。第二种是手拿着一串铜钱，用红绒绳穿编成一条龙的样子，沿门大念"吉庆歌"，高声来唱来念。如："新年新月过新春，花红对子贴满门，西洋回回来进宝，前门进的是摇钱树，后门进的是聚宝盆，聚宝盆起金花，富贵荣华头一家！"唱念到这里，把手里拿着的那条用红绒绳穿编的"钱花"撒在地面，故意使人们听到哗啦撒钱的声响。这时又接着叫嚷"给老爷太太进财来啦！"人们都贪图吉利，听着心中一乐，也就掏掏腰包，给他一两个零钱，叫他走开了事。第三种是敲打"呱哒呱"骨头板的乞丐。他在手中拿着两块各有一尺多长的兽骨头板，骨头板上各系有用红绒绳做的穗子，穿着一串小铜铃铛，敲打着极有节奏的点子，同时嘴里还念叨着合辙押韵的溜口辙。如："来得巧，来得妙，老爷过年我来到！"这样念叨完了，把骨头板"呱哒呱"地敲打一阵，接着又念叨："整仓的粮，整垛的钱，赏我几文过新年！"如果到了店铺，就改成迎合买卖人的心理，念叨："大掌柜，您真好，无数的银子往您柜上跑！"也是"呱哒呱"地敲打一阵，接着又念道："过新年，我就来，给您拜年您发财！"诸如此类的溜口辙，顺口编唱，又有拴着小铃铛的骨头板子，随声谐韵地敲，使老爷、太太、掌柜们听着顺耳开心。如果遇到不听这一套阿谀奉承的，硬要把他撵走，他也有相对的词句，另编一套词儿，又奉承、又挖苦地来讽刺人配上"呱哒呱"地唱念出来，听者是无可奈何的。

有一类"打砖叫街"的乞丐，这种行乞的方式为数不多。他们腿脚不好，坐在地上，用脚踢动着一个要钱的小筐篓，一步一步向前挪动。他们敞着衣襟，用砖头或破鞋底子用力敲打自己的胸部，"啪！啪！"有声。然后叫嚷："老爷、太太们呀！可怜，可怜我这个前生现世作了孽的人吧！"意思是说自己"前世和今生有了罪孽"，才落到这样一个下场。对这种情景，常常有人围着看，有的人扔下几个钱。记得在七七事变后，天津街头有一个"打砖乞丐"，他蓬首垢面，衣衫褴褛，每天敞开胸襟，右手执一块砖，以嘶哑的声调，沿街乞讨，嘴里喊叫着"老爷、太太呀，唉！"接着用砖向自己胸脯左侧"砰！"的一声击去。被击之处，皮青肉肿，哀号之情，惨不忍睹。

在旧日天津街头，还有一种是缺衣少食的老道和苦行僧，以"化缘"的方式沿街行乞。其中有一个老道是一只手，在没有手的手腕上，抹着不太鲜红的油类，仿佛是手剁下后多日，血迹已干在手腕之上。用这只伤腕拴着一个笆箩，放在地上，由残肢拉着，请施主们向笆箩里放扔些零钱。那只好手，在手腕上挂一面大锣，一边走一边敲打，口中念念有词，以引起过往行人的注意。

《旧天津的乞丐种种》

❖ 刘炎臣：戏院中的"三行"

天津的戏院，旧名戏园，又叫茶园，后来才统称戏院。其中的服务人员有所谓"三行"者，他们是：给观众找座儿、卖茶水和临时代观众保管衣帽的；售卖糖果、瓜子、萝卜、鲜货的和打手巾把让观众擦脸的。这些杂役人员，算是戏园中的茶房，俗称"三行"。

早年的天津戏园，戏台前和左右的座位，不是每排个个连接起来的椅子，而是一排挨一排的长条板凳，也没有排列的号数。观众走进戏园，可以买票，也可以先不买票，无所谓凭戏票对号入座的办法，而是自己随意就座，或由茶房引导找一个位置较好的座位。这专管给观众找座儿和卖茶水的茶房，照例是把"池座"（前几排较好的座位）预先全占下，用以接待给小费的观众。他们预先占座位的方法，是用许多茶碗连着扣在几条长板凳上，一只茶碗占一个座儿，意思是说这些座儿全已有主了。看座的茶房，每场戏（日场和夜场）都是按照这样办法安排好以后，他就不断地出入戏园大门口，看到有观众走进来，便点头哈腰地迎上前去，表示热情接待。他对走进来的观众先问一声："您有几位？"然后引导观众到预先用小茶碗占好的座位就座，并把茶碗翻过来摆好，这便算是他给找的座儿。跟着他递给就座的观众一张当场的戏单，并把沏好的茶水壶送来，备观众自斟自饮。有的观众还要把个人穿戴的大衣、马褂和帽子等脱下，交给这看座儿的茶房，送到存放衣帽处临时保管，并拿回一个小木牌来，交给委托存放的观众，作为凭证。等到临散戏前，再凭这个小木牌，由看座儿茶房把原物取来。这看座儿的茶房可以因此得到小费。数目的多少要看观众的情况，手头大方的观众，给的小费就多一些。

"三行"中售卖糖果、瓜子、萝卜和鲜货的茶房，一旦看到有观众进来坐下，就在这观众面前摆上一两碟糖果、瓜子、萝卜等，花说柳说，再三强卖，不买也得买。

在观众正入神地看戏或演唱时，打手巾把儿的茶房来了。他手里攥着一小卷包裹着的热毛巾，每到一位观众面前，便递给一条热气腾腾的毛巾说："您擦脸。"熟悉这种情形的观众都知道擦脸要给小费，为了免去麻烦，便顺手接过毛巾擦擦脸和手。茶房每场戏要给观众打两次毛巾擦脸，头次不收钱，第二次才收钱。也有的观众不愿意擦脸，板起面孔摇头，示意不用。茶房就要给这样的观众一个眼神看，使人感到很难堪。

戏园中打手巾把的茶房，是在空中传递手巾把。两个人相对传过来传过去，技巧非常熟练，就像打篮球传球一样，扔得俏皮，接得准确。特别是在南市大舞台的大园子，那是三层的楼房。空间很高，打手巾把的茶房一人在楼下，一人在楼上。来回传递手巾把，施展熟练准确的技巧，常引得观众们只看空中传递手巾把而不顾看台上演员的演出了。

旧日天津戏园查票的办法，是在台上演出过了多半场时，才开始向观众检查戏票。由前台负责营业的人员带领一二名茶房，抱着"钱斗"挨排依次来收票，名之曰"下票"。有的是把观众已经买到的票收回，对没有买票的，当场按票价收钱，早晚场全是如此。

从表面上看，这"三行"茶房对观众的服务很周到。但是观众要处处拿钱"领道"，就是要多给小费，否则会遭受奚落，生闷气。从"三行"手中买到的糖果、瓜子、萝卜等，均较戏园外边的售价贵几倍。特别是在每场演出中，由于这"三行"茶房们在观众席间频繁地往来穿梭，使观众们的视线不胜其扰。新中国成立后，旧戏园里的"三行"才被取消。

《旧时天津的各类茶房》

❖ 刘炎臣：饭馆跑堂的茶房

旧时天津经营饭馆这行生意的与一般商业组织不同，饭馆里所有人员都可以在"股"有"份"。例如：饭馆的经理是掌握全面业务的，买卖的好坏全看他是否善于经营管理。厨房掌灶的师傅，要具有高超的烹调技术，手艺的好坏直接影响着顾客的口味。"面案"和"墩上"的师傅，他们各自掌握下料和配料，下料少了怕伤了主顾，下料多了又容易亏损，所以他们也须是饭馆的财东，应该在"股"有"份"，使他们时时感到个人工作的好坏，与饭馆的整体有休戚相关的联系。

除了上述人员外，饭馆的茶房，俗称"跑堂的"，内行称呼"拉家伙的"，更是早晚应付门市的重要人员，所以他们在饭馆里也都是在"股"有"份"。虽没有"钱股"，也要给以"人股"。

凡是跑堂的能手，全会做生意，他们都有一套上人见喜的本领，有着精明的头脑，记忆力非常强，只要是接触过的顾客，下次再来要认得出来，主动地跟顾客搭讪说话，见什么人说什么话。顾客一进饭馆，跑堂的先迎上去，表现出很熟识的样子，热情招待，使顾客欣然入座。

顾客落座后，茶房先擦桌面，摆羹匙和筷子等餐具，然后问"您吃什么？喝酒不喝？"再根据顾客的意向报菜名。在从前的老饭馆里，全不标写菜名和菜价，都是记在跑堂的伙计头脑里。顾客点好菜以后，跑堂的高声把菜名报到"灶口"上，跟着陆续把酒、菜、汤、饭等端上来，这一切吃喝食物从不开什么单子，全记在跑堂的心里。当最后一个汤菜端上之后，要对顾客说："齐啦，您还要什么？"最后算账时，跑堂的把顾客所吃的饭菜一样一样地念着价钱，当场口头累计出来，清楚地报出总数，不会弄错。所以干跑堂的必须是手快、眼快、嘴快、腿快，总起来说，头脑清楚才会受人欢迎。

跑堂的所以要这样热诚地招待顾客，让顾客吃舒服了，不仅使饭馆营业兴旺，自己也可讨顾客欢心，多得一些小费。旧时天津各饭馆的风气，顾客多是把应付的饭费找回来的尾数作为小费，付给跑堂的。顾客付给小费后，临走时跑堂的必高喊一声付给小费的数目，表示谢意，然后把这项小费交柜，由账桌上司账的先生代管，最后按各人所担负的职责大家劈分。

有的顾客还要专给跑堂的个人小费，有的是在叫菜时就悄悄付给负责招待他的跑堂的几角小费，意思是让他好好照顾，等于是变相"行贿"买好；也有的是吃完了饭付给小费，以表示招待的满意。总之，顾客去饭馆吃饭，要用小费领路，否则会被跑堂的瞧不起。早年在天津各大饭馆干跑堂的茶房，连大家公开劈分和个人独得的小费，每天能落两三块现大洋，这在当时是很了不起的收入。所以在饭馆工作的茶房，谁也不计较每月本人的工资多少，而是把注意力集中在小费上，这额外的小费反成了主要的收入了，这便是俗语所说的"汤比肉还肥"。

在旧日天津各大饭馆跑堂的茶房，还兼办对外的交际工作。他们常到一些熟识的大商号和各大宅门招揽请客或承包红白大事的酒席。他们能替一些富绅巨贾们出点子，代想应时的酒菜，以勾起这些人的食欲，摆几桌酒席，这既可以让饭馆多做几水好买卖，个人也可以多得些小费。

《旧时天津的各类茶房》

❖ 杨荣久、杨雨村："洋货局子"

"洋货局子"是天津地方特有的一种行业，属于商业的糖业范畴，它创始年代已无可稽考，据作者估计，可能在1800年前后。在它整个经营历史中，对天津糖业的发展曾起过推动作用。

蔗糖产自我国南方，由潮州、福建、广州"三帮"运来天津推销。"洋货局子"这一行业是随着"三帮"兴起而产生的。

"洋货局子"就是跑合铺，也可以叫做经纪人店。为什么管它叫"洋货局子"呢？因为我国南方自江苏省以南沿海各省通称南洋，所以福建、广东、台湾等省的土产包括蔗糖在内，均称"洋货"。由于专营"三帮"来货就获得了"洋货局子"这一绰号。后来一些"洋货局子"包销了洋糖，更是名副其实了。

　　开办"洋货局子"不论资本大小，只要创办人在"三帮"中有信誉，租上一间房子，摆上一张桌子、两条凳子，起上一个字号就能开业，所以人们讽刺这个行业是"平地抠饼"。但是，"洋货局子"对"三帮"不敢"荒账"胜过"三帮"对货主；如果"荒"了账，被"三帮"告到县衙门，县官是护"三帮"的。闽粤会馆的馆丁就是专跑县衙门打官司的。县官处理"三帮"的诉讼，第一堂是判令"洋货局子"讨限还清，到期不清要遭体刑；此后是判期还清，一期不清打一次。"洋货局子"的掌柜（经理）既怕打屁股，又怕失掉信誉而自绝于"三帮"，所以是不敢"荒账"的。这是1900年以前的情况，庚子年以后就不同了。当时，德、日、俄、奥、意、比等国继英、美、法之后，先在天津占租界开洋行，县官就不再保护"三帮"而专力保护洋商了。同时，商会已经成立，可以仲裁本地商号的"荒账"。"三帮"是外省行商，有会馆组织，他们根本不可能参加本地商会，商会自然照顾本地商人。因此，"三帮"是不信任商会的。遇上"荒账"只有依靠中人——"洋货局子"，请出与"三帮"有关系的朋友从中调解，用分期还清的办法或"叫扣"（打折扣）了结的办法解决。但分期还清者很少，"叫扣"了结者占绝大多数。

　　关于佣金，在废两改元以前，货价均按纹银计算，当然佣金也按纹银计算。"三帮"对"洋货局子"是"九八三"扣佣，即每百两纹银货款给"洋货局子"1.7两佣金。买方对"洋货局子"是"加平一两"，即每百两纹银货款给"洋货局子"一两佣金。从表面上看，"洋货局子"经营100两货款从买卖两方能赚佣金2.7两，事实上却不那么简单。买卖双方都有一种计算方法，是盈是亏则由"洋货局子"承担。

　　在废两改元后，"三帮"对"洋货局子"是"九八五"扣佣，即每百元货款给"洋货局子"1.5元佣金；买方对"洋货局子"不再给佣。另外，街市上的经纪人是不被"三帮"接待的，他们代客买货必须到"洋货局子"去买，"洋货局子"给他们0.75元佣金，等于伙分"三帮"的1.5元佣金。

《"洋货局子"在天津糖业中的兴衰》

❖ 胡蕴辉：老城厢的"鬼市"

相传"鬼市"最早形成于19世纪末叶，在西关街烈女祠附近，那时每天早上五六点钟，就有一些穷人拿着自己的破鞋袜、旧衣服等出卖。他们是为了卖几个钱暂时糊口，并不是买来转售的。买东西的也是穷人，目的是为了省钱，买去凑合着用。上市者不过三四十人，俗名就叫"穷汉子市"。

▷ 老城厢的"鬼市"

后来，这个市场迁至西关街老爷庙附近，正式摆摊的已经出现了。像日用品如刀、剪及锅、碗、瓢、勺等都有了，渐渐形成一个破烂旧物小市场。

20世纪20年代中，在城西南角空地上（现太平庄大街西头），有钱的人盖了一些门面房子，租给旧物商人使用，正式起名为"故物市场"。这是旧物市场的另一分支，属于坐商类。像五金、古玩、木器等这里都有，生意很发达。其他如说书场、小戏院、零食饭摊等也都纷纷出现，更为热闹。

自1930年起，这个市场移到西广开后，就一直没再动。搬到西广开之后，摊贩越发增多，日用旧物到处都是。有时在市区市场买不到的东西，到这里手到擒来，俯拾即得。因此每日天不亮即有人上市买货，卖货的也愿趁天黑出货，以便欺骗顾客。特别是在日本占领天津时期，小路货（即偷来的）日益增多，也愿趁天黑销赃；再加上有的人怕卖物被熟人看见不便，亦愿早些出手。于是开市越来越早，甚至早上二三点钟市场上即灯火荧荧（那时每一摊点一小氢气灯），人影憧憧，喧哗吵嚷，彼此欺骗，在乱坟间进行交易，简直犹如鬼的世界。人们目睹此况，给它起了个绰号，叫作"鬼市"，"鬼市"也由此叫响了。

"鬼市"的货源，大部是由担大筐者（即买破烂的）供给的。他们的进货方式也各有不同，总其进货手段，不外"哄、骗、偷"三字。到了出货时，再加上一个"欺"字，就算"功德圆满"了。

《天津老城厢的"鬼市"》

❖ 王锡荣、李天佑：热闹的鸟市

在老天津卫，一提起鸟市，是个妇孺皆知的地方。它地处老城东北角，距官银号一箭之遥，人们通称河北鸟市。所以称为"河北"，是因为在南运河裁弯取直前，地处河之北，而不是今天的河之南。这块方圆不过百亩，长不足200米的鸟市大街，当年这里天天人潮如涌，非常热闹，外地人到天津卫，不遛遛鸟市，会觉得是一件憾事。从鸟市经历的历史变迁，可见津城巨变之一斑。

其实，天津卫鸟市有几处：头鸟市、北城根鸟市、南市鸟市、城厢内也曾有过鸟市。其中，以西头鸟市形成最早，时在清朝前期。天津城西永丰屯一带，庙宇较多，在西门外北侧有个韦驮庙，相传此庙是清朝康熙年间为龙贵妃还愿而建。当时庙内的香火颇盛，每年四月十八日庙会期间，善男信女从四面八方云集而来，周围地区也日趋繁荣，盛极一时，卖香烛纸锞、玩具食品的摊贩、商店比比皆是，渐成为天津城西的一处繁荣地带。

▷ 街头卖鸟笼的摊贩

在韦驮庙的斜对过，有个马家店，人们俗称"画眉店"，这是一家专做鸟类交易的客栈。来自河北、河南、山东等地的商贩，多为贩卖鸟、虫及小宠物者，投宿此店内，日夜鸟叫不绝。在这里专做鸟类生意的有陈姓与张姓两家，西头的刘筱亭在此专做蟋蟀生意，河北鸟市的傅家也曾在这里经营蝈蝈、秋虫和冬虫。在此店内买卖鸟、虫的多以批发为主，有些小贩在此成批购买然后再到其他鸟市去卖。

当年，不论是华北以及全国各地经营鸟、虫、小动物的商贩进入津门，大都到西头鸟市转一转。他们以经营鸟类为大宗：如南方的相思鸟、画眉；山东的黄雀、蟋蟀；河北的红脖、蓝靛壳、白玉鸟；内蒙古的百灵；以及广西的猴子。有时外轮上水手从国外带来的鹦鹉、小猩猩、小豹、小熊等也弄到这里卖。在马家店附近，摆摊卖鸟、卖鸟食、鸟具的形成了一个相当规模的市场，还有专卖鸟笼的商店。每年夏秋之交，鸟、虫大量上市，马家店及西头鸟市更加热闹。这里最繁荣的时期在20世纪二三十年代，但在40年代，由于战乱等原因，西头鸟市日趋衰落了。

河北鸟市是天津规模较大的一个鸟市，其历史源远流长，经历几度变迁而形成的。最初，在津门出现鸟类市场交易的地方，是在旧城厢内的达摩庵、乡祠一带，每逢集日才有卖鸟、虫、鸽子的，平日没有固定摊点，纯系赶集性质，至今，城里还有一处叫"鸽子集胡同"，可见当初的遗迹。在清朝末年，西北角北城根闽粤会馆附近出现卖鸟、虫、鸟笼、鸽子、金鱼等摊点，渐渐形成一处鸟市。当年在这里经营鸟类出名的是李凤桐，以经营鸽子出名的有冯道运、刘三把等，尤其是以经营鸟笼子、鸟具生意的孙恩元，在津、京地区很有名气。

《天津鸟市的变迁》

❖ 谢鹤声、刘嘉琛：估衣街的晓市

晓市，就是在估衣街这个繁华区域趁着各大商号尚未正式到点开门营业的时候，一些由鲜果业经营者分化出来的部分个体摊贩，以干鲜果品为主要商品。在每天拂晓晨光熹微、人影幢幢之时就纷纷上市，直到日上三竿才收摊停市。晓市的特点是在不影响正式门市和各商号正常营业的情况下，进行买卖成交。随着社会的不断发展，人口激增，鲜果的需求随之增长，晓市的交易场地不断扩展，经营的商品逐渐增加。这样，既利用拂晓时间不妨碍正式门市商店的正常营业，便利零售小贩的白天叫卖转售，又可利用白天时间自己生产对路的商品。因此，就形成了估衣街的"双重市场"，在估衣街上早晨与白天两套人马营业。到后来晓市的营业时间逐渐延长，白天不能占用马路阻碍交通，所以逐渐移往侯家后的一条小胡同和估衣街以西去了。

晓市的经营，多数是由批发商进货。有时由于人力财力的不足，独身一人难以胜任时，常结合数人一起开盘递价，成交后按照品种成色的高低，搭配均摊，然后在晓市卖给小贩，仨一群俩一伙，有的低声细语，把手缩到袄袖里，互出手指要价还价；有的因为价格稍有距离，双方互不让步，争得面红耳赤。此外，一些食品商以各种糖果为主，多是把在手工作坊自制的糖块拿到晓市上摆摊售卖。儿童玩具商也是由小手工业者做成木制刀枪、小锣、小鼓和各式各样的假面具和大小觱口以及各样的刀、枪、剑、戟、斧、钺、钩、叉等等，还有日用小百货如袜子、腿带、发卡、轴线、化妆品、肥皂、香皂等等。凡是吃的用的、小儿玩具一应俱全，从而吸引着市内各个角落的摊贩，以及四乡八镇走街串巷的货郎小贩们每日群集晓市，选购各种商品。来往行人拥挤不堪，东张西望，唯恐买不上适销对路和价钱便宜的俏货。市内的各鲜货店也到这里来处理一些即将腐烂的水果。各个摊贩非常忙碌，人声嘈杂，到9时以后才平静下来，一年四季不论夏天暑热汗流浃背，冬季寒风刺骨，每天如此。晓市的交易时间虽非整日，但对天津的发展生产，繁荣经济，沟通城乡物资交流等起到一些作用。

《六十年前的天津估衣街》

❖ 张先明：“河里没鱼市上看”

出了鸟市北口前行，就是三岔河口了。这一带的河岸，每天停靠不少上游的渔船。这些船将捕获的鱼虾运到金钟桥和金钢桥之间的河边批发零售，这就是鱼市。

俗话说："河里没鱼市上看。"每天都有很多鱼运到这里出售，一年四季不断。渔船随到随卸鱼上岸，鱼市整天都有交易。鲤鱼、鲫鱼常年有货，而刀鱼、黄鱼、对虾、螃蟹则有季节性。

▷ 三岔河口旧影

　　鱼市为渔霸所把持，渔民运来的鱼不经他们的手就不准上岸出售，他们对渔民的剥削是很残酷的。新中国成立后，由国有水产公司在河对岸的李公祠（李鸿章祠堂）开设水产市场，统购各地来鱼，这个鱼市也就不复存在了。

《旧天津的"四市"》

❖ 翟璐: 天津早期的蔬菜市场

　　天津最早的蔬菜市场，出现于清光绪初年，地点在北司衙门门前，即今金汤桥以西沿河马路一带，通称"北司衙门菜市"。后来在这里建造了浮桥，改称为"东浮桥菜市"。所以在这里开辟市场的原因，主要是邻近市民聚居的城厢，又是海河码头。当时的菜农多集中在东郊和北运河两岸的吴家嘴、贾沽道、张大庄子、冯口、崔家码头、杨柳青、马庄、李楼、东西北斜、大小稍直口、大小蒋庄、大小梁庄一带，用船运菜比较方便。

　　初期，贩运蔬菜的主要是个体农民，后来随着城市蔬菜需求量的增大，逐渐出现了坐商。第一个菜庄是陈玉春、孙景春合伙开办的双春合菜庄，接着又出现了徐记、魁发顺、玉发号、德顺永、夏德记等菜庄。到1949年，这个菜市场的坐商发展到208户，摊贩120多户。

▷　金汤桥旧影

新中国成立前，天津的蔬菜批发市场，除东浮桥而外，还有小西关、台儿庄路、凤林村、旱桥、东楼等几处。

《天津早期的蔬菜市场》

❖　**张鹏程：盛锡福帽子遍天下**

天津盛锡福帽庄，历史悠久，规模宏大，在国内外享有盛名。它的前身叫盛聚福帽庄，是1911年由山东省掖县沙河镇湾头村人刘锡三创办的。刘锡三以百折不挠的精神，呕心沥血，惨淡经营，规模由小到大，品种由少而多，一直发展到在国内各大城市设有分店，在国外有20个国家和地区均有代销处，驰名欧亚。其所以能发展到如此地步，在经营管理方面可以概括为以下几点。

品种齐全，货色迎人。盛锡福所制各种帽品，款式新颖，四季皆备，应有尽有。为夏季供的各种草帽，有西式硬胎草帽、巴拿马式草帽、毛棉棕合编草帽、四草平顶草帽、毛丝辫美式草帽等；还有通帽，如逞木与软木法式白通帽。冬季有各种御寒的皮、棉、绒帽，其中最名贵的皮帽有海龙、貂皮、水獭、剪绒的贵重裘皮帽，如银针海龙英式、水獭英式、灰剪绒土耳其式等。在春秋两季则供应各色呢帽、鹅绒呢帽和各种高级缎帽，以及纱、革制小帽、睡眠帽、压发帽、便帽等。还有儿童帽、老年妇女戴的绒帽，各大矿山、铁路、企业用于劳动保护的工人帽。全部产品共有200多种，不仅号码全，而且选料精、工艺高、质量优，深受欢迎，所以销路广阔。

▷　夜色中，盛锡福帽店的招牌清晰可见

　　选料认真，讲究质量。对帽品的质量要求极为严格，如各种草帽所用的草帽辫，是用自己漂白的最高草辫，色泽洁白光亮。呢帽原料，所用羊毛都是由澳洲进口的，或是西北上等羊毛。其他四季帽所用的缎、纱、革、裘皮都是选用上等原料。各种帽品生产的工艺、工序非常认真仔细，最后刘锡三把关检验，严重的质量问题或工艺不精就作为残次品或废品处理，然后找各有关制帽部门负责人追问原因，毫不放过，不准以次顶好。呢帽工序比较复杂，由羊毛制成毡坯，要经过50道工序才能完成，每道工序都由熟练工人掌握，认真操作。合格的成品，均用"三帽"商标，次品则用"雄狮"商标，以资区别。任何帽品只要有星星点点毛病，都瞒不过刘锡三的检查，因此曾经获得马尼拉国际奖状和政府有关部门14次表扬并颁发给奖状。

推广销路，遍及欧亚。盛锡福生产的各种帽品，形成一个从国内到国外的推销网。国内设有分销处、分庄、代销点。天津设两个分销处，北平设四个分销处，南京设立发行所，经营门市、批发；上海、汉口、辽宁、重庆、青岛、济南、徐州等地设分销处或批发部；此外在西藏、甘肃、绥远等地推销带有少数民族风格的呢帽，受到少数民族的欢迎；还派人沿西北、东北、津浦、京汉各铁路沿线联系设立代售店。国外方面，因刘锡三能通英语，与国外联系很广，在新加坡委托大华贸易行为总代销店，向菲律宾、马来、爪哇等地推销帽品；另外在英、法、荷兰、意大利、澳洲、南北非洲、西班牙、葡萄牙、捷克、瑞士、挪威、缅甸、越南等国和地区均有代售处，"三帽"商标遍及欧亚。

《驰名中外的天津盛锡福》

❖ 郑星：百年老店正兴德茶庄

天津人爱饮茶，对"正兴德"这个老字号是再熟悉不过了。这家老店已有一百八九十年的历史，是由天津"八大家"之一的穆家开设的。穆家本来是靠米面、洋货和钱铺生意起家的，茶叶店只不过是他们于发家若干年后，因一个偶然的机会而办起的一个小店铺，但后来他家经营的别的行业都败落了，只有正兴德茶叶店一枝独秀而且名闻遐迩，因而也就成了他们家族的牌号，人称"正兴德穆家"。

正兴德初办时只是一小门脸。几个伙计，在天津就地买卖一些湖南、湖北素茶及安徽六安大叶，另兼卖闻药（鼻烟）。后来业务逐渐发展，开始直接派人到江南茶叶产地设庄设厂收购窨制，然后运津销售。这时，该店的营业方针是："大量生产，新法制造，直接采办，直接推销，货高秤足，薄利多销，包装坚固，装潢美观。"这里面最重要的一点，就是直接采办窨制，只有这样才能保证货源通畅，适销对路，而且降低了成本，如在福州设厂自制，每百斤成本10元，而没有自设茶厂的其他茶庄，则需要20元，正由于有如此悬殊的差价，能做到货高秤足，薄利多销，从而增强与同业竞争的能力。

▷ 正兴德茶庄的广告

正兴德茶叶采用"绿竹"商标，绘有绿竹、行云、流水的图案。据该店章程解释："商标之意义，竹性坚节，中虚能容物，枝干不曲不折，而行云之高洁，流水之不息，均系象征为国产始终服务之原则。"为了美化包装装潢，该店自设机器制罐部一处，制作装茶筒罐，请名画师绘制"绿竹"图标铁印。包装纸上也都加印此商标，使"绿竹"茶叶名噪一时。1928年，"绿竹"茶在天津第一次国货展览会上获得优等奖章。1934年又在第三届铁道沿线出产展览会上荣获超等奖证。同年正兴德茶叶参加美国芝加哥百年竞赛展览会，颇受彼邦人士欢迎。载誉归来，正兴德的声誉更振，生意更为兴旺。分店由早期设有的北京、保定、沧县、泊镇各一处或二处外，又于1926年和1935年先后在天津法租界梨栈和东北角设立了第一、二支店，还设有仓库6处，总支分店的从业人员达500余人。

正兴德在全盛时期，市内总、分、支三店的每日营业额共可达5000元，遇节日约达一二万元，全年共达180万元，连外地批销额在内可达300余万元。全年销茶330余万斤，每年可得利润20万元。

为保证自身经济竞争能力，穆家还在北门外竹竿巷设立"正兴德以记银号"，以利资金周转，壮大茶庄声势。

《百年老店正兴德茶庄》

❖ 魏金城：鹤竹堂药店

天津城里老居民一提起鹤竹堂药店，至今仍是啧啧称道。由于其良好的医德店风，给人们留下了深刻的印象。

该店始建于1916年，店址在东门里大街离鼓楼200米处，坐北朝南，一拉溜三间平房的大门脸儿。堂门上方悬挂着津门书法家华世奎书写的"鹤竹堂"三个苍劲有力的金字牌匾。堂内格局清雅，柜台外东侧墙壁上挂着大方镜，下方中间是一个硬木茶几，两边是两把硬木雕花太师椅，茶几上套盆里放着一盆万年青。西侧墙壁上悬挂着一幅郑板桥的竹子，下方是一个硬木大理石面的方桌，两把椅子是坐堂先生"望闻问切"之处。

店堂内顾客每日川流不息，从店主到每个伙友总是笑容可掬地迎接八方来客，多年来他们形成了一个无声的规矩，"不欺生，不阿贵"，穷富一视同仁。一位七旬开外的老者回忆说："在日伪沦陷时期，一个三伏天的中午，曾亲眼目睹店主人为抢救一个昏倒街头拉胶皮的而忙碌不休，只见学徒的用手轻轻扒开车夫牙关紧闭的嘴，店主人用调羹慢慢地往里喂药……突然推门进来一个满脸大汗的中年人，急呼呼地喊道：快，快，我们府上三姨太喘病又犯了，大夫您快给看看去。店主人似未听见仍在全神贯注地给车夫喂药。那人又喊道：'先甭管他，救我们三姨太要紧，要多少钱都行'，只见店主人将调羹放在碗里转脸嗔怪：'病有缓急，来有先后，本人看病，不看钱！你家有钱到别处去请吧！'"那人不敢再作声。

每逢瘟疫肆虐，该店专为穷苦人舍一些秘方成药不取分文，也曾为周围邻里施舍过棺木。为此患者和受过其周济的贫苦百姓，凑钱所送的"妙手回春""再世华佗""济世扶贫"等匾额在后院码放成垛。

《鹤竹堂药店》

❖ 任占军：大明眼镜店

大明这一使人听后顿觉心明眼亮的名词，作为眼镜行业著名的老字号企业，几十年来，享誉津门。

眼镜的发明和使用，中国当属世界之首。但是中国现代眼镜的验光方法和加工技术，却是在20世纪初从上海产生发展起来的。民国七年（1918），浙江海定人实业家王光祖先生在上海创办了大明眼镜公司，专事眼镜加工与经营。1922年，王光祖之长子王行龙在天津开办大明眼镜总店（今大明眼镜一店），地处繁华的和平路137号，与百货大楼遥相对望。商店前面是格调典雅的店堂，后面是大明眼镜车间，验光设备和机器仪器等都是由美国爱和公司进口，所使用的原材料也多从国外购进。随着企业的发展，1935年，王行龙又在车水马龙的滨江道123号设立分店（现大明眼镜二店）。1937年，王行龙的三弟王惠椿等人又在北京开办大明眼镜店，从而，大明眼镜店在全国商海中确立了自己的地位。当时国民政府外交部长王正廷曾为大明眼镜店题写"战胜天疾"的牌匾。

《商贾云集话和平》

❖ 陈铁英、王树森：颜料名店福兴恒

　　天津的颜料店专营染料，有的兼营食碱和白矾。颜料店门前的店招——幌子，挂五色木棒。每根木棒涂青、赤、黄、白、黑五色，下端坠红绸穗。五色代表木、火、土、金、水五种物质。古代的颜料多以矿物质或从植物中提炼而成，颜料来源于物质。所以在挂颜料店幌子上，表示他们对天地的虔诚。每家颜料店在门外的廊檐下，左面挂6根，右面挂6根，共计12根，代表12个月。但是要错位挂上下两层，共24根，代表一年二十四节气。每边6根当中挂一串白、红、黄三个圆形木饼。上面介绍经营产品。在白色的木牌上写"四川白蜡"，当中红木饼则写"宫粉胭脂"，黄木饼上写一个"寿"字，下坠红绸穗。颜料店门前绮光异彩，五色缤纷。天津的俚语："颜料店门前的幌子——花里胡哨！"

　　天津经营颜料店的资本家，都讲究规矩板眼，如河北大街三条石西口的福兴恒颜料店，以"诚招天下客，信为立业本"为忠贞不渝的信条，取得客户的公认和顾客的信赖。当时我国所需要颜料主要依赖从德国进口，然后再改制包装。福兴恒颜料店进口货检验严格，绝不收以次充好或假的货物。他们改换包装时也绝不伪劣假冒。他们经营的商品齐全，从颜料的使用范围来看，主要是民用的直接染色和硫化色。为方便顾客，他们分装铁筒、纸金、木箱和袋装。不仅可以满足广大农村市场锅煮、缸染的需要，小包装袋色史行销于广大的农村市场，深受欢迎。

　　货真价实，童叟无欺。福兴恒卖的染料保质保量，货真价廉，有口皆碑。他们为保住自家的品牌，保证货真量足，在袋外注明使用时注意事项；自家分袋注册的商标"福兴牌""钓鱼牌"，让顾客买得顺心，使着放心。他们本着墨家的教导"做生意要赚仁义钱，不能赚坑人挨骂的昧心钱"。

《颜料名店福兴恒》

❖ 温淑春：元隆绸布庄的生财之道

元隆绸布庄开业于清光绪二十二年（1896），到1937年以前，是元隆的鼎盛时期。

开业初期，元隆只经营内局批发，专从上海进货，称为"下南家"，只能赚上海和天津两地的地区差价，利润不大，而税率重，又有20多个伙友的开支，入不敷出，所以仅一年多的时光就把原本赔光了。这时孙烺轩主张收摊，胡树屏则鼓励他一起再干，他们采取"虚则实之，实则虚之"的策略，讳言亏本，却扬言赚了大钱，要增辟门市部，扩大营业。这一招果然生效，街面哄传元隆大发财源，从而引来了不少钱庄争先与之交往，又吸收了24万两的大户存款，资金问题即得到很好的解决。于是元隆在估衣街租到新址，大修门面，前店做门市，后店做批发，从此"起死回生"，为尔后的"兴隆"打下基础。

元隆在估衣街开业初期就赶上庚子年八国联军攻占天津，因该店的仓库设在侯家后德厚里一住家院内，未被侵略者乱军抢掠，幸免于难。平复后，市面货物奇缺，元隆便及时复业，并独出心裁地做了一个"慰问主顾大减价"大横幅，出售存货。一时顾客盈门，利市三倍，并创出了名声。

元隆开业后就遇到敦庆隆、谦祥益、瑞蚨祥、瑞林祥等劲敌与它栉比为邻，互相竞争。元隆为了与对手竞争，在经营作风与竞争方法上也别出心裁。

大搞广告宣传，比别家高出一筹。如包下天津《益世报》重要版面，把"天津元隆号，货全价公道"十个大字横贯全版；从天津到北京的铁路沿线各站全刷上元隆的广告，连北京站站口的要冲地带正阳门两侧也全被元隆的广告所占据。此外还向各戏院赠送绣有元隆广告图案的"守旧"（即台上用的幔帐、桌围、椅靠等）。

定期搞大甩卖与赠送礼品。每逢春夏两季，元隆照例搞两次大减价、大甩卖，还兼赠扇子、肥皂，如买大衣另赠刷子。每逢旧历年关，专制随货赠送的绘有"恭贺新禧"金字的红绫小灯笼，并题"元隆号敬赠"等字，颇为顾客所喜爱。

专设"走街"，登门送货。元隆有"走街"人员，熟悉天津市富商巨贾、军阀官僚们的家庭底细，对谁家婚丧嫁娶、生日满月了如指掌，准时送货上门，任凭挑选，立折子记账，三节收款。据估计当时立折的大户约1300余户，其所需布匹绸缎，几乎全由元隆包揽。对各大户管事、账房、看门人也都有年节馈送或其他酬应，遇有大宗生意，另给回扣。

对顾客服务热情周到。顾客上门，有迎有送，让座让茶。对较大顾客，还要敬烟，送上糕点或留餐。应付门市时帮助顾客挑选，百挑不烦，千方百计使顾客满意；如遇顾客空手出门，则必追问接待人员，查找原因。

胡树屏与孙娘轩长期合作，大发财源，成为当时天津棉布商业中杰出人物。他们以元隆的发展维系着友谊，合作了一辈子。

1937年七七事变之后，天津沦陷。因受日军掠夺压榨和国民党政府通货膨胀、物价暴涨影响，业务一落千丈，三个门市部只剩下估衣街一处，职工由300人减少到80人，依靠贷款苦撑门面，以待解放。

《元隆绸布庄的生财之道》

❖ 李祝华、赵秋实：驰名华北的隆昌号海货庄

1911年，天津八大家之一的卞月庭、卞翊清二人在北大关创办了一家海货店，定名为隆昌号。开业之初，聘请在经营海货方面有丰富经验的周、王二人任经理。由于隆昌号地处水陆码头，交通方便，往来顾客很多，再加上经营有方，适销对路，又同时做门市零售和小量批发，来货很快销出，资金周转很快，几年时间其利润就超过了投资总额，成为有名的海货庄。

隆昌号初期的进销渠道比较单纯，主要由上海来货，后来周、王二经理年老退职，资方由店员中遴选董树桐、赵兰坡、杨崇山三人分任经理。董树桐负责业务，赵兰坡掌管外庄采购，杨崇山负责财务。三人密切合作，经营品种不断扩大发展，盈利逐年增加。1922年另在北大关金华桥南口路西拐角处兴建了一座三层营业大楼，下面是存货地窖子。大楼设计新颖别致，外墙贴黄瓷砖，顶楼上镶有日本制大型时钟，打点时钟声响彻御河两岸。门两旁一副对联，上联写："隆业有基珍罗山海"，下联是："昌期即遇利取鱼盐"，当中横匾"隆昌号公记"，下款为卞翊清。店堂迎面两开硬木大柜台，西边设有招待室，专为接待来购买贵重海味的大户而设。建筑此楼共花18万元现洋，在当时津市商业门面中堪称首屈一指。后部是仓库及店员宿舍。另有西栈、下栈，南栈在旧法租界六号路益友坊内，共有5个仓库。

　　隆昌号经营品种由海货发展到兼营山杂货、中广药材、茶叶、砂糖批发，甚至成为日本"味之素"的华北总包销，同时向国外出口土特产。生意越做越大，糖类与当时四大杂货商德和永等展开竞争，茶叶与正兴德等分庭抗礼；外商与日本三井、三菱、太仓等来货家争夺市场。其分庄遍设上海、广州、汉口、张家口等处，此外在大连、烟台等沿海各地也有专点收货。在香港、南洋一带以及日本神户、大阪皆驻专人采购，由菲律宾、孟加拉湾产地多渠道直接进货。货源充足，品种齐全，行销于北京、河北、山西、陕西、甘肃等地区。七七事变前为隆昌号极盛时期，职工增到250余人，流动资金经常在百万元以上，多时达200万元。1936年，年终结算纯利即达30万元，以后又有增加。

　　七七事变后由于交通阻塞，隆昌货物积压过多，一时难以出手。各银行钱庄催透支，存户竞相提款，市面银根奇紧，购销两滞，周转失灵。经理赵兰坡忧郁成疾，于1937年9月病逝。经理董树桐、杨崇山均一筹莫展，愁病交加，不幸也相继去世，乃由驻日采购员刘辅宸和驻上海的张质斋二人升任经理，将业务收缩，尚能维持一时。后来日伪成立"海货组合"，以搜刮海货资源，层层限制，把隆昌号的海外进货额削减了90%。隆昌只能依靠国内近海口岸及较近的塘沽、汉沽、黄骅等地区来货，业务大受影响，营业中落，勉强维持开支。后来资方又派来不懂业务的卞祝吾为代表到隆昌当经理，刘鋈衡遂借机引退。

▷ 码头一瞥

新中国成立后，卞祝吾于1954年把隆昌号大楼作价由政府收购（该处后改为百货公司批发部），所余30多名职工由政府安排就业。至此，经营43年、驰名华北的大海货庄隆昌号结束了。而1946年新成立的福昌号海货店却迅速发展，业务日增，三年间就成为大户，收买了隆昌号的大部产业。随后又增资改组为万昌号海货庄，保持了隆昌号的特色。1955年公私合营，职工转到水产公司。

《盛极一时的隆昌号海货庄》

第七辑

地道美食，那些让人念念不忘的天津味儿

❖ **刘建章：** 桂发祥麻花

范贵林，河北省大城县西王香村人，1915年10月9日生于一个贫农家庭。有弟兄三人。大哥13岁时被抓壮丁，此后即无音信；二哥范贵材，范贵林是老三。范家兄弟早年丧父，1924年，家乡大旱，母亲背井离乡，携带11岁的贵材和9岁的贵林逃荒要饭来到天津。

1928年，兄弟两人在河南人李富贵老两口经营的麻花铺当小伙计，地点在东楼村，每天炸完麻花，提篮沿街叫卖。后因李富贵吸鸦片潦倒，买卖关门。

▷ 桂发祥麻花

1933年，兄弟二人经人介绍，投奔东楼村刘老八麻花铺当伙计，由于范贵林聪明肯干，手脚勤快，很快就掌握了炸麻花的全面技艺。两年多后，因刘老八吃喝嫖赌，不务正业，将本钱输光，麻花铺也就随着倒闭。

1937年以后，范家兄弟二人，就各挑一摊，独自经营，两人先后娶妻成家，各立门户。范贵林用省吃俭用的钱购买了一间小土房，开了"贵发祥"麻花店。范贵材另立字号，开了"贵发成"麻花店。

在当时，一般的麻花都千篇一律：用两三根白条拧成的叫"绳子头"，用两根白条和一根麻条拧成的叫"花里虎"，用两三根麻条拧成的叫"麻轴"。在竞争中，范贵林独出心裁，反复摸索，在白条麻条中间新增一根含桂花、闽姜、桃仁、瓜条等多种小料的酥馅。麻花白条发艮的难题，也在一次偶然的机会中解决了。有一个下雨天，顾客稀少，面料剩下不少，范贵林为防止面皮发干，就往面料中放了些水，不料，放水太多，面料竟化成糊状，转天，发酵了，他就兑上干面粉加碱和成半发面，想不到炸出的麻花特别酥脆。因此受到启发，以后又经过多次试验、改进，终于总结出一套酵面兑碱，随季节、气候变化而增减的配比方法，使做出的麻花，一年四季保持质量稳定。嗣后，又根据人们的需求，炸制1两、2两、半斤、1斤、2斤重量不同，大小各异的多种规格的麻花。这种异型又具有独特风味的夹馅什锦麻花，口感油润，酥、脆、香、甜，造型美观，久放不绵，因而备受群众欢迎。由于贵发祥的店铺开设在东楼十八街，人们都以"十八街麻花"相称，范贵林的大麻花名声越来越响亮，人们顺口给他起了个"麻花大王"的美称。

《桂发祥麻花》

❖ **任占军："狗不理"包子**

1842年，天津武清一高姓人家40岁得子，为好养活，取乳名叫狗子。14岁那年，狗子来天津谋生，在芦庄子口的刘记包子铺学徒，由于日常肯吃苦而又心灵手巧，学得一手捏包子的好手艺。两年后，刘记包子铺倒闭了，狗子只好到海河边帮船夫拉纤，闲时坐在河边用泥当面，水泥和馅练习捏包子。船老大见狗子如此迷恋过去的手艺，就劝狗子经营个包子摊，于是狗子就在侯家后道口卖起包子。

狗子经营包子不断总结和发明，使馅美味香，皮薄褶细，生意十分兴隆，吃包子的人越来越多，狗子忙得抬不起头来，人们喊买包子他也不答应，只顾连做带卖地忙活。大家说狗子卖包子忙得连人都不理，一些买包子的顾客就逗笑着喊"狗不理，买斤包子"，狗子还是忙着卖包子，一点也不在意称谓，久而久之，"狗不理"就成了包子摊的字号，从此狗子的包子出了名。

▷ "狗不理"包子铺

1858年，狗子在侯家后附近买了个门脸，正式挂起"德聚号"的牌匾，但经营却日益冷落。人们爱吃"狗不理"包子，却不知"德聚号"。一日，一位老者对狗子说，人们知"狗不理"，你就把店名改成"狗不理包子铺"吧。狗子听了老者的话，挂起招牌，于是买卖越做越好，就连政要、豪富、商贾也闻风而至。当时的直隶总督袁世凯常吃不腻，竟将民间的包子奉为贡品送给慈禧太后，慈禧太后品尝了包子后，盛赞包子的美味，从此天津狗不理包子扬名四海。

《商贾云集话和平》

❖ 王寿岩：丁大少糖堆儿

丁伯钰，世称丁大少。因其先辈是世代做"大关缺底"的富户而得名。曾捐过三品顶戴。庚子后家道中落，因其非常讲究吃，并会做各种精美食品，晚年即靠卖糖堆为生。

丁伯钰糖堆选果丰硕新鲜，所用豆馅和小料精良，串制糖堆坯子讲究样子，蘸的糖皮薄厚均匀，而且个个如一，丝毫不马虎，尤其熬糖的火候可称绝技，不焦不绵，经久不化，在天津很有名气。

丁伯钰在上街前，把蘸好了的上百支糖堆放在一个大屉盒和一个圆形带盖的大竹篮里，由一个十几岁的少年用小扁担挑着。每天过午他才上街，不等天黑，糖堆就卖净了。丁伯钰每逢进街，先吆喝"糖堆儿"，其声可达两道深院。买主闻声出来，他打开屉盒，各色糖堆任人选购，也有时把十来支糖堆放在两个盘子上，由买主端进宅院叫内眷挑选。每逢春节，老主顾们多向他订购各色糖堆，配上其他果品，送给出嫁的姑娘，作为除夕夜的零嘴吃食。因为忙于成批的定货，故而在腊月底那些日子，丁伯钰就不再上街叫卖了。

他还卖一种桃仁糖，是用炒熟的核桃仁碾碎与熬好的糖拌和而成，切成大斜棋盘格的块儿，吃起来真是甜、香、酥、脆，余味无穷。

《丁伯钰糖堆》

❖ 白成桐：白记饺子

天津餐饮一束花，白记水饺独一家。

质优味美誉津门，百年老店人人夸。

白记饺子馆起源于清朝光绪十六年（1890），创业者白兴恒，回族。地址在天津北头，现红桥区金华园大街沟头胡同。开始只经营各种特色甜馅蒸食，如玫瑰小豆、山楂、甜咸、枣茸等馅以及虾皮韭菜粉的素水饺、素包等，取名白记蒸食铺。

▷ 清真小吃摊

1926年白兴恒次子白文华继承父业，将白记蒸食铺迁移至侯家后鸟市大街干河，即今红桥区锅店街北部，这时专业经营羊肉馅水饺，故名"白记饺子铺"。由于它多年来保持以优质羊肉、上等香油调馅，博得了广大消费者的赞许，故而延至新中国成立后，可称誉满津城。

多年来在天津流传着一句谚语是："舒服唯有倒着（躺着），好吃唯有饺子（音扎）。"顾名思义，饺子在家常便饭中属上品。

白成桐是白记饺子馆第三代传人，白文华之次子，他自幼好学，奈因家境所限，青年辍学，帮助父亲维持饺子馆生意。1937年七七事变后天津沦陷，在日本帝国主义侵略军的铁蹄下，百姓们过着亡国奴生活，饮食业的白记饺子馆，也常遭汉奸恶霸的欺凌。

《清真白记饺子与白成桐》

❖ 陈健：石头门坎素包

天津著名小吃之石头门坎素包，不仅享誉津门，海外也闻名。它曾经漂洋过海，在日本大受欢迎，人们争相购买，誉之为正宗素食。

其实石头门坎素包属于天津地方风味小吃，为什么能如此盛名远扬呢？这是因为这种素包历史悠久，是"真素"食品，在调料、配制工艺方面有其独到之处，口感馨香、食而不腻，是佛教人士和老年人喜爱的佳品。

天津石头门坎素包从诞生到现在已经有100多年历史。清朝末年，有一家素菜馆名叫真素园，开设在宫南大街天后宫对面一条小街内，他们擅长用各种素料制成素包、炸素卷儿以及其他素食菜肴，很受欢迎。加以当年漕运、盐运以及靠海吃饭的人都迷信天后宫娘娘的灵验，所以出海人的家属为了祈求海神的保佑，更常去天后宫敬香。佛教有不杀生的戒律，进香人喜吃素食，图得善果，因此真素园总是食客盈门。但旧社会宫南一带地势低洼，下大雨或海河涨水时常常积水，真素园主人为了防水，便在店门口处安设了一个高出地面约半尺余的石头门坎用来挡水。于是不论晴天雨天，人们到真素园买素包总要跨过这石头门坎，日子久了，老主顾和回头客便以"石头门坎素包"代替了"真素园素包"的称谓，日复一日，年复一年，素包供不应求，"石头门坎素包"的称谓就不胫而走了。以后随着营业的发展，逐渐增添素食品种，如素八大碗、素杂货等甚至能烹制成桌素席，生意兴隆，但最出名的还是素包。当时有些小贩见石头门坎素包受欢迎，便以自制素包到处提篮叫卖"石头门坎热素包！"这反而使石头门坎素包更加出名。

《天津人喜爱的石头门坎素包》

❖ 江镜：天津冬菜

冬菜作为天津地方特产，久负盛名。人们把它当作佐餐的菜肴和制作汤菜的调料，可以说，冬菜是餐桌上的佳品。天津冬菜源于沧州，兴于静海，始于清代，盛于民初，距今已有200余年的历史。

相传在清乾隆年间，直隶沧州有一家艺丰园酱园，用白菜加大盐并拌以糖蒜，作为什锦小菜销售，当时称为"素冬菜"。后来，天津大直沽广茂居酱园制成了五香冬菜。到1890年，天津大直沽酒店又制成了"荤冬菜"。自此以后，各地的菜厂、酱园纷纷制作冬菜，品种越来越多，竞争也很激烈。1920年，大直沽义聚永酱园制作冬菜时，在静海县纪庄子村设场切菜，这就为天津冬菜引进和扎根静海提供了重要媒介。当时，纪庄子村有一家庆昌德酱园，是常富源开办的，他看到人家在此地设场很受启发，于1923年办了一个冬菜作坊，字号叫"山泉涌"。其产销与经营均由常的三个儿子掌管。他们制作的冬菜，定为"人马牌"商标，标签注有"山泉涌常万山制造"（常万山系常富源之长子）。由于纪庄子地处静海县，著名的京杭大运河纵贯县境，这是山泉涌得天独厚的自然条件。静海盛产的"青麻叶"大白菜以运河水浇灌，具有筋细、肉厚、口甜等特点，是制作冬菜的优质原料。更重要的是他们选料考究，做工精细，因而所生产的冬菜别具一格，其金黄的色泽和浓郁的香味，深得人们喜爱。加之典雅精巧的包装（初为油篓，后为瓷罐，现为塑料袋装），携带方便，可作为馈赠亲朋的礼品，所以更受人们欢迎。为了进一步扩大冬菜销路，又在天津西北角吴家糖坊胡同设立了山泉涌驻津交易所，还在天津西郊三元村建立了储菜仓库。自此以后，销售量不断增加。产品不仅行销国内市场，同时还销往菲律宾、马来西亚等国家。

天津冬菜作为独具风格的特产，正式销往国外，大概是从20世纪30年代开始的。当时，除销往香港外，主要出口印尼、新加坡、马来西亚、越南、泰国、柬埔寨、老挝等东南亚国家。每年销售量约为20余万包（每包6公斤），最高年份可达30万包。上述东南亚国家人民喜欢冬菜大致有三个原因：其一，当地有许多华侨，他们对来自祖国的名特产品感到亲切；其二，东南亚地区岛屿很多，当地气候潮湿，而冬菜里的大蒜有除湿、去瘴、解毒之功效；其三，这种产品做工精细，价格低廉，也是能畅销的原因。

《天津冬菜小史》

❖ 于昭熙：茶汤

茶汤是推车销售的。在车上有一大个长嘴铜壶，中间贮煤燃烧，使壶中水常处于滚沸。碗内放糯米面和秫米面两种，先用冷水打底调匀后，用滚开水冲。冲面时一手执大铜壶，一手拿碗，碗远离铜壶，借助开水和冲力把面粉冲熟冲透。这是一个技巧，常常有许多人为欣赏这一"冲"的技巧而食茶汤。大铜壶擦拭得锃亮，再缀上红绒球，也增添情趣。

《津门传统食品小志》

❖ **程馨山：** 曹记酱驴肉

驴肉，以其独特的风味受到人们的欢迎，天津曹记驴肉更是以其鲜嫩可口的味道而享誉津门，可是它的根源却在河北省冀县。冀县古称冀州，1931年才改称冀县。冀州曹记驴肉距今已有200年的历史，它以传统技艺和选用高级辅料（砂仁、肉蔻、丁香、肉桂等共16种）制作的熟驴肉，具有特殊风味，清香适口，因此受到冀州地区人们的喜爱和欢迎。当地人以"大饼卷驴肉"作为美餐而一饱口福，吃时先在饼上抹上着热即溶的驴腺子油，再卷上驴肉，实在是美味佳肴。

驴肉与其他兽肉不同，又经曹家精心制作，故其风味有其独到之处。其特点：色泽鲜，肉质细嫩，肥而不腻，瘦而不涩，清香适口，回味无穷。

曹记驴肉的创始人是清嘉庆年间冀州官道李镇千户营村的农民曹某，一次他偶然在煮熟的驴肉上撒了一些五香面，一尝好吃，遂拿到集市上售，由于风味特殊，很受人们欢迎，于是他在农闲时就以此为副业，赚些钱贴补家用。传至其子曹老轩和其孙曹建功，他们父子都是有心计的人，在制作工艺上更是精益求精，悉心研究。他们求教于一位乡村医生，在辅料中增加了几味药材作为香料，不但异香扑鼻，而且有开胃提神顺气之作用。他们制作的熟驴肉在冀县出了名，成为美味食品，遂正式开店经营，店名和顺号。和顺号三个字人们不大知道，可是一提起曹老轩的驴肉来，就没有说不好吃的。曹家第三代曹建功在店里学习制作驴肉并送货，生意越做越火爆。

七七事变后，日军侵占冀县，并强占曹家多年经营的和顺号店铺建炮楼。因此，曹记第四代传人曹福堂和其三弟曹立海举家逃难来到天津。1940年曹福堂在天津北门外租赁了半间门脸，开始制售曹记驴肉。门口挂着木牌，上写"冀州曹记驴肉"，纯系小本经营，比一个摊贩强不了多少。最先光顾的是冀县来津的同乡，由于味道好，其他顾客也络绎光临，每天能卖30斤，生意日渐兴旺。但苦于地势狭小，没有发展的余地。后来曹福堂的儿子曹周信随同他的三叔曹立海另在东门里开设"荣祥曹记"饭馆，以独特风味的曹记驴肉为主，兼营冀州风味的依菜。曹立海早在冀县开业期间即好交际，人缘很好，他是个秃头顶，人们都喊他"曹秃子"。在战乱年代，家乡一些商号大都迁来天津，冀州帮在天津商界中颇有势力，冀、南、枣、深、武、衡各县的乡亲们都喜欢价廉物美的冀州风味，所以来饭馆就餐的顾客越来越多。吃的人多了，曹记驴肉的名声也就越来越大了，人们传称："曹秃子的驴肉好！"该饭馆为了适应大众的需要，逐渐增添了焖饼、烩饼、豆腐脑、卤鸡等品种，驴肉日销量达50余斤，人员增到7人。

《落户在天津的冀州曹记酱驴肉》

❖ 杜堉：杨村糕干

　　杨村糕干是武清特产食品之一，遐迩闻名，从明清以来，糕干行业在杨村镇一直经久不衰。新中国成立前，糕干店铺中以杜姓经营的较多，我从小对这一行业的情况略有所知，现将我对有关糕干的所知所闻述列下来，以飨读者。

　　明朝初年，明成祖朱棣把国都从南京迁到北京，为了发展京畿地区，从南方迁来不少富户。南方一些穷苦百姓，因为连年兵祸年荒，难以糊口，也随迁北上。当时有杜金、杜银兄弟二人也领着妻小迁来北方，到了杨村小镇，见此地是运河码头，市井繁华，就住了下来。哥俩原在老家做过糕干的小生意，来到杨村重操旧业。每天一家老小做成糕干到大街小巷、码头叫卖。糕干松甜可口，容易消化，适于年老体弱者食用，如加水熬粥还可以喂养婴儿。又因制作成本不高，价钱便宜，人们都争相购买，因此杜家买卖越做越兴旺。此后杨村的杜氏十几代都沿袭了糕干行业，建立了前店后厂的店铺。到了清末民初，就有杜姓开的万全堂、万金堂、万胜堂、万源堂、万顺堂等糕干店铺。除杜姓经营的糕干店铺外，杨村的别姓也有的开起了糕干铺，如火车站下坡的杨家和回民居住区刘家的糕干铺也相继开业。各店铺除本地销售外，还销往外埠。糕干食品业在杨村日益兴旺，人们都把糕干称为杨树糕干。20世纪30年代初期，万全堂生产的糕干曾被送到巴拿马万国商品博览会，获得了三等铜质奖章，糕干食品的声望更大了。

糕干的原料很简单，只有大米和白糖两样。制作时先把大米洗净，放在水里浸泡十几个小时（夏用凉水，冬用温水），捞出来后在笤筐里控净水气，石碾碾碎，用细箩筛成细面，拌上白糖，放在带有木框的笼屉上，抹平断块，蒸熟晾凉就可以包装。有人说，糕干里面放有中药茯苓，其实没有。我们可以想象，那松淡可口的糕干里，如果真放进一些药味极浓的茯苓，将会是什么滋味？还会让人爱吃么？那么有茯苓的说法从何而来呢？老人们说，清朝康熙皇帝一生七次出巡，有三次住在杨村，每次都要吃糕干，他曾告诉群臣："糕干松软适合，容易消化，经常食用不亚茯苓，有健脾养胃之功效。"糕干受"皇封"之后，遂有"茯苓糕干"之称，有的人也就误以为糕干里放有茯苓了。也有人说，茯苓与糕干都是白色，糕干松软易于消化，茯苓健脾益胃，因此出现了茯苓糕干的美名，有的在糕干包装纸上也印有茯苓糕干的字样。

《杨村糕干》

❖ **刘恩起："耳朵眼炸糕"**

"耳朵眼炸糕"以其色泽金黄、个大松暄、皮酥脆不垫牙、馅细腻香甜而闻名。它的创始人是我的祖父刘万春（回族）。开始，祖父在家中由祖母协助将面、馅做好后，他推着挂有回民"翔记"小木牌的小车，在南门外一带边炸边卖，后改在估衣街一带叫卖，每天能卖三四十斤。因炸糕须随炸随卖，推车携带锅、灶等很不方便，祖父遂与北门外大街一个脚行下处（估衣街、针竿街、竹竿巷等处脚行办理运输和搬运工休息的地方）商议借了一间小屋作为临时店铺。这样过了一个时期后，脚行下处别迁，祖父遂把原脚行下处的两间房租赁过来，并于1892年向商会正式起照，给店铺定名为"增盛成"，开始营业。

当时干这种回民甜食小吃在门市上专卖炸糕的很少，祖父为创牌子，对炸糕精心研制，并选用真材实料。他自己带领三个儿子（玉才、玉山、玉书）在门市上边炸边卖，家中妇女们负责磨面、做馅、熬糖等工作，然后把做好的面、馅用手推车由家中送到店内。由于店里店外干活的都是一家子，一天到晚也谈不到休息，不拿工资也不计成本，一个炸糕卖三个铜板，价格便宜，质量好，牌子很快就创开了，每天炸糕的销量增至100斤左右。

1920年，为了扩大销售，祖父又与邻居协商调用了楼上两小间，增设了客座。此后由家中往店里送面、馅的工作改为雇用一个亲戚或邻居专作。由于祖父带领全家数十年如一日兢兢业业地辛勤劳动，所以其业务不断兴旺发达，其炸糕的声誉也远近闻名。

增盛成炸糕铺位于北门外大街耳朵眼胡同口，正是当时的商业繁华区，针市街、竹竿巷、估衣街等一些大商号都集中在附近。特别是当时开当铺、钱铺和一些颜料庄的大都是山西人，他们最喜欢吃炸糕，请客、送礼、招待客人都用炸糕。到了农历九月初九重阳节时，更是大买炸糕，以象征"步步高"，取吉利。他们为了好说好记，就都不说炸糕铺的原字号而代之以"耳朵眼"，以至慕名而来的顾客都找耳朵眼炸糕铺，而不知有增盛成了。相信"人不得外号不富"的祖父与父辈们遂承认了这个外号，高高兴兴地把"耳朵眼炸糕铺"几个大字写上了大墙。从此，"耳朵眼炸糕"的名声越来越大。1937年以后，其炸糕的日销售量达到150—200斤，成为增盛成炸糕铺历史上业务最兴旺发达的时期。

《"耳朵眼炸糕"的来历》

❖ 于昭熙：锅巴菜

锅巴菜读如"疙巴菜"，为天津特有，用绿豆面及杂豆面按比例调成糊。用大平铛摊成薄片，再切成柳叶块，投入热卤锅内（卤用茨粉加调料打成），立即盛出，否则就软烂了，不好吃。盛出后加芝麻酱汁、腐乳汁、辣油、芫荽。据老辈人讲，清末民初时，锅巴菜内还加进生坯面筋和豆干，西头一带的和河东上岗子和南市所卖锅巴菜最为有名。天津的锅巴菜似粥非菜，北京鲜鱼口会仙居炒肝似粥而非炒，且无肝，两者都是名不副实。

《津门传统食品小志》

❖ 王子民：王宝山的药糖

"酸的、凉的、薄荷糖的"，"橘子、香蕉、菠萝蜜、樱桃"，过去小孩都会这套顺口溜，这就是从"三不管"王宝山卖药糖传出来的。王宝山的药糖是自己熬的，兑上各种香料而成，多半在下午或夜间出摊。他手里拿着一个铁落子（像放风筝缠线的落子一样），他拨得哗哗响，口中念着他自己编的一套一套的词来吸引人。以后他不干了，南市有个小麻子接着卖药糖。他不摆摊，而是自己挎着很多玻璃盒，装着各色药糖。他念的词时有创新，如在1950年开展抗美援朝运动时，他唱"橘子、樱桃，别忘了抗美援朝"等等。在南市上平安（今长城剧院）前有一个小门脸，字号叫"千里香"，也是卖药糖的，不过他是零售兼批发，新中国成立后就停业了。王宝山的药糖在"三不管"是最有名了。

《"三不管"的形形色色》

❖ 谢亚新：桂顺斋糕点

说起桂顺斋，天津人没有不知道的，它是饮誉津门的清真糕点，每逢年节，桂顺斋门口总是排起长长的队伍，各种美味糕点供不应求。天津桂顺斋糕点铺是天津老字号，创办于1924年，距今已有70多年历史。

1919年，桂顺斋创办人刘珍从北京来天津。刘珍遵守伊斯兰教义，做买卖讲究诚实，从不弄虚作假，不但对小吃、甜食的质量要求严格，而且对顾客以诚相待，笑脸相迎，使人们乐于购买，生意越做越好。他对店员严格要求，不准抽烟喝酒，不准赌博冶游，更不准欺骗买主。顾客不论老小，一律热情接待。那时桂顺斋门脸小，人员少，但内外整洁，井井有条，货真价实，卫生良好，吸引顾客光临。1926年，刘珍、李焕章以所获利润扩大经营，从北京聘来三位制作宫廷甜食的高手孟茂、安旺、吕春荣，此三人技艺高超，制作出来的京式糕点有独特风格，至此桂顺斋的小吃及糕点品种增多，有满汉饽饽、萨其玛、白蜜麻花、蜜供、排岔等品种。这些糕点做工精细，小巧玲珑，真材实料，色、香、味俱佳，受到普遍赞誉。

宫廷萨其玛采用蛋黄和面，切成细丝，先用清油小火炸熟，再用蜂蜜、砂糖制糖浆，堆积成块，上加青梅、葡干、瓜仁等优质佐料，讲究"飞毛扎翅""堆山起窝"，与现在市场上紧压平板型大小相同。萨其玛即满语"堆集美味点心"之意。

20世纪20年代中期，天津繁华中心转移到法租界二号路至六号路一带，那里先后兴建了天祥、泰康、劝业商场，又有春和、北洋、中国、光明等剧场和影院的开设，游客日增。刘珍认为在此处设立糕点铺必能畅销，乃于1937年在天增里前面（即今和平汽车站对面）增设桂顺斋分店，称为下号，芦庄子本店为上号，分别是设前店后作坊生产糕点，保证销售。

▷ 桂顺斋老牌匾

桂顺斋兴业起家的汤圆，采用自选优质江米，自己加工精碾成粉，汤圆馅也仿效北京宫廷风味，其成品什锦元宵选料精良，以桃仁、芝麻、果仁、松仁、葡干加以各种鲜果、蜂蜜调制，除传统的橘子、香蕉、菠萝、红果、可可外，后又增添麻酱、黄油、枣泥、黄油、豆沙等近15个品种，外观细白，入口滑爽，具有绵、黏、香、甜之独特风格，因而脍炙人口，深受欢迎。桂顺斋精心研制的各种清真糕点具有酥、香、松、绵、软、亮、甜等特点，于是名声远扬。1944年桂顺斋又在日租界福岛街（今多伦道）开了第三分店，营业蒸蒸日上。

《桂顺斋糕点驰名津门》

❖ 于昭熙：七十二样甜崩豆

七十二样甜崩豆是挑担生意，担子很讲究，前后两箱笼，刷上大漆，扎上红绒球和小铜铃。箱笼周围有许多玻璃盒，内装各色蚕豆制品，除了有甜、咸红果味外，还有如菠萝、柠檬、香蕉、橘子，另有砂仁、豆蔻、姜糖、仁丹、薄荷等味道。把两小片蚕豆加进各味，再用糖封合。还有用纸包裹像糖块一样的蚕豆。还有一种"汽水"，在小蚕豆里有汽水咬出来。卖货人白天挑担走在街上，箱笼上的绒球一颤一颤，小铃铛叮当响。在晚间还有小电石灯照亮。食品好吃，货担也赏心悦目。也有用小山羊拉一小车卖甜崩豆的，也是扎绒球、挂铃铛。因制作繁杂，以后就绝迹了。

《津门传统食品小志》

❖ 刘炎臣：万兴锡的棒子面

新中国成立前的天津市民，尤其是日挣日吃的贫穷劳动之家，每天早晚充饥的主食离不开玉米面，俗称"棒子面"。用它蒸窝窝头儿、贴饽饽或熬粥喝，别有风味。早年遍布天津城乡内外的各米面铺，全备有棒子面，供应居民购食。别看棒子面不值什么钱，却有一家米面铺还就是以卖棒子面出了名，它就是名扬沽上、誉满三津的万兴锡米面铺。

万兴锡米面铺坐落在城里鼓楼西大街唐家胡同对过，前脸装着一面油饰灰漆的铁门，很引人注目。居民每天端着小簸箩或拿着面口袋来这里买棒子面，出出进进，络绎不绝。

万兴锡的棒子面到底为嘛那么招客呢？当然是它的棒子面质量好。那么它的质量好在哪儿呢？一是它的原料好。万兴锡对磨棒子面的玉米，派人直接采购好品种，再经过筛选后才磨制。二是过去天津米面铺大都是自行磨制棒子面，磨面时用牲口——小驴围绕石磨往复不已地转着走，小驴就地便溺，环境脏秽不堪。万兴锡也是自行磨制棒子面，但是它为多产多销，取消了用牲口磨面的陈旧办法，首先改用火磨，用电力带动石磨，既改善了环境卫生，提高了产量，而且磨制出来的棒子面非常精细，没有颗粒碎渣。三是出售时分量足，不坑人，还搭配一点儿黄豆面。由于万兴锡会经营，注意质量，因此它的棒子面很受买主的欢迎，不仅城里的居民要到这里买棒子面，就连住在旧城四门以外的住户，也不惜远道前来购买。

用万兴锡的棒子面蒸出的窝窝头儿或贴出的饽饽，松软香甜，特别是用它贴饽饽熬鱼，"一锅熟"贴出的棒子面饽饽，更是软的软，脆的脆，吃起来津津有味。旧日天津的一般住户为便于做饭，有的在屋内垒柴火灶，有的在院内烧"锅腔子"。所谓的贴饽饽熬鱼"一锅熟"，先把鱼洗净，放入锅底，加进葱姜蒜和油盐酱醋等调料，再放上一层竹箅子，围着锅的四周贴一圈棒子面的饽饽，然后盖上锅盖，并沿着锅边围一圈笼布，以防透气。如此安排好，先用柴火大火猛烧，再用温火细烧。熟了之后，饽饽的表面呈金黄色，底下是一层薄黄痂，还渗透鱼汤，吃时鱼香四溢，非常可口。如不熬鱼，还可以用蒸好的窝窝头儿或贴好的饽饽就着果仁或新炸的果箅、果子，又香又甜，别具一格。

当年吃过万兴锡棒子面今犹健在的"老天津"，提起这个老字号来，仍是留恋不已，未能忘怀。

《卖棒子面出名的老字号——万兴锡》

❖ **李腾骧：**"大饼卷蚂蚱，一咬嘎咋咋！"

天津在解放前和解放后的一段时间内，在街头巷尾有不少卖油炸蚂蚱的小摊。摊位不大，有一个煤球炉子，一口铁锅，旁边放一张木板支成的案子，案子下放一个大篓子，篓子的上方用布缝上一个松紧口，扎得严严的。案上放着几个盘子和两双筷子，还放着一个盛大饼的筲箩，一个小瓶子，在瓶子盖上扎上小孔，里边放上盐。这就是卖炸蚂蚱的全套用具。每到了饭口的时候，炉火正红，锅内油滚滚地开着，小贩从小篓子里取出一个个活蚂蚱，撕卜它们的翅膀，然后放到滚油中，一会儿的工夫，蚂蚱逐渐变成深黄色，同时香味也就扑鼻而来。这时小贩就把炸好的蚂蚱用筷子夹出，放在架在锅上的铁丝网上控油，同时会大声高喊："卖油炸蚂蚱！卖大饼卷蚂蚱啦！"如果你买，给完钱，小贩就会把炸好的蚂蚱放到大饼上，撒上点盐，然后一卷就递给你，花不了多少钱就能吃上一顿大饼卷蚂蚱。爱好喝酒的人，有时也会头一盘炸蚂蚱卜酒，又脆又香，油炸蚂蚱物美价廉，是真正的平民食品。在街道上也经常可以见到挑着两个大篓子的农民，篓子里装的都是活蹦乱跳的蚂蚱，卖给炸蚂蚱的小贩，也卖给市民炸着吃。这成了天津老百姓的一道口福。天津人一边吃，还一边用天津话说："大饼卷蚂蚱，一咬嘎咋咋！"（必须用天津话说，要不然没有那个味！）

《天津的油炸蚂蚱》

❖ 刘建章："小刘庄的萝卜——嘎嘣脆"

天津青萝卜，俗称卫青萝卜，原以小刘庄一带所产的最好，这是远溯八九十年以前的事了。由于城市的发展，小刘庄一带于20世纪30年代早已建了工厂。而青萝卜产地已转至葛沽、沙窝等地了。可是天津人却忘不了小刘庄的萝卜，"小刘庄的萝卜——嘎嘣脆"，"小刘庄的萝卜——俩味儿的"。这是天津人常说的两句歇后语。可见小刘庄萝卜在人们心目中印象之深了。

小刘庄的萝卜最受人们的青睐，主要是绿如翡翠，落地即碎，生吃清脆，甜辣爽口，食之健胃消食，清热解毒，顺气开胸。在清末民初年代，每至秋冬，在街头巷尾、旅店浴池到处都有卖青萝卜的叫卖声。彼时，小贩把青萝卜拉成几瓣，三分钱两分钱的零卖，人们视青萝卜为美食。饭后茶余，吃几角青萝卜，稍过即打嗝，但觉五脏通气，胃开心爽，浑身舒畅。俗话说："冬吃萝卜夏吃姜，永远保健康。"又有"萝卜就茶"之说，均属养生之道。青萝卜熟吃可做菜，做汤或做馅，均味美可口。

小刘庄的青萝卜为什么这样好吃呢？主要原因是那里的土壤肥沃，适合青萝卜的生长。这里在民间流传了一个传说：在明朝嘉靖年间，皇帝朱厚熜有一爱妃，喜食南国荔枝。当时交通不便，荔枝在运京途中，即使免于霉烂，也很难保持鲜味，奸相严嵩为取悦皇帝而献策，把整棵整棵的荔枝树带土装船运至天津，到岸后，将荔枝飞马送入宫中，船上荔枝树余土，即倒到岸上小刘庄一带，经年壤土积累。此后，当地农民每年种植青萝卜，精选良种，收获颇丰，色味俱佳，成为津沽名特产品。

《刘庄萝卜誉津门》

❖ 宋颂石、州安于："三不管"的特色小吃

"新三不管"地方的小吃独具特色，这里有二三十家小食摊点，春秋季节和旧年节日，就更多了。

▷ 热闹的天津"三不管"

新老"三不管"对比之下，南市的小吃较多较好，品种也齐全，还有些食品具有浓厚的北京风味，如豆汁、爆肚、盆糕、剥鱼、豆腐脑等，从投料、操制到叫卖声，都是十足京派。那里的豆汁周、爆肚徐等，都是这类经营的典型人物，颇有名气，慕名而来一尝美食者络绎不绝。

"新三不管"的小吃另具一格，有着农村乡土气息。食品虽无特异，但纯朴实惠，味道可口，如胡辣汤、羊血肠、炸油饼、吊炉火烧、小米切糕

等都是北方农村的集市、庙会常见的食品，虽说不上珍稀却也质纯味醇，清素适口，吸引了大批食客，争先品尝，无不点首赞之。

《"新三不管"地方梗概》

❖ 由国庆：大华西餐，天津第一

在20世纪20年代末的天津，在大名鼎鼎的起士林饭店附近，敢号称"招牌代表全津第一西餐"的饭店恐怕只有大华饭店一家了。

大华饭店是1927年开业的，位于圣鲁易路（今营口道东段）和达文波道（今建设路）交口处法租界一侧，与大法国路（解放北路）紧邻。传说，大华饭店是爱上张学良的赵四小姐的哥哥赵道生开办的。大华饭店的匾额为津城美术名家左次修所刻，另外的招牌设计也洋溢着欧式风格。

开业伊始，大华饭店便发出了迅猛的广告攻势，"破天荒，纯西式，最华贵——西餐、跳舞、屋顶花园"，仅以《北洋画报》为例便可见一斑。大华的广告一般在头版淑媛美女大幅照片的下方，非常醒目，期期不落，形成连贯效应，非同凡响。大华饭店的营销思路更是细致入微，而且充分结合了时令，让人倍感亲切。夏季，大华说："今年闰六月，延长了夏天，欲消暑纳凉可到大华楼头。"秋凉了，大华道："饮食最宜谨慎，大华饭店西菜、饮水清洁卫生，讲卫生者尽乎来。"不仅如此，新学年开始的日子也让他们找到了噱头："秋季来了，诸位同学升班的升班，入学的入学，可喜又可贺……读书要用心，上课要勤奋，勉之再勉之。大华西餐强身又补脑，爽神亦舒气，去吃快去吃。"大华饭店还曾推出过商务套餐，按份售卖，经济快捷。

1928年5月21日的《益世报》报道说："大华饭店屋顶花园自开幕以来，每晚中西士女往者极为拥挤，营业愈振。"这段时间，大华饭店还向每天晚上前来就餐或喝咖啡的顾客赠送一个咖啡匙。咖啡匙由英商利威洋行特别承制，精细玲珑，装潢考究，让太太小姐们爱不释手。

1930年六七月间，大华饭店举办了系列活动庆祝开业三周年，其中最吸引人的一项是大抽奖，在大华消费的顾客可以获得有奖餐券。7月末，号码开出，头奖38号获得了100元大洋的高额礼券，末奖9号也得到5元礼券。饭店将获奖号码连日公布在报纸上，表面上是期盼获奖者前来领奖，实则是很好的宣传。

天津本地西餐经营者在学习借鉴的过程中，还特别注重西餐国产化的推进。1930年8月初，大华饭店提出了"国质西餐"的口号，言称他们从即日起在不影响西餐正宗口味的前提下，尽量采用国内食材，这样既可以提倡国货，又可以避免金融动荡带来的成本加剧，为食客提供一如既往的精致口味。

大华饭店名声在外，军政要人、富商名流、文人墨客频频驾临，他们在这里既可以享受到精美的西餐、咖啡，还可以跳舞交际，举办书画展览，可谓别具风情的休闲娱乐文化会所。

《天津第一西餐数"大华"》

▷　大华饭店的入口

❖ 由国庆："米格士"香肠，口味最佳

老天津口味最佳的香肠非"米格士"莫属。米格士香肠店位于英租界维多利亚道南端小白楼狄更生道（今徐州道）先农里，它的门面不大，店主是波兰人。米格士自产自销各味欧式香肠，特别擅长制作盐水卷肉火腿，从工艺到滋味皆非俗流，有很多回头客。店主在民国末期回国后，米格士转由一位田姓师傅经营。因白俄人陆续回国，店中原有的牛肉肠逐渐出现滞销，米格士于是在原有的基础上进行改良。制作时将上佳牛肉绞成细细的肉糜，然后添加香辛料、食盐、蒜蓉与淀粉，临灌制前再加入肥猪肉小丁，经过水煮、火烤，待肠皮表面皱起核桃纹的状态时才出炉。这种新式火腿肠鲜香适口，咸淡适中，由于外皮干爽易于保存，一经推出，旋即大卖。米格士其他的香肠品种也不断添新，工艺更加考究，俄式、意式、法式香肠深得各界好评。不仅如此，米格士在圣诞节期间还代客加工烤全鹅、烤全猪、烤火鸡等，食客络绎不绝。

《DD 餐厅及其他特色美食》

▷ 1925 年的维多利亚道

第八辑

喝茶听书看戏，
老天津人的艺术与生活

❖ 周恩玉：茶楼与书场

这是天津最古老的娱乐场所，一般以售茶水为主，加上评书、鼓书等曲艺节目。

▷ 二友轩茶楼

茶楼和书摊分布在天津各个角落，尤其是繁华区的南市和侯家后、地道外、谦德庄等处。表演的内容丰富多彩，如评书、鼓书（西河大鼓、铁片大鼓……）、相声、清唱等。其中较多的是评书。陈士和的《聊斋》、张杰鑫的《三侠剑》、张杰淼的《雍正剑侠图》都极受欢迎。天津的大小茶楼书场不下百余家。其从业人员，大型的只有五六人，小型的多为夫妻店，以买水为主。评书艺人在一年中以旧历三节为更换期，即第一期为正月初二至五月初四。第二期为五月初五至八月十四。第三期为八月十五至腊月廿八。一年三节更换节目，对艺人，分等级预付包银和戏院"买角"先付包银相同。

《天津影剧娱乐业谈往》

❖ 姚惜云：茶楼里的清音桌

在抗日战争后期，由票友邱丙炎承办，仿照北京，在天津茶楼上安置清音桌，票友们又多一处消遣场所。

去清音桌唱的票友可分为三种人：一种人是借地练习，可以学艺，又能向老一辈票友求教；另一种人是想下海但又顾虑重重，生活尚可维持而又入不抵出，除了给人说戏或挣些堂会的"脑门钱"外，也经常到清音桌演唱，挣几个钱，这类人在北京、天津为数不少；第三种人是生活贫困，衣食无着，到清音桌拿些份钱维持生计。

清音桌布置：正中央搭一尺多高木板台，周围装有栏杆，台前放一条桌，桌前挂大红色围桌，桌上正中放"戏规"（硬木架上插八九支骨制长牌，上写本日戏码）。戏规后竖牙笏（笏板）一面，旁有卷筒（硬木大笔筒），内装鼓毽子、锣撞子、小锣板等零碎物件。条桌右方是武场（鼓、小锣、大锣、铙、钹放在桌上），左方是文场（胡琴）。紧挨条桌并排小八仙桌两张，上放茶具，后面有硬木坐屏一架，六扇、八扇均可，屏心嵌名人字画。条桌前两角有玻璃方坐灯一对，名为"灯屏"，是清音桌上不可缺少的装饰品。方桌两边备有机凳或二人凳，作为清音票友的座位。

东来轩是天津最古老的茶楼，在1900年前成立，地址在单街子东口外路西，平日有评书、有鼓书。抗日战争末期，设有清音桌，每晚演出一场。开始时全是清票，票友有安梦洪、王定生、李问新、张宗奎等。后因票友唱主要角色多，配角少，为多开出剧目，从北京约来双子（名兰亭，满族人），此人是北京老票友，在北京前外廊房头条第一楼畅怀春清音桌近20

年，时孤身一人生活困难，来天津住在东来轩茶楼，每天拿份钱。同时天津也有几人因生活困难每晚拿钱。

抗日战争胜利后，中原公司在四楼西餐部另辟房间，设立清音桌，从北平约来名票朱少峰、杨幼棠、王厚甫、孟广亭，以及名演员尚小云和著名打鼓佬侯长清等演出。第一日开锣，名演员侯喜瑞也来参加。开场时尚小云打大鼓，侯长清打小鼓，文场吹奏牌子《将军令》。以下有北京荀派花旦王厚甫、萧派小丑杨幼棠合演《鸿鸾禧》；天津名票杨荫孙与侯喜瑞合演《失街亭》，笔者饰司马懿。当日盛况空前，座无虚席，极受听众欢迎。继而在北京请来女票友傅菊忱、申子明夫妇参加清唱，又请来胡显庭主持清音桌一切事务。清音桌上内外行齐集，配搭整齐，一时轰动平津两地。

《天津的票友和票房》

❖ 李相心：四茶园名满天津卫

所谓茶园，既看戏又喝茶，这里的共同特点是角好、戏好、茶叶好、水开。当时名茶园在业务竞争上煞费苦心，各个都有独特"挖角"的门路，甚至连天津著名首户、巨商、新老八大家们的喜庆堂会戏的演出日期，有哪些角色，都打听清楚，为的是报门路邀名角，挽留几天在自己茶园演上几场，以壮声势。

另外这里的真正戏迷虽然大有人在，但五行八作、行商跑合者也把茶园当作最适宜的交易场所，间或也有些失去了舞台青春黄金时代，曾经显赫一时的落魄艺人，他们在这里等待着临时邀请配角的任务，以期维持风烛残年。这些"顾曲者"汇集一处还要"各抒己见"，于是高谈阔论者有之，买卖成交者有之，大声喝彩者有之，还有小贩的叫卖声，"手巾把儿"的兜揽声、"弹压席"上军警的说笑声等等，纵横交错喧嚣嘈杂交织成一片，直到中轴戏以后，压轴戏即将上场，锣鼓场面改换一堂，"顾曲者"们这才安静下来，真正全神贯注地听上两出孙菊仙和小杨猴（即成名前的杨小楼）的拿手戏。

▷ 20世纪20年代的南市街景

辛亥以后，随着时代的变迁，茶园也卷入了风云变幻的浪潮，位于北门外及侯家后的繁华中心渐渐东移，代之而起的是河东东天仙、东门外中天仙、闸口街的下天仙（今人民剧场）等茶园，由于地理靠近租界，便兴旺起来，南市一带中小茶园如丹桂、升平、广和楼等也应运而生。

《津门菊坛轶话》

❖ 潘侠风：杨小楼在下天仙茶园

杨小楼25岁那年，有一天，约角人突然登门来访，接杨小楼到天津下天仙茶园唱一期。

杨小楼接受邀请之后，开始考虑：我用什么名字出海报呢？"三元儿"当然不能用了；是用科班的学名"杨春甫"，还是用义父的赐名"杨嘉训"呢？想来想去，猛然想起父亲杨月楼的外号——"杨猴子"，心里一亮，我何不叫"小杨猴子"呢！艺名决定了，就通知下天仙茶园的经励科，就用"小杨猴子"的艺名出海报。

▷ 天仙茶园，因其地理位置，人们习惯称"下天仙茶园"

下天仙茶园的海报贴出之后，一些老戏迷就纷纷议论起来："这个'小杨猴子'是杨月楼的儿子，梨园子弟，门里出身，玩艺错不了！"大家都憋足了劲儿等着看好戏！杨小楼带着自己"傍角的"武剧演员赵寿臣、范宝亭、迟月亭等人如期到津，贴出了"择吉露演"的门报。

三天打炮戏——《铁笼山》《挑滑车》《艳阳楼》都是俞派（俞菊笙）的拿手戏。杨小楼身材高大，扮相魁梧，嗓音脆亮，起打勇猛，干净利落，活脱是个"小毛包"（俞菊笙绰号叫"俞毛包"），三场打炮戏，红遍天津。杨小楼扮演《铁笼山》的姜维，《挑滑车》的高宠，尤其是《艳阳楼》的高登，给观众留下了很深的印象。

一期演完，接连续了两期，包银逐步提高。合同期满，杨小楼不想再续，载誉返回北京。杨小楼回到北京，鞍马未歇，即分别去看望杨功、俞菊笙和谭鑫培，当面汇报在津演出的盛况。谭、俞十分高兴，杨功更是欢欣，心中得到莫大的快慰。经过杨功的推荐，杨小楼进了"宝胜和"。在庆乐茶园演了几场，大受欢迎。杨小楼的个头儿、扮相、开打的冲劲儿，都像俞菊笙。一些想看老俞的戏而看不到的观众，就都听这个"小毛包"来了。"小杨猴子"又轰动了北京城。

《"国剧宗师"杨小楼》

❖ 张枢润：说书"三宝"

其实醒木、折扇、白手绢这"三宝"就是说书的道具，演出时放在桌子上面，各有用场。

醒木，多用硬木制成，也有用梨花木或榆木制作的。在说书行内，对这块长条木头有多种称谓：以帝王的身份使用它，叫作"龙胆"，以太后、皇后的身份使用它，叫作"凤胆"，在元帅手里叫作"虎胆"，官吏用则叫作"惊堂木"。说书人用通称醒木，或警醒木，含有警世醒言的意思。按规矩，说书开始，说书人多"叭"地一拍醒木，发出开讲的信号，听众便停止喧哗，安静下来，开始听讲。说过半小时，再拍一下醒木，暂时停顿一下演说，或向听众敛钱，或休息。露新开讲，又拍一下，终场再一拍。醒木的作用，还不只是为演和停的信号，在说书过程中，说到官衙过堂问案，它当惊堂木，制造气氛，讲到敲门、击鼓、放炮，用它模拟音响，增加效果，但使用必须恰当，不能胡敲乱拍。

折扇在说书人手中用途很广，既可以拟代刀、枪、剑、戟、斧、钺、钩、叉等兵器，又可以拟代骑马用的马鞭，还可以拟代臣下朝见皇帝时手执的笏板。特别是说书人模拟书中人物喜怒哀乐时，将折扇打开，或捭，或扇，或掩面，表现害羞、偷窥等表情；或配以身段、动作，效闺阁小姐扑蝶、观花，或效武打。惟妙惟肖，把听众引入书中佳境。

白手巾，早先都是用白布做的，后来也有人用白绸手巾。正如紫檀木的醒木一样，无非显示说书人的身份。白手巾不用时，叠成长方形，与醒木、折扇一起摆放在桌上，用时拿在手中，随着演说的内容，可以把它当作文书合同、书信、状纸、账簿，也可以当圣旨、诏书，还可以当店小二使用的"带手"（抹布）、剃头用的披肩布等等。说书人用得好，这块白手巾能随心所欲，变化多端，增强艺术效果。

除三宗道具外，说书人更讲究手、眼、身、法、步。说书虽不同于戏曲，但也必须练好这五种基本功，这样使用起道具来，才能得心应手，引人入胜。

《北方评书纵横杂记》

❖ 张枢润：评书里的"道活儿"

在评书门里有"十三宝"之说。所谓"十三宝"，就是从前辈传下来、被行内一致公认的十三部评书：《大隋唐》《五代残唐》《大宋八义》《明英烈》《三侠五义》《三国演义》《水浒》《盗马金枪》《济公传》《永庆升平》《东汉》《彭公案》《聊斋》。在评书门里，把这十三部书称作"道活儿"，也就是撒手锏的意思。早年评书界门户观念深，竞争也很激烈，对书目很保守，这门户的演员不得说那门户的书，甚至不准相互听书，如果去偷听偷学，对方发现就引起争端。当然这是不利于评书发展的。后来，这种情况有所改变，有的评书在报刊上连载，公之于众，如我的师爷常杰淼的《雍正剑侠图》，张杰鑫的《三侠剑》，还有顾桐峻的《大宋八义》，都曾在《天津晚报》上连载。

《北方评书纵横杂记》

❖ 甄光俊："梆子大王"金刚钻

金刚钻本名王莹仙,祖籍沧州,1900年(清光绪二十六年)出生于北京。9岁开始学戏,师承刘小仲与文和(艺名青菊花),学演梆子青衣行当。不久即以小客串名义登台实习演出。12岁以金刚钻为艺名,在北京的三庆园、广德楼等戏园献艺。此后数十年,她虽然定居天津,但演戏活动的范围很广,在上海、北京、武汉、张家口、长春等地都曾产生过重大影响。

民国初年,她和许多女演员在北京演出,当时北京人以金喉铁嗓称赞她,并把她与小香水、小菜福、张小仙并称"青衣四杰",后又得"梆子大王"的赞誉,各地相邀者争先恐后,月包银多时达1800元之多。

金刚钻身材矮小,但扮相妩媚动人。尤其是她嗓音出众,善于发挥唱功特长。她的嗓音清脆洪亮,中气充足。她演唱行腔多在高音区盘旋,每句唱腔的尾部余音,宛如金属器皿震动,悠扬动听,她在文和的指导下,吸收了老生行当唱腔的刚劲,加入夯音、颚音等技巧,听来别具特色。她演唱的板式也多有变化,后来深受群众欢迎的反调二六板(也称反梆子)、悲调二六板等,均为她所编创。在《孟姜女》过关一折加唱小曲,自她试演之后,为后学者视为成规沿袭下来。她的唱、念、字音使用京腔京调,剔除山陕地方语言音韵,唱出的声腔醇厚隽永。

金刚钻对于河北梆子女声唱腔的丰富和发展,做出了突出的贡献,并因此成为卫派梆子青衣行当的代表人物,私淑者甚众。她在几十年的艺术生涯中,经高亭、蓓开、百代、胜利、克多等多家唱片公司灌制的唱片有数十张,销路很广,扩大了她在海内外的影响。

《河北梆子名伶——金刚钻》

❖ 童稚："快手老四" 郭小亭

20世纪20年代中期，河北梆子舞台上崛起一位技艺超群的琴师。他不仅音色优美，技巧娴熟，而且在演奏、伴奏以及创腔、编曲等方面也都能有所创造一时名声大噪。许多称雄于剧坛的河北梆子演员争相聘请他为之操琴，他的演唱技巧亦为许多后学以及同代人所师法。这位著名琴师就是被人称做"快手老四"的郭小亭。

20世纪20年代梆子女演员在各地已相当盛行。凡有声望的女角儿大都有私人琴师。由于郭小亭的崛起，这些琴师与之相比无不相形见绌。郭小亭成为名角们竞相邀聘的红人。小香水、秦凤云、刘香玉、云笑天等人都出大价钱，非邀他操琴不可。1926年，一代名伶金刚钻去大连跑码头，请来郭小亭任琴师。金刚钻素有梆子大王之誉，金喉铁嗓，声震屋瓦，郭小亭的胡琴托、随、领、带，相衬相帮，演唱同伴奏如鱼水和谐，各尽其美。金刚钻说："老四拉弦，让人唱着舒服、省劲。"从这以后，金刚钻演戏非郭小亭操琴不可，似乎离开他就唱不了戏，他每月另外拿出现大洋100块，把小亭留在身边为她操琴，先后共16年之久。现存金刚钻当年由高亭、百代、物克多、蓓开、胜利等唱片公司灌制的唱片，大都由郭小亭操琴。这期间，他随金刚钻献艺于天津、北京、济南、哈尔滨、奉天（今沈阳）等地舞台，郭小亭的名字也不胫而走，他的演奏艺术给各地观众留下深刻印象。

郭小亭的名气越来越大，影响日益广泛，他反倒更加谦虚、谨慎，从不因技术精湛而在舞台上随意卖弄。有一次，名演员刘香玉去唐山演出，请郭小亭临时帮助几天。一行人抵达唐山的当天就有戏，刘香玉却因旅途风寒患了感冒，嗓音嘶哑。那时候不兴回戏或换人，贴了戏报硬着头皮也得登台去唱。而且，在戏台上，一般都是场面跟演员比着响，演员使劲唱，胡琴拼命拉，枣木梆子敲得震耳欲聋。演员和琴师又没有说戏的规矩，一切都是"外场"见。刘香玉真是着急又担心。在外场，郭小亭发现刘香玉嗓音异常，赶快改变了习惯的伴奏方法，他的琴音随衬着演员的唱声，句句突出演员的声腔，落音收尾时才使劲拖带几弓子，演唱的韵味、字音全都清晰地送入观众耳中。一出唱功繁重的《双官诰》，刘香玉觉着没费多大劲就顺利地演了下来，观众反倒说她唱得真切，听着顺耳。回到天津，刘香玉逢人就说："郭老四这弦拉的，把我这哑嗓子给治好了。"

到20世纪30年代，郭小亭的板胡演奏，从技术到技巧，从实践到理论，造诣均达到精深的地步。一时间，他成为河北梆子场面上举足轻重的人物。

《郭小亭传略》

❖ 姚惜云：京韵大鼓女艺人小映霞

庚子以前，清政府明令，不准男女艺人同台演出，天津也没有自己的曲艺女艺人。直到1909年北京大鼓世家出身的更姑娘来天津演唱文武大鼓（又名文明大鼓、京卫大鼓，最后才定名为京韵大鼓），此后不久，天津才逐渐出现了自己的京韵大鼓女艺人。

小映霞，姓张，天津人。是20世纪40年代天津红极一时的大鼓女艺人。她是南市群英后窑主郝祥金的养女。郝是个大鼓迷，对小映霞视若亲女，请来名弦师王文川（刘宝全的老弦师）和北京名师胡宝均，教她学唱京韵大鼓。经过一段时间，刘宝全的23段"京韵"，她学会了一多半。她嗓音不高而柔和甜润，横竖音刚柔相济，板槽瓷实，吐字准确，不偷气不吃字。《大西厢》《草船借箭》《博望坡》，唱来使人悦耳，无可挑剔。

小映霞去茶园演出，往返乘坐一辆崭新的包月车，上下四盏电石灯在

▷ 小映霞

夜间闪烁跳跃，所经之处，路人无不侧足而立，啧啧赞叹。这在女艺人中是绝无仅有的。小映霞相貌端庄，衣履光鲜，装束大方而新颖，三天两日更换新样，更为引人注目。其养父对她看管十分严格，命包月车夫监视她的行动，除客人请饭，逛市场、收礼物一概不准。

《天津的京韵大鼓女艺人》

❖ 张剑平："到处听得见西河调！"

西河大鼓又称西河调，是华北地区人们喜闻乐见的一种说唱曲艺形式，早年又有梅花调一称，到津演出后，始知天津杂耍茶馆儿已有北京地方的梅花调曲种问世，因而改名西河大鼓。

西河大鼓迄今约有100多年历史，它是由河北地方各种木板大鼓、弦子书等民间鼓书及梆子、小调演变形成的。因其广泛流行于冀中平原滹沱河流域两岸地区，故称之为西河大鼓。

西河大鼓艺术具备书词通俗易解，曲调朴素明快；说唱结合紧凑，故事内容强烈；唱法唱腔繁多，书扣儿引人入胜等艺术特色。从而广泛传播于天津、北京、东北、山东、河南等地，这些地方大都有西河鼓书艺人的足迹和各式各样的演出阵地，正如人们常说的一句口头禅："师多徒众书成套，到处听得见西河调！"仅就天津地区讲，可谓西河大鼓书的发祥地之一，据不完全统计，由清末民初到新中国成立后的20世纪60年代中期，遍布河东、水西、北开、南市等地的明地、书场、茶馆的西河大鼓演出地可谓鳞次栉比，如早年的"老三不管"、"新三不管"（六合市场）、鸟市儿、谦德庄、地道外、三角地、小王庄、大王庄、东楼等处，大小书场不下数十处之多，西河大鼓艺人近百人之众，可以说人才济济，名家辈出。

《漫谈西河大鼓》

❖ 甄光俊：梅兰芳在天津演时装新戏

天津这座通衢大邑，百余年来一直是戏曲名家南来北往的必演之地。天津的观众在艺术欣赏方面有喜新图变的传统，对于戏曲艺术的固有与革新，都能够鉴赏出个优劣。历史上许多具有开创性的艺术家们都习惯把新的创作拿到天津，经受观众的检验，梅兰芳自然也不例外。1915年他首次到天津演出的剧目中，就有《宦海潮》《邓霞姑》《一缕麻》等一批时装新戏。这在当年的京剧舞台上还不多见。所谓时装新戏，就是采用当时人的衣着打扮，表现反映当时社会现实生活的新编剧目。这些新戏多批判旧的社会制度和流弊，宣扬民

▷ 梅兰芳演《天女散花》

主革命思想，而且艺术形式也有较大幅度的创新。梅兰芳初临津门就大获观众很高评价，对他所演新戏给予实际的支持。人们普遍认为梅兰芳是声、艺、色三绝的超等人才，称赞他的声腔婉转悠扬，一字三折，"有如柔丝一缕，摇漾晴空，高可上九天，低则可达重泉，上如亢，下如坠，实在难能可贵"。

1922年12月17日至19日，梅兰芳在津演出三天，每天都有一出他所独有的新编剧目。头一天他演《天女散花》，扮演天女，手持一条一丈六尺长的红绸，由中间围过脖颈，再引到胸前分成两条，全凭两只臂腕之力舞出一套变化多端而且极其优美的绸舞，编配上二黄、西皮和昆曲兼有的唱腔，舞台色彩缤纷，突出了天女庄严妙相。这一形象的塑造，颇具民族民间色彩，为京剧舞台前所未有。第二天他演《贵妃醉酒》，这出现已成为梅派乃至中国戏曲的代表剧目，在梅兰芳之前却是一出以诲淫为主题的旧戏，格调低下。年轻的梅兰芳对这出戏既看到毛病所在，又深知有可改造的长处，本着取其精华、去其糟粕的精神，把这出戏改造成为反映宫廷妇女苦闷心情的戏。改造后完整、好看，意境深邃。天津观众对这样的艺术创新，不仅认可，而且拍手称赞。第三天演的是他刚刚改造不久的《霸王别姬》。在他之前，尚小云与杨小楼合演的头两本《楚汉争》，是以霸王为主。后来由齐如山执笔为杨小楼、梅兰芳、王凤卿改编为《霸王别姬》，也是两本。梅的挚友、银行家吴震修觉得剧情松散拖沓，又动笔将两本合并为一本。改编后不久，梅兰芳即与杨小楼、王凤卿、萧长华一起来津演出这出戏。杨小楼塑造的霸王自始至终显露刚愎自用的神态，虞姬自刎后他杀出重围，鏖战后自刎于乌江。在这出戏里，王凤卿扮韩信，有大段的唱腔；萧长华扮老军，借舞台上的插科打诨讽刺军阀混战的现实，引起观众的共鸣。梅兰芳扮虞姬，他借鉴了京剧《鸿门宴》和《群英会》里舞剑、《卖马当锏》里舞锏，以及武术中剑法等程式和形体表演，独出心裁地创造出虞姬的剑舞。他在台上表演，没有丝毫剑拔弩张的架势，只给人以艺术的美感。尤其是他一边舞剑，一边还要流露出虞姬此时此刻外表强作欢颜，内心却极度痛楚的情绪，分寸把握显见深度。当年天津观众所见梅兰芳演的《霸王别姬》一直是这种演法，现在舞台上通行的演法，是杨小楼逝世之后梅兰芳重新改编的。

《梅兰芳与天津的渊源及其他》

❖ 甄光俊：奎德社与时装新剧

从民国初年到抗日战争爆发期间，有一个足迹遍及京、津、沪、汉的河北梆子坤班，其成就之显，声誉之隆，都属空前。这就是以演时装新剧著称的"奎德社"。

奎德社，初名志德社，1914年由河北梆子著名男旦丁剑云（艺名丁灵芝）与京剧著名武生演员俞振庭合资筹办。他们聘请河北梆子演员出身的杨韵谱主持（兼编导）。后丁、俞退出，剧社改为艺人入股分红的共和班，仍由杨韵谱领导。1917年，李荣奎作为一大股东加入（李荣奎为著名花脸演员），并参与直接领导，遂更名为奎德社。以后，演员虽然经常新旧更替，剧社却一直维持到1937年卢沟桥事变，前后总共23年。

奎德社社址虽然设在北京，但主要活动大多是在天津。所以该社的图章上标名为京津奎德社。从它问世之后的二十多年里，与天津不仅有着极为密切的往来，甚至它的扬名都与天津有直接的关系。

1914年志德社刚刚成立之时，杨韵谱即率领全班坤伶来到天津，在东天仙戏园（今民主剧场）演出时装新剧《电术奇谈》以及《博望访星》《献环》《东施效颦》等古装新戏。同来的主要演员有鲜灵芝（花旦）、杜云红（青衣）、九月菊（丑）、末风云（老生、丑）等，天津观众"纷纷争看女班演戏，台下看客连声呼好"。

杨韵谱是一位头脑清醒的掌班人，他面对这种热烈的局面，保持冷静的态度。他认识到，这种受欢迎，是因为第一个女班刚刚问世，观众图的是看新鲜，要想保持住这种局面，必须趁热打铁，以新剧赢得观众。于是，他在维持演出的同时，连续排演了《江城》《青梅》《胡四娘》等几出以时装形式演出的聊斋故事，首演于天津广和楼戏院（在南市），效果非常之好。这就增强了杨韵谱改革戏曲，开创新路的决心和信心。他对鲜灵芝说："看来，新剧这个奇货，天津可是个大买主。"

从20世纪30年代初开始，平、津戏曲舞台逐渐出现不景气状况。杨韵谱率全体社员努力维持奎德社的局面。他编导时装新剧，而且花样繁多，内容庞杂，舞台布景、灯光也都刻意求新，所以那几年奎德社的情况还是比较好的。他们所编所排的一些时装新剧被京剧、评剧等一些演出团体学习移植。1935年4月中旬至5月下旬，在天津北洋戏院连演一个半月，上座始终不衰。

《奎德社和杨韵谱与天津》

❖ 潘侠风：俞菊笙飞叉砸香头儿

俞派表演艺术创始人俞菊笙生于1838年，卒于1914年，是同治、光绪年间的武生首座。他父亲俞小霞是徽戏班著名旦角，先搭嵩祝成，后转春台班，和乃师刘正祥之女阿瑛结婚后，生菊笙。

俞菊笙童年时期被送进著名老生张二奎的忠恕堂学艺，与杨月楼是师兄弟，向大刀杨双喜（杨月楼之父）学武旦，艺名俞润仙。学艺期满后，搭班演唱，掌春台班多年。为人豪爽，脾气急躁，当时的梨园同业都叫他"俞毛包"。

俞菊笙到了中年，身体发育得躯干雄伟，巨目隆准，从扮相上说不适合再演武旦，遂改演武生。当时武生的演法，仅以翻得冲，打得猛见长，不讲究造型，不注重表演。俞菊笙改演武生后，在原来武生的翻、打技巧外，吸收了老生的表演，注意到人物形象的完美和表演动作舞蹈化，运用武功技巧来刻画人物的精神状态，丰富了武生的表演艺术。

当时的戏班都是以生、旦为主，俞菊笙却一反常例，自己唱大轴子。武生挑班唱大轴子自俞菊笙开始，一时传为美谈。俞菊笙不墨守成规。他对《铁笼山》《艳阳楼》《状元印》《金钱豹》这几出戏很喜爱，于是就拿了过来，自己扮演原为武花脸应工的姜维、高登、常遇春和豹子精。革新开打，增加俏头，每一出戏都有两手儿绝技，演出之后大受欢迎。从此开创了武生勾脸戏。

《金钱豹》的飞叉，是俞菊笙的绝技之一。《金钱豹》原名《红梅山》，是一出吹腔戏。俞菊笙把它纳入京剧的范畴，但场子、武打都是重新设计的。这出戏自俞菊笙主演以来，剧名才开始改为《金钱豹》。

俞菊笙演出的《金钱豹》，孙悟空接叉、摔"锞子"一场，异常惊险。飞叉的绝技至今还没见过有人这样表演：随着一阵疾风骤雨般的锣鼓，孙悟空徒手由上场门跑上台来，忽地腾身跃起，双脚登空，脊背向下，朝前一冲，使了一个"跑马锞子"，要平平正正地落在舞台上预先设置的斜场桌上。在孙悟空的脊背尚未落稳的时候，空中掷来一杆飞叉，不歪不斜，对准孙悟空的肚脐刺来——这就是追踪而至的豹子精从上场门扔过来的。

这一精彩的惊险表演，难在叉扔得恰到好处。扔早了，就会碰着孙悟空的头；扔迟了，叫孙悟空躺在桌子上等叉，就谈不上精彩和惊险了！一定要不迟不早、不偏不斜，叉头稳稳当当地冲着孙悟空肚脐刺来，俞菊笙演豹子精绝就绝在一个准字上。

俞菊笙扔叉称得起既稳又准，这种随心所欲的绝招儿是怎么练出来的呢？原来俞菊笙年轻的时候，为了练好这手飞叉，每天深夜点着一炷香，插在院中的地上，自己站在比较远的一个角落，抖手扔叉砸香头儿。日复一日，年复一年，久而久之，信手一扔，叉头就能将香火儿砸灭。功夫练得纯到如此程度，用到舞台上怎能不艺惊四座呢？

《京剧表演见闻录》

❖ 张宝年：尚和玉演活李元霸

▷ 尚和玉

　　尚和玉武功深厚，以武技稳准扎实见长。在表演上他讲求脆、狠、帅。他擅长武生勾脸戏，武净戏胜于武生戏。他饰演《晋阳宫》中的李元霸，其锤法有绝活，他手舞双锤，连唱带做。尚和玉强调"武"要紧紧结合剧情来体现人物，反对那种不顾剧情地大卖艺，弄噱头以哗众取宠。为更好地表现李元霸这个人物，尚和玉所用的锤是特制的，很重，舞起来大有风雷之势，每演必博得满堂喝彩。杨小楼对尚和玉这一精湛技艺推崇备至，曾发誓不演李元霸的戏。

《京剧耆宿尚和玉生平轶事》

❖ 潘侠风：黄月山燃香练眼

京剧盛世，流派纷呈。在第一代武生演员中出现了杨（月楼）、俞（菊笙）、黄（月山）、李（春来）四大流派，各具风格，各有专长。

黄派武生创始人是黄月山，他生于1850年，卒于1905年，艺术生命虽不太长，但在梨园行影响很大，黄派唱腔曾风靡一时。

黄月山，天津人，自幼向著名武生任七学艺，先学梆子，后改二黄。嗓宽高，气力足，字音清，韵味厚；武功好，长靠、短打各有特点。演白髯口的武生老戏，最擅胜场。他演的虽是武戏，很重唱工，尤其是擅唱［二黄］和［反二黄］。

《独木关》的薛仁贵、《刺巴杰》的骆宏勋、《铜网阵》的白玉堂、《剑峰山》的邱成、《百凉楼》的吴桢、《凤凰山》的马三保、《溪皇庄》和《八蜡庙》的褚彪等都是他擅演的角色。他演的《独木关》中"薛礼叹月"时唱的那几句［二黄］："在月下惊碎了英雄虎胆……"流传到京剧爱好者的口中，当年大街小巷时有所闻。

黄月山先参加宝胜和演出，后进了玉成班，艺惊四座，唱得红里发紫。戏班四天一"转儿"，演戏的换剧场，听戏的跟着转。"走，听'黄胖儿'去！"这句简短而熟悉的语言，不时地飞进人们的耳中。黄月山这个"黄胖儿"的别名，竟代替了他的本名。不论后台的同行，还是前台的观众，甚至于皇宫内院的西太后，面前背后都叫他"黄胖儿"。

黄月山体型消瘦，面貌清癯，并不胖，为什么有这么个别名呢？因为他乳名叫胖儿。当时有一种喜欢叫演员乳名或绰号的风气。管汪桂芬叫"汪大头"，管俞菊笙叫"俞毛包"，管陈德霖叫"陈石头儿"，管余玉琴叫"余庄儿"，管杨小楼叫"三元儿"，管张占福叫"张黑儿"……

这些个乳名或绰号叫长了，叫得跟艺名一样响亮，原名反倒很少有人提及了。

在梨园行老前辈口中时常听到这么两句话："上台如猛虎，下台似绵羊"。把它拿来形容黄月山，非常恰当。黄月山在台下总是蔫得那么没精神，扮好了戏，坐在后台也是闭目合睛、静坐不语，不像是个唱武生的演员。但只要一登上舞台，立刻目光炯炯，精神百倍起来。台上的黄月山和台下的黄月山好像是两个人。

其实，这正是黄月山保证演出效果良好的一种手段。他扮好戏，静坐不理人，其实是在默戏，揣摩角色，培养情绪，做演出前的准备工作。因为他懂得"未成曲调先有情"的道理，所以在进行艺术表演之前，先做好"虑淡思清，摈弃杂念"，表演才能出神入化，进入美的艺术境界。

黄月山不仅是两眼有神，还有转眼珠儿的绝活，他扮演《溪皇庄》褚彪的时候，就有这绝妙的表演。

《溪皇庄》是一出取材于《彭公案》的短打武戏。剧中有这样一场戏：褚彪为了侦察"采花蜂"尹亮和"赛李逵"蒋旺的下落，以祝寿为名单身进入溪皇庄，拜访庄主花德雷。黄月山扮演的褚彪，当他演到被花德雷迎进庄门，走上大厅左右探望的一刹那，他那两个眼珠儿滴溜溜地来回转动，在探着尹亮、蒋旺究竟在不在溪皇庄。两只眼睛转得快而灵巧，炯炯眼神显露出机智的光芒。黄月山这刹那间的表演，虽然不到一分钟，在练功的时候却花费了很多的心血。他这转眼珠儿的绝活是怎么练出来的呢？每到万籁俱寂的深夜，他在院子里点起一炷长香，两眼对准香火头儿不停地转动，不到一炷香燃尽，即使眼睛发酸流泪，也不半途中止。日复一日，年复一年地苦练，才练出这双炯炯有神、转动自如的眼睛！

《京剧表演见闻录》

❖ 霍玉："女伶中的梅兰芳"

章遏云，原名张凤屏，别署珠尘馆主，1912年生于上海。因酷爱皮黄，六岁便开始学艺。曾在天津从"票界之王"王庾生学须生，后改青衣、花衫。

她不仅扮相端庄秀丽，且练功尤为刻苦，善于表演，文武兼备。在北平登台后，颇得"通天教主"王瑶卿之赏识，称其为"女伶中的梅兰芳"，并自愿收其为徒。后来她便正式下海，活跃在平津舞台上，每次演出均获得极大声誉，社会名流如樊樊山、林琴南纷纷以诗文赞誉她。章遏云洁身自好，人们说其"艳若桃李，冷如冰霜"。

20世纪30年代初，天津的梨园业渐呈勃兴之象，章遏云与著名演员言菊朋、贯人元、程继先、李宝琴等合作，多次在"春和""明犀"戏院演出，誉满津沽。在《北洋画报》发起的选举坤伶"四大皇后"活动中，与胡碧兰、孟丽君、雪艳琴共同入选，此后，声名愈振。

章遏云除住平、津一带演出外，还曾到大连、沈阳、上海和武汉等地亮相，所到之处，喝彩声不断，特别是1939年，章遏云与杨宝森、叶盛兰等人合作，在上海黄金大戏院演出《雁门关》，几乎天天满座，观众被章遏云的演技所倾倒，可谓盛况空前。

章遏云天生丽质，台风大方，身段刚健和婀娜兼备，水袖与跑圆场的功夫，女伶中堪称数一数二。她的戏路广博，唱腔初学梅兰芳，后学程砚秋，并吸收尚小云、荀慧生的某些唱腔特色，形成自己的特色。

章遏云能戏甚多，擅演剧目有《四郎探母》《玉堂春》《霸王别姬》《文姬归汉》《打渔杀家》《荒山泪》《宝莲灯》《鸿鸾禧》《福寿镜》《回荆州》

《梅玉配》《虹霓关》。尤擅演本戏，如《芙蓉剑》《杏元和番》《雁门关》《儿女英雄传》《得意缘》《金锁记》《双娇奇缘》《燕子笺》和《天河配》等。同时她还能反串小生，足见其之多才多艺。

《章遏云在天津的演艺生活》

❖ 潘侠风：迟月亭翻跟斗

京剧是唱、念、做、打、翻几种艺术手段组成的综合艺术。翻指的是翻跟斗，它是武戏演员必修的基础课。

跟斗有大（即长跟斗）、小（即短跟斗）之分，学练的步骤，先易后难，先练小跟斗，后练大跟斗。跟斗虽只有大、小两类，但细分起来，却名目繁多。像"前桥""后桥""前毛儿""倒毛儿""扑虎儿""小翻""单提""漫子""虎跳""踩子""案头"等等都属小跟头。像"出场""小翻提""虎跳前扑""虎跳锞子""毽子提""踩子小翻"等，上高儿的还有"台漫""台提""云里加官"等，都属于大跟斗。

翻"小跟斗"比较容易，翻"大跟斗"难度很大，有两种不同的练法：一是"野练儿"；一是老师"抄"出来的。"野练儿"练出来的跟斗，准确性不大，跟斗翻起来没谱儿，让观众看着揪心。"抄"出来的跟斗，翻起来稳，落下来准，按手就起，指哪儿落哪儿。

当年，伴着著名武生杨小楼演戏的翻打武生迟月亭，已经搭班演戏多年，而且他翻的跟斗在梨园行中可以说是数一数二了，可是他在台下练功，还自己掏钱请了两位"抄"功的先生（一个"正把"，一个"旁把"），每天给他"抄"跟头。

迟月亭翻"虎跳前扑""小翻提"之类的跟斗，讲究"上去一个蛋儿，下来一条线儿"。所谓"一个蛋儿"，就是跟斗翻起来在空中旋转的一刹那，身体要像个圆球似的，"一条线儿"呢，就是跟斗落下来的时候，要求平稳降落，好像一条垂直的线儿。当年在梨园行里提起迟月亭翻的跟斗，谁都得挑起大拇指。

《京剧表演见闻录》

❖ 林放：袁克文的票友戏

风流才子袁克文（袁世凯之次子），系平、津名票，并和京剧名角孙菊仙、程继仙、汪笑侬、萧长华、程砚秋等过从甚密。袁克文曾组织"言乐会"，参加同咏社、延云社、温白社等京、昆戏曲团体，和名角名家切磋演艺。

袁克文由于天资聪颖，戏路很宽，原扮演小生后因发胖而改丑角。在《审头刺汤》中扮方巾丑汤勤之尖酸、刁滑、谄上、凌下活灵活现，如古人再现，为梨园中人一致称绝。他的拿手戏有《卸甲封王》《游园惊梦》《长生殿》《奇双会》《盗书》《群英会》等。

特别是《千忠戮》中一折《惨睹》，又名《八阳》，故事写明代燕王朱棣攻破南京，夺取其侄建文帝皇位后，文帝剃发为僧出逃时之一大段唱："……收拾起大地山河一担装，四大皆空。历尽了渺渺程途，漠漠平林，垒垒高山，滚滚长江。但见那寒云惨雾如愁织，受不尽苦雨凄风带怨长。雄城壮，看江山无恙，谁识我一瓢一笠到襄阳……"袁克文唱此剧时，正是袁世凯八十三天皇帝梦告灭一年之后。故袁唱时，悲歌苍凉，声泪俱下，观众无不为之动容。袁克文演活了建文帝。

自1929年至1930年，袁克文曾在津参加为林墨青创建广智新楼，为孙菊仙修贡院筹款，为私立慈惠小学和西开普济平民学校建校集款等京剧义演。

《梨园点滴》

❖ 林放："小生"三只虎

京剧舞台"三只虎"，是指三位著名京剧小生演员，即姜妙香（1890年生）、俞振飞（1902年生）、叶盛兰（1914年生）。在梨园界也称为"三大贤"。因他们三人不仅演艺高、戏德好，更是相互尊重谦让。特别是姜妙香和俞振飞之间，一是"京派"，一是"海派"，相互切磋演艺，倾囊互授，在梨园中传为佳话。姜妙香因年最长，而被称为"姜圣人"。有趣的是姜、俞、叶之出生年，正好相隔十二年，同于虎年出生，故被称为京剧小生"三只虎"：老虎、大虎、小虎。

《梨园点滴》

❖ 李相心："九阵风"刮倒"一杆旗"

天津自有京剧以来，武戏人才多，而武戏中的刀马旦更多，如四大徽班中武旦佼佼者，像以演《攻潼关》《盗仙草》出名的张天元，演《双阳公主》出名的韩家芬，演《锯大缸》出名的石宝珠，演《闯山》出名的赵若华等都是四大徽班的好演员。到了清末的水上飘、一盏灯、金翠英、飞来凤、一阵风、万盏灯等都是讲究武打的著名武旦，在光绪末年武戏盛极一时的时候，他们都起着相当重要的作用。特别是和武生"对把子"的戏，必须旗鼓相当。如当时龙海茶园的台柱子李顺来（李砚秀之父）的对把子金翠英，天仙茶园的武生赛活猴（崔玉楼）的对把子万盏灯，绘芳园的陈俊亭的对把子一杆旗（高德才）等都非常出色。尤其是一杆旗，他是徐天红的弟子，红极一时，每场如果加重活，那就必须加包银。《金山寺》如果带"水斗"就要加钱，而且说一不二。在艺术上无论是翻跌摔打干净利索，有相当一部分号召力。尤其是"蝎子爬""戳顶"最为拿手，他能用单手捺住椅子背上的一角，用气功渐渐把全身"倒栽葱"式悬起，使整个身形的平衡力的重点集中到椅子背的一角，还要使左右"单扯旗"，旋转如意，轻俏似燕，深为观众叹服，群以"一杆旗"呼之，故名"一杆旗"。

由于一杆旗红紫一时，经常有三两个茶园要赶场，偶尔不慎就有误场现象，影响了观众的信誉，所以又约了一位新出科不久的武旦，艺名九阵风来助演。九阵风本名阎岚秋，为靳湘林的弟子，功夫并不亚于一杆旗，不但"腰功软""跷功稳"，最难得的是能唱，唱是一般武旦所做不到的，遇武能打，遇文能唱，越是"乱军"之中拼打时的一刹那，阎岚秋偏偏闪烁转身、跷单腿走"小蹦子"，衬以粉面桃花，显得分外婀娜多姿，而又使人惊心动魄，相比之下一杆旗就稍逊一筹了。

从演出戏码来看，九阵风的拿手戏又是那么多姿多彩，像《泗州城》《蟠桃会》《娘子军》和《辛安驿》《打花鼓》《小放牛》及《打杠子》《打刀》小八出戏，都惟妙惟肖。至于硬功夫的"虎跳前扑"，四张桌"蛮子"翻下落地无声，硬跷"三踢腿"前"翻身"等，都使观众惊服，从此一炮打红，压轴戏码替下了一杆旗，于是"九阵风"刮倒"一杆旗"的趣话又传遍三津。

《津门菊坛轶话》

❖ 潘侠风：孙盛云"飞脚"横过三张桌

1939年是富连成建社35周年。那年的冬天11月29日，在北京西长安街新新大戏院（现在的首都电影院）举行了一次盛大的纪念演出，该社历届毕业生，凡是当时在北京的都参加了这次盛会，各展所长，竞演拿手好戏。

那天的大轴戏是马连良（扮宋江）、筱翠花（扮阎婆惜）、马富禄（扮张文远）合演的《乌龙院·坐楼杀惜》，压轴戏是短打武戏《四杰村》。由骆连翔、叶盛章双扮余千、孙盛云扮濮天鹏、朱盛富扮鲍金花、周盛鸣扮冯洪、孙盛文扮鲍赐安、韩盛信扮廖奇冲，阵容整齐，表演出色。《四杰村》走"哑边"一场，演员各献绝技。骆连翔翻了原地不动的"串虎跳"30多个，叶盛章打了一排"旋子"，朱盛富表演了左右"潜水"、"宝元顶"，周盛鸣翻了十几个"单蛮子"，孙盛云打了一圈儿双响"串飞脚"，跳了几个"一顺边儿"的"铁门坎儿"（一般"铁门坎儿"是右手握左脚尖儿，右脚跳，或是左手握着右脚尖儿，左脚跳；"一顺边儿"是左手握左脚尖儿，右脚跳）。当时剧场内掌声不断，彩声满堂，观众们交口称赞，相互道绝，有的观众说："双响飞脚，一顺边儿的铁门坎是孙盛云三绝技的两绝，最绝的是打飞脚横过三张桌。"

打飞脚横过三张桌是孙盛云扮演《郑州庙·拿谢虎》中贺仁杰表演的绝技。这出戏是富连成科班最受欢迎的短打武戏。该剧由骆连翔扮谢虎，苏富恩扮黄天霸，孙盛云扮贺仁杰。当剧情发展到贺仁杰要翻墙而过的时候，检场人把三张堂桌并在一起，安置在大边儿的斜场。这时扮演贺仁杰的孙盛云不慌不忙，啪的一声响，一个飞脚打过来，横越三张桌，又轻又稳地落在桌子后边，这一绝技可说是空前了。

《京剧表演见闻录》

❖ 李相心：小德张堂会三千两

过去达官显宦、富商巨贾们遇有喜寿事，或节日期间举行喜庆家宴时，广约名角到宅中演唱一日或数日者，叫作堂会。

自清乾隆中叶下旨废除"广蓄伶官"弊制后，习惯于声色犬马的诸"铁帽子王爷"们不甘寂寞，把"广蓄伶官"形式改为不定期地以喜庆事为借口广邀名角到家演唱，以资寻欢作乐，炫耀豪华。以后堂会又流传到天津，成为一些大户人家们的喜庆习俗了。

天津堂会之风冠于其他省市，始作俑者有旧"八大家"们，他们宅中基本上都建有戏台。民初以后，军阀混战期间，那些清廷遗老旧臣、下台官僚纷纷躲入租界营筑金屋，城内的大户人家也相继迁入，安定之余，堂会之风也就愈加大行其道，形成了天津卫的一种粉饰升平的特点。

清末咸丰以来四大权监（臧德才、安德海、李莲英、小德张）之一的小德张，在津乔迁新屋曾举办一次盛大堂会，竟花去银子三四千两，素日往来过密的名角额外开销还不在内。

小德张回天津作寓公后，先在今重庆道盖房，后该房让给庆王载振，自己则在今郑州道空地上新建一华丽楼房，于1924年建成后举办大型堂会三天，约来名角如林，如杨小楼、余叔岩、王瑶卿、陈德霖、梅兰芳、程砚秋、尚小云、荀慧生、王又宸、郝寿臣、侯喜瑞、李万春、筱翠花等，所演的也都是戏院难以合作的戏码，三天剧目中像王蕙芳的《探亲家》，杨小楼、郝寿臣的《连环套》，筱翠花、李万春的《狮子楼》，程砚秋的《玉堂春》都是轻易不演的戏码。这场堂会不算吃、住、接、送、抽（抽鸦片烟）开销三四千两，个别够得上"交情"的名角返京时，还要赠送些鼻烟壶、扳指之类的小奖品。

《津门菊坛轶话》

❖ **李邦佐：** 新兴的话剧演出

我个人最喜欢的却是看新兴起来的话剧。在南开读初中时先是看教师如吕仰平、陆善忱和学生合演的独幕剧；后来偶得二哥邦翰送来赠券，去法租界明星戏院看了南开大学女生演出的《少奶奶的扇子》（据王尔德原作改写），兴趣更浓了。1935年上至高中二年级时，南开中学新建瑞庭大礼堂，上演了张彭春导演、曹禺主演的《财狂》（据莫里哀的《悭吝人》改编），布景由林徽因设计，其他演员也都是一时上选。我自然不会放过。看后更感到话剧贴近现实，且具有较为深刻的教育作用，因此在中国旅行剧团来津，在法租界新新戏院演出时，我便成为热心观众。中旅当时为什么选中新新戏院，一是因为法租界梨栈是繁荣的商业中心，可以保证较高的上座率；二是因为那里不受地方政府的管辖，选择剧目比较自由，不然，像《雷雨》这样包含乱伦情节的剧本很可能被官府以违犯封建伦理道德而被禁演。

　　中旅的演出剧目十分丰富，很多剧目是由陈锦教授翻译或经过改编的外国名剧，水平较高，但我最欣赏的却是《茶花女》《雷雨》和《复活》，至今脑海里有时仍然浮现当年演出中的生动形象。《茶花女》女主角由唐若青扮演，她挚爱的情人阿芒由陶金扮演，他们的演出皆十分投入，感人极深，可称最好搭档。但我最欣赏的却是扮演阿芒之父的戴涯，他的发音沉着有力，形象是不怒而威，可称入木三分。观罢归来，常常躲在一个僻静的所在学说他的大段台词。《雷雨》的演出阵容，搭配的也十分理想，如以姜明演鲁贵，童毅演四凤，陶金演周萍，唐若青演鲁侍萍，赵慧深演繁漪，戴涯演周朴园，确能做到旗鼓相当，各有千秋。而我最欣赏的却是戴涯所演的周朴园，他所塑造的舞台形象也使我在家中常常着意模仿。影响所及，连我本来喜欢唱两口黑头，或者仿着李万春来几个鹞子翻身都暂时放弃了，我开始迷上了话剧。我还非常欣赏某些话剧演员临场变化的能力。如唐若青演《梅萝香》时因患感冒而嗓音失润，一登场便即兴地说："今天的风好大呀！把我的嗓子都吹哑了。"观众听后，不但体谅她能带病登台，还有人轻轻地为她鼓掌以示鼓励。

《租界观剧旧事回忆》

❖ 张绍祖：看电影成为时尚

民国以后，看电影逐渐成为时尚，电影院也多了起来，开始主要集中于租界，后来逐渐发展到租界以外。

天津影院上映的影片起初多为法国片，由在津的法商百代公司经营。随后，美国好莱坞电影城的8家制片公司陆续在津设立分公司。此外，还有英国、苏联等国影片。国产片主要是上海几家民营公司摄制的，其次是北京光华公司的产品。这期间的影片都是无声片。

▷ 平安电影院

1924年3月，天津最早评介电影的刊物《电影周刊》创刊，社址在河北三马路36号，对促进电影的发展起到了一定作用。

1929年平安电影院放映了美国福克斯公司的有声片《歌舞升平》，这是天津的首次放映。1931年光陆影院首映上海明星公司摄制的我国第一部有声片《歌女红牡丹》，吸引了大量观众。继"平安""光陆"后，"蛱蝶""光明""皇宫"等影院相继安装了有声电影放映机，掀起了有声片放映热潮。

20世纪30年代前后，法租界劝业场一带成为电影院最集中的地区，"光明社""新新""明星"等影院相距不过几百米，形成了档次不同的影院群，而且票价较低，为一般民众所欢迎。

到20世纪30年代中期，天津电影院已达四十多家，遍布天津繁华地段，其中"平安""蛱蝶""光陆"三个一流影院全集中在洋人聚集的小白楼一带。这里几乎不上映国产片，票价昂贵，一般华人不敢涉足。以"光明""新新""明星"为首的二三流影院大多集中在劝业场一带，观众也最多。20世纪30年代初期，日租界"新明"和"皇宫"两家影院最为兴盛。另外电影发行公司也有40多家，一年中放映国内外电影最多时达287部，其中国产片52部。

《天津电影概述》

❖ 周恩玉：设施一流的天纬球社

天纬球社位于劝业场三楼，是1928年劝业场建成开业后的配套营业，即所谓该场"八大天"之一。经理高晓令（高渤海之弟）。

天纬设备精良，占地较大，有地球、保龄球两球道，长5米宽1米，中间球道两侧回球道，每道有两个木球，十个木瓶棒，棒前有横杆，旁有电记分板。有男女看道员数人。

台球案有檀木架，有六兜四兜之分，大理石面，进口绿绒罩，大台两架，小台10架。有4个2白2红15个各色称为花球，多为德国或日本制。球竿也多为进口货。旁边设有电记分板。男女看台员多人。

乒乓球台4个，球拍、球、备用球多个。有男女看台员代记分。在球案旁有休息、饮茶处。天纬球社的设施在天津是一流的。

《天津影剧娱乐业谈往》

❖ 贾肇曾：城隍庙前拉洋片

我生于1935年，当时住在天津城隍庙大街与水铺毗邻的一个小院落里。幼时随祖父祖母到佟楼跑马场看过赛马，在宁园看过足球比赛，在基督教青年会看过篮球比赛，在劝业场照过哈哈镜，参观过大人们打乒乓球、掷保龄球，但这些都不及城隍庙会留下的印象深。庙前的舞龙灯、布袋木偶戏、跑旱船、小车会、二敢摔跤、耍猴、吞剑、吞铁球、武术、戏法和庙会上那琳琅满目的售卖假面具和仿制的十八般武器连成一片的小摊点，加之进香者和游人云集，真是人山人海。尤其吸引小孩的是前广场那五花八门的洋片摊，堪称"洋片博览会"。

洋片有东洋和西洋之分。

东洋片看立体画面。镜箱是一个有小孩鞋盒大小的匣子，双眼通过两个装有凸透镜的看孔朝阳观看放大的画面，画片是一组两张透明的照片，多为穿和服的日本女人，两张画片人物相同角度不一，用双眼透过看孔观看，两张画片合二为一，重叠后便产生了立体效果。

西洋片的镜箱比较大，略小于学生用的课桌，镜箱外有一个手摇把柄，当观者将钱交给摊主后，摊主用一枚外国硬币塞进钱孔，手柄便可以摇动了。这时观看者一面从看孔向里看，一面用右手摇动手摇把儿，一组小齿轮带动大齿轮的结构，装有无数小画片的内盘便开始转动，每张小画片都在镜头的小卡子前停留一下，这样就形成了活动的画面，这种洋片很像是电影史上早期用连续照片制造动画。这种洋片有美国西部片，有卓别林的喜剧片，小画片是照片经制版后用铜版印刷的，非常精致。观后，外国硬币从钱币出口自动投入摊主手中。

在庙会上还是中国洋片最多，画片是民族画法、镜箱是中国舞台式。

我们知道看孔所使用的凸透镜是中国古代的重大发明。中国洋片可能是东、西洋片影响后的产物，所以也称为"洋片"。

▷ 晚清街头拉洋片

最早产生的是推洋片，洋片镜箱由单独的六个镜箱组合，每个镜箱前有一个看孔，装有凸透镜可以看到放大了的画面，画面虽然不是活动的，但是连续的。表演者为两人，左边的人先把画片装进镜箱上的框架中，再用一张画片将第一张画片顶进相邻的镜箱上的框架中，等六张画片装齐，第七张画片便将第一张画片从框架中挤出，这时站在右边的人，便拿下这张画片，装进身边下面的镜箱中，使12张画片从框架到镜箱进行循环。上面的画片是为吸引观众的，等观众交了钱坐在板凳上，眼贴近镜箱看孔朝内观看时，上面一排画面不再补充，只往镜箱中补充新的画片。这种推洋片，画片为风景画，很像传统相声《拉洋片》中说的西湖美景八大篇，而不同的是风景画片没有故事情节，表演者并不说唱。

与推洋片相比，拉洋片的画面多为故事性很强的画面。拉洋片的表演者一边拉动镜箱上装的响器，一边念念有词唱道"往里边瞧米，往里边观……"讲述起故事来。推洋片是六个镜箱六位观众，拉洋片是一个镜箱，左、中、右三个看孔，三位观众。表演者只展示第一和第二两幅画面，因为观众从看孔欣赏第一个画面时，上面的第二个画面必须暴露，当第一个画面吊起，观众便可陆续欣赏配以解说唱词的画面，而围观的群众只能看到吊在上方的第一张画面，迫不及待地等第一批看客看完洋片站起时，赶快交钱坐在板凳上，眼观看孔，等待观看了。

　　拉洋片画面的故事吸引人，是流行于当时的包公案、白蛇传、天仙配等故事。尤其有的洋片箱制造得很精致，当所有的画面都吊挂起来之后，镜箱后端便会出现水漫金山、牛郎织女鹊桥相会的偶人，表演者按动机关，背景中便会喷水。

《城隍庙前拉洋片》

第九辑

漫谈老天津
岁时之风俗

❖ 王克信：天后宫里"拴娃娃"

旧时，天后宫香火十分旺盛，其原因之一，那时民间盛传着"拴娃娃"的旧俗。"拴娃娃"亦称抱娃娃或偷娃娃。那时，由于人们受"早生子早得继"旧观念的影响，婚后为求得早生贵子，一些妇女包括新婚夫妇以及有的婆婆为儿媳、外婆为闺女、姨娘为外甥女……纷纷到天后宫求拜娘娘，并在娘娘像前"抱"或"偷"走一个泥娃娃，以示娘娘所赐之子。尤其是一时不孕或不生育的妇女，更是崇拜娘娘，不仅多次进香祈求，有的还许下生育后还重愿。

那时，天后宫内除供有天后圣母外，还有送生娘娘、眼光娘娘、斑疹娘娘、百子娘娘、千子娘娘等，传说若干娘娘各有分工，其中送生娘娘、百子娘娘专管生育大权，在百子和千子娘娘像前，摆满了约二三寸大的泥娃娃，以供人们"抱"或"偷"。有钱人家为求子则公开告知道人一声抱走一个泥娃娃并放下可观的香钱，贫寒人家则背着道人偷走一个泥娃娃，可少放或不放香钱，但人们只能抱或偷一个泥娃娃，有的还在所抱或偷的泥娃娃脖子上系一红头绳，以表示"拴住"为己之子。回家后便供奉起来，如这家仍不生育，这泥娃娃便成为这家的独生子，如果这家真的怀孕生了孩子，这泥娃娃便成为这家的长子，以后不管生多少，这个泥娃娃都排行老大，俗称"娃娃大哥"。同时，还要在生育后的百日内到天后宫进香酬谢，并奉还99个泥娃娃，以表示诚意。

供奉家中的娃娃大哥，每年"洗"一次，每年长一岁。所谓"洗"就是按其年龄每年抱到泥塑作坊重新塑制一次，其穿戴也随着年龄的增加有所不同。平日生活也和人们一样，每餐都要给娃娃大哥摆上一份。逢年过节还要摆上水果，年老时还要摆上美酒，这样年复一年，娃娃大哥从幼年、少年、中年到老年以至留胡须。

随着娃娃大哥年龄的增长，下一代人的出生，娃娃大哥也不断长辈，由大哥升为大爷、太爷、大太爷……这一旧俗至今在不少人的头脑中还留有较深的印象，尤其是年龄较高的老人记忆更为深刻。

《天后宫的"拴娃娃"》

❖ 孙新源：糖瓜祭灶

"一年一个腊月二十三，灶王老爷上西天"，"上天言好事，回宫降吉祥"，这是天津早年流行的民俗民谣。传说灶王是一家之主，专司记录民间小事之神，因而家家户户都有灶王龛供灶王像。灶王是小神，不占正厅正堂神位，仅用一块木板，钉在堂屋柱后的墙上，每天饭前上三炷香，有"灶王爷担不了大供享"的说法。

灶王像是双人像，带胡子的老头是灶王爷，旁边穿红挂绿的是灶王奶奶，老夫妇同享香火，也是诸神中所独有的。灶王神像和灶王龛，每年更换一次。腊月二十三这天，把旧龛旧像请下来，付之一炬，这叫送灶王爷上天。据说灶王住在每户人家，一家人做了什么事，是善是恶，他都记在心里，到腊月二十三上天，向玉皇大帝报告，仿佛灶王是一个监察使者，监督着人们的善恶。为了使灶王爷上天多言好事，用糖瓜祭灶王，祈求灶王关照。糖瓜是用饴糖做成的瓜形糖球，有大有小，球中空酥，同时还有用饴糖做成的元宝，也是有大有小。有的人家还用黏面蒸制黏糕，意思是黏住灶王的嘴，让他少说坏话。因为有"男不拜月，女不祭灶"的习惯，二十三这天不论多晚，也要等男主人回家祭灶。灶王龛一年要空闲六七天，到除夕夜再悬上新龛新像，就叫灶王回宫了。

《民俗记趣》

❖ 张东甲、于辉：渔民跑火把

老世年间，养船户在大年三十子夜时分，点着芦苇把子，由两个人扛着先跑遍各庙，而后再跑到海沿，绕着自家的渔船跑。养一只船的要点两支火把，以此类推，成千上万支火把一齐出动，把渔乡的除夕照得如同白昼，火把前铜锣开道，神旗和纱灯导引。各跑火把串街越巷，此没彼出，其景如龙腾蛇舞，热闹非常。

届时，各庙门大敞四开，明灯高悬，迎接火把。船主在各庙一一降过香，来到自家渔船前，绕着渔船高喊："大将军（大桅）八面威风""二将军（二桅）开路先锋""船头压浪""船后生风"等吉祥口号，然后在锣声中将火把余节燃尽。

渔民们对除夕跑火把的兴致很高。一来是船主为取"火爆"（火把的谐音）的吉利，祈求来年的兴旺发达，二来许多人欣赏其景的壮观，欲一睹为快。还有一些闲散无业的人及孩子们准备着跑完火把到船主家去起驳。起驳的意思是说，经过这番忙碌，船主家的驳船已经鱼虾满舱，装不下了，需要他们起走点。船主高兴地将点心、花生、栗子、柿饼子等分赠给他们，这些人用衣角兜着果品，高喊着"一网打两船，一网金，二网银，三网打个聚宝盆"之类的吉利话喜洋洋地走了。

在跑火把的热闹场面中，也偶尔发生这样的情形：火把熊熊而来，有的人并不躲闪，甚至迎面朝火把跑来，故意让火把撞在自己身上。这是一些自认为正交倒霉运的渔民，想借此烧掉身上的晦气，以求从此转运。

《天津渔民盐民风俗举要》

❖ 张东甲、于辉：除夕祭船

一年一度的祭船是和跑火把同时进行的。当火把绕着渔船跑圈时，人们便开始在船头摆香案，放供品。供品包括水果、糕点之类。跑出火把，接着敲响六面铜锣，点亮四盏红灯笼，在自己船桅上升起两面红色三角神旗（如果船主姓孔，船桅升起的是两面黄色神旗）。在场的人，都要对着香案站好，要严肃、虔诚，不能乱说乱动。祭船开始，由船主亲自点燃香火，驾长高声喊道："大将军八面威风，船头压浪、船后生风、顺风相送、大吉大利啦！"喊声伴着锣声雄浑有力。

▷ 20 世纪 30 年代的海河渡船

祭船结束前，船主要小心翼翼降下自己船上桅杆上的神旗带回家中，寓意请船神回家过年，大年初一早起重新将神旗挂到船桅上，一挂三天，初四早起再把神旗带回家中。在开春渔船出河那天，将神旗挂在船桅上，以求神仙保佑出河大吉。

《天津渔民盐民风俗举要》

❖ **孙新源：**正月十六，妇女走百病

正月十六妇女走百病，这是天津"妈妈例儿"的内容之一。旧年代春节前后，对妇女的戒律束缚是很多的，只有到了正月十六这天，才能堂堂皇皇地走出家门，轻松愉快地过一天。

从腊月起，腊月二十三祭灶，不许妇女主祭，有"男不拜月，女不祭灶"之说。除夕夜，妇女只负责做年饭的炊事工作，同样不准到祭神拜祖的供桌前作主祭人。守寡的女人更不能接近供桌，而由承继人长子主持祭祷仪式。

天津还有一种习俗，妇女无论老幼，从除夕夜晚向佛祖点香上供起，就进入禁锢期，不准外出串门，连自己家亲戚处也暂不往来，只准在自己屋里和本家的院内活动。说是除夕夜"诸神下界"，怕冲撞了神仙，妇女要回避，这为了自身安全，不去别人家，是因为人家"忌人"，实际只忌女人。当然也不欢迎外姓女人来自己的家，这包括了嫁出去的姑娘，除夕的晚上，必须住在婆家或自己丈夫家，这叫"年三十夜不许看娘家的灯"。除夕守岁之后，妇女们在家里过初一。初二早晨，事先约好请一对夫妇儿女俱全能说会道的"大全人"来家里"开市"。这位大全人进门要说一套"开市大吉，吉庆有余，一顺百顺"等响亮的吉庆话，主人不待客让茶，这叫"开市就走，越过越有"，经过开市，妇女就可自由出入了。

一般家庭妇女，在正月前半个月要守在家中接待亲友拜年，直等到灯节过后的正月十六日，才名正言顺的准许外出，称为"走百病"，就是说妇女这天出门散散心，可以走掉各种疾病。多数是回娘家轻松地游玩一番，补偿一下节日的欢乐。

《民俗记趣》

❖ 王维刚：二月二，敲炕沿

农历二月初二，天津人俗称为"龙抬头"。

这天早晨，旧时有一风俗，由祖母拿笤帚疙瘩在尚未起床的孙儿女们头侧敲打炕沿，边敲边念："二月二，敲炕沿，蝎子蜈蚣不见面。"

二月二当在惊蛰时节，其时春阳东来，万物萌动，以此祝愿孩子们一年不受毒虫侵扰，倒也有趣。

《鲜为人知的天津民俗》

❖ 孙新源：春饼、春菜和春酒

立春这一天，生活较好的人家，讲究吃春饼、春菜，并且喝春酒，以点缀节日，抒发迎来春天的愉快心情。在天津吃春饼，是为立春日特烙的薄饼，不同于平日吃的家常大饼。春饼有的淋上香油，能见夹层，有的像大型的饺子皮，薄而无层，一如吃烤鸭的荷叶饼，用春饼卷春菜吃。

吃春菜的习俗是古已有之的。据《四时宝鉴》载："立春日，唐人做春饼、生菜，号春盘。"《武林旧事》载："春节前一日，后苑造办春盘，翠缕红丝，备极精巧。"天津老户人家做春菜是用新青韭、豆芽菜、细粉丝、胡萝卜丝、肉丝等等，混合爆炒，有荤素两种吃法，吃素免肉，又叫炒合菜，鲜香适口。青韭与胡萝卜丝配合，正符合《武林旧事》所载"翠缕红丝"的春菜形象。有的人家在春菜之外，往往再配上几盘菜，如炸鸡蛋角，麻酱蒜泥拌黄豆芽，炒香干腐竹或炒藕片之类，全属淡雅菜品，不动鱼肉大荤。

旧社会吃春酒之风，除一般家庭之外，尤盛行于各行各业商店中，特别是银钱业、棉纱布业、杂货业老四号、粮栈和内局批发家。立春有时在春节之前，也有时在春节之后。春节前商家结账，催欠，清仓，盘存，大忙特忙，无暇吃酒，一过了除夕，百事完毕，整个休市。于是，不问立春是哪一天，吃春酒习惯都从新正初一开始。同行间互请，一直吃到正月十六过完灯节为止。

商店请吃春酒，事先都有安排，首先请银行、钱庄，酬谢资金融通上的支持，其次是同业间互有交往之家，再有就是请街友（即跑合的掮客）感谢生意上的互助，并约定新的一年的合作。在新正月的上半月中，天天摆酒排筵，壶觥交错，极尽热闹。在吃春酒期间，商店还要向资东家馈赠整桌酒席，而且由经理人亲自持帖上门。这种风气，直到九一八事变后，商业衰微不振，才逐渐消失，即或零星吃请还有，也不会一连闹腾半个多月了。

《民俗记趣》

❖ 张东甲、于辉：五月十三吃捞面

宁河地区有句俗语："农家求雨，盐家求旱。"时令到了五月十三，还不降雨，农家就要到处焚香拜佛，祈求神灵降雨浇田。而盐家却高兴地在这一天吃捞面，庆祝大旱。因为天旱到这个时候，卤水的浓度再好不过了。这一天，灶户家的这顿捞面十分讲究，肉炸酱、对虾卤、芝麻酱、青豆、黄豆及各种伴菜应有尽有。有的灶户在吃完面后，还在汤里加放蟹肉、虾籽等，饮之留鲜久远。盐工们在大旱这天，放假半天，拿着灶户发给的犒劳钱，或吃面，或饮酒，听其自然。

总之，不管是灶户还是盐工，只要旱情延续到五月十三，就把这一天当作更大的节日来庆贺。这个习俗一直延续到解放初期。

《天津渔民盐民风俗举要》

❖ **魏克晶：**重阳登高玉皇阁

重阳登高是中华民族的古老习俗。每逢农历九月初九，是二九重阳之日。人们佩戴着茱萸，登游山岳楼阁，畅饮菊花美酒，祈颂去邪辟恶，长寿不老。唐代大诗人王维在《九月九日忆山东兄弟》诗中，留下了"每逢佳节倍思亲"的千古佳句。古代天津地无山岳，重阳登高多在鼓楼、玉皇阁等几处楼阁。玉皇阁位于三岔河口之滨，面向海河，地域开阔，自然是登高理想之地。清人鲁之裕《玉皇阁》诗咏："直在云霄上，蓬瀛望可通。万帆风汇舞，一镜水涵空。"

玉皇阁除重阳登高外，还有两项民俗活动。一是"祭星"。传说玉皇大帝诞辰之日是正月初九，他在上天总管三界、十方、四生、六道一切祸福，职权最大，地位最高，号称"昊天金阙至尊玉皇大帝"，是神仙世界的皇帝。玉帝生日前一天，天上全星下界。因此，正月初八，善男信女都要到玉皇阁祭星求顺。二是"攒斗"。相传斗姥元君为九月初九诞生，信士们要到玉皇阁为斗姥进香上寿。香束外边用纸写上本人的姓名，祈求增福延寿，消病免灾。香束摆放在院内石制的斗座上，一层一层堆攒成粗壮的圆形高柱，下大上小，层层叠叠，蔚为壮观。

《重阳登高玉皇阁》

❖ **黄英：**贴吊钱

谈"吊笺"（或"吊钱儿"）者很有几位了，但它到底是怎么回事呢？天津乡音称之为"吊千儿"，既不是"吊笺"，也不是"吊钱儿"。"千儿"可以解作纸条儿，如"书千儿"，叫它"笺"，大概是文人赋予此物的雅称吧。

贴"吊千儿"是天津人在春节的一种风俗，过去制作"吊千儿"的很多高手，有的是师徒相传。图案花样颇有精美的，但多取吉祥话语。用料是一种红绵纸，用具是小刀和蜡板。这种东西属于香蜡纸锞一类的小商品，临近除夕的日子是销售的高峰期，经营者大街小巷随处可见。

贴"吊千儿"多在除夕日当天，这是尽量让它不被风吹掉。但除夕夜如真有大风刮掉，倒也不认为是煞风景，因为那就真正是"吊钱儿"了（实际上也因"千儿"图案中有"轱辘"钱而得名）。

还有，"千儿"贴上之后如何处理呢？除了被风吹掉之外，是不是听其自然或者随意清除它呢？不是的，撕"吊千儿"也是一种乡风，就是到正月二十四晚上才把"吊千儿"撕掉，包上一点钱放在粮食囤的顶上。城市里没有粮食囤，就用柴灰在地上画一个大圆圈代表粮囤，还在旁边画上几蹬梯子，再用两块砖头把"吊千儿"包的钱包压在中间放在粮囤的中央。这要在正月二十四夜里睡前做好，翌日二十五撤掉那个钱包，将它放在卧铺的炕席底下，可保存到五月端午节作大扫除时扔掉。这个活动是农村习俗，名叫"打囤"。正月二十五打囤这天要吃米饭鱼汤，据说这天是老鼠成亲的日子。

《津门习俗——贴吊钱》

❖ **王克信：高跷会**

高跷会为当年老城区广场艺术活动的主要形式之一，深为广大群众喜爱。

天津高跷会历史悠久，昔日多集中于老城里，何时兴起已难以考证，但至迟在明末就出现于天津城内了。初时服装道具十分简陋，舞姿粗放，还不完善。尽管如此，却是百姓自娱自乐的义化形式。清乾隆年间，众多门类民间花会已成鼎盛。每年农历三月二十三，各路民间花会云集天后宫举办娘娘会，随天后塑像巡香散福，沿街表演，锣鼓喧天，热闹非凡。

一次，正值天后宫举办娘娘会，乾隆皇帝南巡途经天津，遇此盛况颇为欢悦，当即赐予龙旗、黄马褂、项圈等物，从此娘娘会改称"皇会"，高跷会更如雨后春笋，日渐增多。据清末民初不完全统计，仅城内和城外四周，就有"同乐""刚顷""民乐""庆合""全福""乐然""同欢""东门里""西马路""南门西""混元盒""西门南""同心"等十四五道之多。皇会期一般三至四日，众多不同门类民间花会，各显其能，争奇斗妍。高跷会在行会途中，不时被商家店铺及广大群众截下，进行短暂表演。由于高跷会具有特色并为群众欢迎，成为每次皇会中不可缺少的随驾会。

▷ 高跷会

随着时代变迁和老城人口的集散，云集在老城区的高跷会，也不断分流，不断在城外建立，南运河水西庄出现"西码头"高跷会，西南角以南出现"四杰村"高跷会，西马路以西出现"掩骨会"高跷会，北门外沿河出现"云乐"高跷会、"河北堤头"高跷会……众多高跷会的出现，内容和形式也多有变化，继而又分文、武高跷和文武兼祷高跷。文高跷表演内容，多以渔、樵、耕、读人物为主，表演伴有唱段，讲究唱做协调，动作优美，唱段动听。武高跷表演内容，多以《西游记》《水浒》《三国演义》故事为主，讲究功底，表演中有摔、滚、跳、翻惊人动作。文武兼备高跷亦文亦武，表演内容和表演形式也有自己风格。

无论哪种高跷表演，都有自己配套的锣鼓场，锣鼓场以锣、镲、鼓为主，分慢三点、快三点、烂三点、散点、断桥点和若干曲牌，演员根据锣鼓点快慢节奏表演不同动作。锣鼓场成员也同样化装扮演角色，踩上"腿子"参与表演亮相。高跷会的"腿子"有高低之别，高的可达一米，低的六十厘米，一般在八十厘米左右，颜色有素白、黑、红等。昔日，老城里高跷会的"腿子"，一般都在八十厘米上下，并绘有图案或花纹，大漆制作，非常讲究。武高跷易将"腿子"摔坏或折断，一般都各两套"腿子"。

高跷会在长期活动中，形成了一种"拜见"礼节，俗称"拜会"。凡演出期间两队相遇，不论何时何地，不管相识与否，各会会头（负责人）出队才互行大礼（跪拜礼）、交换帖子，各会的头棒二棒，双手高高举起木棒，锣鼓场停止敲打，两队队员徐徐相错而过，待头尾错过后，再行敲打表演，以示相互尊重。场面彬彬有礼、壮观、好看，不亚于表演，令人赞叹。同时，每逢传统节日，特别是春节期间，一些有联系的高跷会之间，在会头率领下，全队赴对方会址行拜会表演（不再交换帖子），对方热情迎接并备烟茶接待，有的还备糕点款待，以此交流和切磋技艺，增强友好关系。这些，至今在各高跷会中依然沿袭，只是有些高跷会会头改跪拜礼为鞠躬或握手礼，其他形式依旧不变。

《高跷会》

❖ 郭家森：叠罗汉花会

秦家台村叠罗汉花会，经过多年的锤炼，不断地改进创新，形成了自己独特的表演形式及内容。当时，寨上秦家台叠罗汉花会在芦、汉乃至唐山一带小有名气。

罗汉花会造型编排既惊险又巧妙。表演时，所配的乐器是笙、苇笛和锣鼓，采用了和尚念经时的曲调，以传统的《斗蛐蛐》为基本曲调，音乐节奏感强。表演开始，鼓乐大作，十几名壮汉迅速搭好底座，又有二十名攀登而上，或成三角依托，或成直立中轴，或成四角方阵，六角塔状，十分巧妙地搭成几层人梯，紧接着，一名身穿彩衣的男童被三托两举，送到顶尖，瞬间，一个人梯造型完成了，在人们的欢呼呐喊声下，塔形人梯，旋转运动，并表演出不同的造型。而十几米高的人梯就像铁铸般牢牢地叠在一起。四面八方的观众，无不被那神奇的变化和优美的造型所倾倒。

叠罗汉花会的唱词，可以自由发挥，幽默生动，妙趣横生。

叠罗汉的人穿的服装，颇为讲究，标准的和尚服，五颜六色的彩衣，头戴黑色的平顶和尚帽，腰缠彩带，脚蹬特制的软底快靴，大有罗汉转世之风采。

罗汉尖——罗汉造型最高一层的人，一般为儿童，娇小可爱，在那时，被选中罗汉尖的男孩享有很高的荣誉，一般的家长们都希望自己的孩子成为罗汉尖。据老人讲，如哪个孩子被选中罗汉尖，可以得到罗汉的保佑，亦能大福大贵，又能长命百岁。

《汉沽地区的叠罗汉花会》

❖ 杨光祥：讨口彩

口彩即吉祥话。人们在日常生活中常用比喻、象征、谐音等手段创造一些吉祥话，目的是图吉利，讨彩头，表达对美好生活的祈望。年三十吃鱼叫"年年有余（鱼）"，无论多少要剩下，叫"剩余（鱼）"；结婚时借枣、栗子、莲子、花生的谐音衍生出"早立子""连生子"，男女"花着生"等口彩；新婚之夜新人吃饺子要说"生"，以讨生子的口彩；结婚贴双"喜"字，叫"双喜临门"，倒贴喜字叫"喜"到（倒）了；还有定喜期，办喜事、抽喜烟、喝喜酒、吃喜糖、挂喜幛、唱喜歌等口彩。另外，民间还将打喷嚏说成"百岁"，打一个说"一百岁"、打两个说"二百岁"，多是长辈为晚辈讨此口彩。为人过生日叫"祝寿"，过生日者叫"寿星"，还有庆寿辰（诞）、吃寿面、吃寿桃、贺寿礼、喝寿酒等口彩；老年人寿终正寝叫"老喜丧"；打碎东西叫"岁岁（碎碎）平安"等等。

《信奉禁忌》

❖ 姜恩庆："拜香"

当年北仓还有种奇特的风俗：每年四月二十八日（旧历），这个"佛爷出家"的日子，无论是白天还是晚上，人们排着长队，身穿新白布裤褂，腰上和两条腿上都系着红带，男的还要光着脚，头上都顶着一个神码，双手举着一股冒着火焰的香，三步一揖，也有的一步一揖，从自己的家，一直拜到娘娘庙或是药王庙，这就叫作"拜香"。这都是自己或为老人患了重病时许下的大愿，到这一天就要还愿。其中最虔诚的，还有一步一跪，一直跪到大庙。

《北仓琐记》

❖ 姜恩庆：做"跳墙和尚"

还有一种风俗是孩子小时生过重病，或者从小身体瘦弱，为了孩子能长命百岁，就在庙里记了名，许愿做和尚，等孩子长到12岁，到了庙会的日子就去庙里做"跳墙和尚"，仪式是先拜佛当和尚，然后在老和尚的指点下做几下扫地、掸供桌的姿势，而后不许回头，一直走到庙门前的一条凳子跟前，两手抓着两把铜钱（当时是通用的铜币），由人扶着站在凳子上，权当墙头，然后两脚用力往后一蹬，凳子倒了，就在往下跳的同时，把手里的铜钱往后一扔，就急忙跑到剃头柜子跟前，理发师就自然地给剃了一个锅圈（意思就是要留发辫，不再当和尚了，这可能还是清代留下的风俗），另外当扔了钱往外跑的时候，凳子两旁预先安排好的一帮穷孩子，他们喊一声"逮和尚"，然后就去抢拾扔下的那些铜钱，就是他们的报酬。跳完了墙，这孩子就算还完了愿，今后不再是和尚了。

《北仓琐记》

❖ 张东甲、于辉：鸣锣惊鱼

鸣锣惊鱼，是渔民在海上围网打鱼的一个习俗。

围网打鱼，是两两成对的渔船一起作业的一种生产方式。两只船同用一张渔网，下网后两船分头作圆形围绕。合拢时锣声大作，两船人一齐高喊："一网打两船！"场面十分壮观。

鸣锣的目的在于惊鱼上浮。锣声中，被围在网内的鱼群闻声游上水面。届时船上的渔民及时收缩网底部，把围网缩成一个敞口的口袋形，以防止鱼群从底部逃脱。有经验的渔民用这种方法捕鱼，鱼群找得准，真能一网打两船，因此塘汉地区渔村至今还沿用这种办法捕捞。

《天津渔民盐民风俗举要》

❖ 张东甲、于辉：逢年买路

逢年买路这个习俗的形成，是由于凡盐滩都成卍字形的缘故。卍字滩设计的精巧处在于通向滩地的卝字路，被盐池和盐沟围在其间，出口即是入口。关于这至今还在塘沽盐区流传着一首歌谣："走进盐滩路不少，弯弯绕绕没个了，路旁尽是池和壕，出口还把进口找。"可见，这样设计盐滩可以有效地防止海盐被盗。海盐，为历代官府所垄断，不准民间私下买卖和贮存。为此，官府派兵在卐字滩入口设卡稽查，搞得产盐的灶户家吃盐也不得不去盐店购买。不论是民间还是日本侵华时期，被派驻盐滩设卡稽查的警察，都把卐字滩看作是勒索钱财的好关卡，逼得灶户们逢年过节都要委托管事的及时把钱送到警察头头手里。头头再按人头分到兵员手里，而后再出资聚餐。酒肉穿肠过，什么事都好说。倘若一次钱财不到，则脸难看，卡难过。因此每逢年节灶户为自家盐工花钱买路，便成了一个规定。

《天津渔民盐民风俗举要》

第十辑

民国时期
老天津的人和事

❖ 杨大辛：天津"八大家"

相传从咸丰初年（1851年以后）开始，流传着一个有关"八大家"的口诀："韩、高、石、刘、穆、黄、杨、益照临。"

口诀之流行，说明他们这些家族在当时已成为社会上公认的"八大家"了。在各大家族姓氏之前，群众习惯地冠以堂名字号或居住地点，即：天成号韩家、益德裕高家、杨柳青石家、土城刘家、正兴德穆家、振德黄家、长源杨家、益照临张家。

八家之中，其发家主要依赖于盐务的有四家（高、黄、杨、张），粮业的三家（石、刘、穆），海运业的一家（韩）；其中身兼大地主的两家（石、刘），其他家族在发家后亦有广置田产成为大地主者（如穆、杨、张等）。这些家族在财产膨胀之后，又根据自身的财势，广泛投资于其他方面，比较集中的行业是典当、粮食、银钱号、绸布、杂货等。如天成号韩家，除养海船数十艘外，还贩运粮食，开设当铺，长源杨家除包四个县的盐引外，把势力集中于典当业，在天津及外埠开设了二三十座当铺；穆家经营粮行发家后，主要以开设正兴德茶庄而著称，虽也接办过盐引，但在盐务上没有多大的发展。

"八大家"中声势最为煊赫的是益照临张家。创业人张锦文，早年曾在天津大盐商查家任管事，时查家已趋衰落，张为之排忧解难，出力不小，后查家资助其接办盐引，因而致富，成为天津的大绅商。咸丰三年（1853），太平天国北伐军进逼天津时，张发起成立反动武装"团练"，协助清军抗击太平军。咸丰八年、十年（1858、1860）英法联军两次侵占天津，张锦文无耻地为侵略军支应粮秣军需，维持地方秩序，深得敌人欢心，清政府与外国人办理交涉时，也要假手于他。因协助清廷镇压群众有"功"，曾受皇帝嘉奖，赏给一品封典。"八大家"中多数属于土著财主。凭借官势和洋人起家的，唯有张锦文。

口诀所列的八个家族，在咸丰、同治年间财势显荣，处于鼎盛时期，其后有的便开始败落（如益德裕高家）。同时，新的豪富又不断形成，特别是"李善人家"及"益德王家"，承包盐引发家，异军突起，声势不在"八大家"之下。崛起的家族取代了衰落的家族，进入"八大家"之列，但相沿下来的"八大家"称谓却仍维持未变。其中明确地去掉哪些家，递补哪些家，说法各异。关于补进的家族，社会比较公认的有李善人家、益德王家、乡祠卞家、高台阶华家。这样，前后期的"八大家"就有所不同了。

入民国（1912）以后，社会上又流行有"新八大家"之说，如元隆孙家、敦庆隆纪家、同益兴范家、瑞兴益金等等，多属于新兴的资产阶级。还有按行业区分的说法，如什么"钱业八大家""棉布业八大家""电料业八大家"，等等；有的甚至把买办人物也包括了进去。这样，"八大家"的含义就不那么明确了；同时，现代工商业发展迅速，竞争激烈，而被称为"大家"的，其财力又远不如原来"八大家"雄厚，故"新八大家"之说难以取得社会的一致公认，后来就不为人们所道及了。

《天津"八大家"》

❖ 于淼：名满天下"风筝魏"

风筝古称纸鸢、纸鹞，当初还不是供人消遣观赏的玩具，是用作发送军事情报和投递信号的一种特殊战斗工具。唐末五代时期仅限于宫廷权贵们玩赏，宋元以后风筝逐渐流传到民间，明清两朝风筝在平民百姓中广为普及，如今的风筝方是真正意义上的供大众消闲的玩具。风筝从最早的文献记载开始至今已经有两千余年的历史。

风筝是中国传统的民间玩具之一，天津又素有"风筝之乡"的美誉。

魏元泰是"风筝魏"的创始人，他及其后辈传人扎制的风筝，不仅享誉华夏而且还声震海外。

清同治十年（1872）六月八日，魏元泰出生在一个贫寒的劳动人民家庭，其父魏长清，苦于自己不认识字，经常受人欺骗，故而咬牙将积攒的一点钱拿出来供给魏元泰入私塾读书。但因生活负担太重，魏元泰只得被迫中途辍学。16岁那年他被送到北门外"蒋记天福斋扎彩铺"学徒，跟掌柜的师父蒋韬学做扎彩手艺。扎彩铺除了扎制专供给死人烧的冥器之外，为了多有一些收入，还兼做扎制风筝的生意，每年春秋两季都扎制许多风筝出售。魏元泰天资聪颖，心灵手巧，他不但学会了做扎彩的手艺，还学会做得一手好风筝。

▷　魏元泰在制作风筝

1915年魏元泰精心制作的十余件风筝作为直隶全省出口商品征集展品被北洋政府选中，代表中国风筝参加了为庆祝巴拿马运河开通而举办的美国巴拿马万国商品博览会，荣获金质奖牌和褒奖状，为祖国争得了荣誉。中国天津长清斋魏记风筝首次载入了中外艺术史册，步入了世界民间艺术之林。从此，"风筝魏"的作品在国际上也享有极高的声誉，成为驰名世界的民间工艺品。

《名满天下"风筝魏"》

❖ **甄光俊：** 享誉中外的天津"泥人张"

彩绘泥塑在我国的历史堪称久远，早在春秋战国时期就出现过艺术高峰。沿传下来的宋、元彩塑和明、清时代庙宇里的彩绘等杰作，都达到了相当的高度。到了清朝道光年间，在天津突然崛起一位泥人彩塑大师，他叫张明山，是天津人。张明山从13岁开始从事泥人制作，他在长期的制作实践中，潜心钻研中国古典彩塑的优良技法，不断开拓创作题材，终于把传统的彩塑艺术推向新的历史高度。张明山成为工精艺纯的泥塑艺术家，被时人誉称"泥人张"，泥人张家的彩塑作品随之名扬天下。在清光绪十年（1884）出版的张焘所著《津门杂记》里，对张明山有这样的描述："只须与人相对座谈，抟土于手，不动声色，瞬息而成，面孔经寸，而形神毕肖，且栩栩如生，须眉欲动，观者莫不叹绝。"

▷ 张明山作品《惜春作画》

张明山早年的泥塑作品，大部分是戏曲人物。为了观察戏台上人物的造型和神情形态，他常去庙会、戏园子里看艺人们表演。有一次，著名京剧演员余三胜在台上演戏，张明山坐在台下看，他藏泥于袖内，手在袖筒里暗暗地捏着，谁都未予理会。一出戏刚刚唱完，他手里的泥人也已经捏成。泥人那外貌、表情、姿态，与余三胜在台上酷似一般，人们见了，无不连称奇才、真妙。此时的张明山年仅18岁。张明山一生捏制的诸如《黄鹤楼》《白蛇传》《春秋配》《回荆州》《佘太君》等无计其数的戏曲人物，在没有照相留影技术的年代，成为后人研究戏曲阶段性历史的宝贵佐证实物。因此，十多年前编纂的《中国戏曲志·天津卷》，专为"泥人张"设置了条目。

《享誉中外的天津"泥人张"》

❖ 刘炎臣、于昭熙：刻砖艺术家刘凤鸣

天津有一位刻砖艺术家叫刘凤鸣。刘凤鸣，天津人，回族，生于清光绪十六年（1890）。据说刘凤鸣的刻砖艺术师承于外祖父马顺清和舅父马少清。

刘凤鸣小时候常去姥姥家，耳濡目染，也对刻砖产生了极大的兴趣。他开始学习刻砖时，是用土和泥做成长方形或方形砖一样大小的泥块，在上面练习雕刻。他这个人悟性好，看到母亲衣服大袖上绣花，或刻有山水、人物、花鸟鱼虫的其他物件，便以此为样板，模仿着雕刻。他从15岁起才正式向外祖父马顺清学艺，以后又学艺于舅父马少清门下，直到28岁才独立创作，出来应活。有一次，他在搬运别人已经刻好的花砖时，一不小心摔破了一块，转天就是竣工的日期，工头很着急，非让他赔一块，他一口应承下来。他找了一间空屋，叮叮当当刻了一块花砖，工头一看，比摔破的那块还好还细，禁不住竖起大拇指来。

刘凤鸣善于观察事物，对于建筑上的油漆彩画，寺院坟墓上的碑石雕

刻,以及楼台殿阁上的花样,他都用心揣摩,日久天长,脑子里记下许多画稿的印象。他除了继承马少清的"粘砖法"之外,在创作实践中还创造了"堆砖法"。他所刻的《九狮图》就是运用堆砖法刻出来的。于是"刻砖刘"之名,逐渐传遍天津卫。

"刻砖刘"早年的刻砖作品有《全家欢乐》《龙凤呈祥》《常年富贵》《十鹤十鹿》《扶苏花篮》等,早已受到人们的喜爱和赞赏。新中国成立后,他创作的《二万五千里长征》和《毛主席在农民运动讲习所》等优秀作品,尤其令人称绝。

"刻砖刘"的刻砖艺术经过多年发展,已不仅仅是砖面上做平面雕和浅浮雕,而是做半圆雕或者透雕,这种技法难度大,层次多,立体感强。他的这一绝技,可以与"泥人张"的泥人、"风筝魏"的风筝、杨柳青的年画,并称天津近代四大民间工艺。

《泥人张·风筝魏·刻砖刘》

❖ 张建虹: 妇产科专家林崧的集邮生活

林崧在致力于医务工作之余,以集邮为乐事,集邮成为他全部生活的一项重要内容。集邮是个多元交叉的科学。从表象上看仅是文化活动、收藏活动,实际上它又是经济、政治、艺术活动。没有渊博的知识,没有崇高的境界,没有锲而不舍的精神,绝难搞出成就。从集邮活动中更能反映一个人的文化素养和智慧,有些人之所以自叹不如,不仅仅是囊中羞涩,缺乏财力的原因,更主要的是境界、文化素养和对集邮的史学意义的认识达不到林先生那样的水平,缺乏志存高远的抱负和襟怀。

林崧的集邮生活是从1936年开始的。他的集邮生涯,几乎是与他的妇产科学术活动同步开始的。当年,他随同老师谢和平教授出国考察,他们乘坐的是一艘货轮,沿途每逢停泊在一个港口,谢老师总是利用别人上岸游玩时间独自去搜集邮票。林崧在无形中受到了感染，于是也跟着买，从那时起，便对这方寸大小的纸片产生了兴趣，从此开始了他长达60多年的集邮活动。对他而言，当然医学早于邮学。以他那样丰富扎实的科学文化底蕴，以他那么严格认真的处世为人，一旦有了什么新的追求，正可谓气脉相通、借鉴有门。集邮有幸得他厚爱，他也就很自然地成为一名出色的集邮专家了。

刚开始集邮时，林崧搜集的范围非常广，除了搜集外国的邮票以外，对国内各个时期的邮票也都广泛搜集。他买下的第一套邮票是德国希特勒执政时期在德国举行的冬季奥林匹克运动会纪念邮票。和许多集邮者走过的道路一样，开始的时候颇带盲目性，广收博采，并不知道怎样集邮。因此，最初不分什么国别，也不分邮票的新旧，只泛泛搜集一般的邮票，而没有主题。但这也有一定的好处，使他所搜集的邮票中有不少成了稀世珍品。在"协和"任教期间，每逢周日必到东安市场选购邮品。与沙伯泉、杨永福、韦诚起、黑玉珍等北平邮商，往来密切。

太平洋战争爆发，日本人劫夺了协和医院，林崧不愿为日伪效劳，举家迁到天津。此时天津的集邮热潮，仅次于上海，劝业场内的几家邮票社，已成为集邮家们聚会的场所，而且每周还在会芳楼进行聚餐活动。不久林崧在天津结识了著名集邮家范兰如、陆逵九、李信甫等人，邮事交往频繁，有时约上一二知己在其寓所彻夜谈邮。这使得刚入此道的他所集邮品也产生了质的飞跃。以后随着时间的推移，集邮水平不断提高，他逐渐认识到集邮不是一件简单的事，邮票种类之多，真好像是汪洋大海，范围太广，品种太多，任何一个集邮爱好者都不可能把全世界的邮票搜集全了。似此种收藏实在力所不及，且不说财力不及，就是精力也是望尘莫及。于是，他经过思考，就把集邮的范围逐渐缩小，专搜集我国和几个大国的邮票。后来，又放弃了搜集外国的邮票，只搜集我们国家的。以后又发展到只集专题的邮票。

天津的一些邮商，如雷润生、樊文炳、韦崇福、杨启亮等，对林教授从事集邮出力不小。有几部水准较高的中国清代票邮集和一些清代、民国早期的试模票、样票及珍贵变体票，大多是这几个人供给的。其中包括目前国内仅有的一枚红印花小四分复盖，堪称珍罕。

这一时期他的藏品有大龙3分银无齿样票、万寿再版，小龙加大字短距（北海票）、红印花当5元票，蟠龙有水印加"SPECIMEN"，光复、共和各种样票册，北京老版黄20元以及包括限新省贴用在内的各版帆船票加"SPECIMEN"等，废模和未采纳的原图有：飞鸽、跃鲤、飞雁母模样票，白纸坊图五元母模试印票。"中国联省"五角试模试色票，农获图大型黑样票，未采用的帆船黑样票，白纸坊雕成而未采用的孙中山像、陈英士（其美）像和已采用的谭延闿像母模图样等。这些藏品既有品位，又有质地，令行家对他刮目相看。

《林崧集邮誉满海内外》

❖ 陆遵路：津门名医陆观虎

老天津卫人一提起陆观虎大夫，无不肃然起敬。其医德之高，其医术之妙，不但为津门父老所敬佩，亦为海内外同行所折服。

陆观虎20多岁便随父迁居津门，在西门里永寿堂悬壶应诊，一时名声大震。当时城里名门贵族、民国政客，皆请其诊症，但是陆大夫对其所赠重礼重金（有的以金条付之）从不婉拒，反之对一般劳苦百姓都往往不收分文。一年为冯玉祥将军看病，冯病愈后问先生：愿从政否（暗示做高级医官）？并表示愿为其向最高当权者推荐。先生听后仰天大笑，拱手谢绝。

朱姓家妇，分娩大出血，一般中医不能诊治，西医院又去不起，全家万般无奈，央求邻里富有人家借来"包月车"一辆，急将陆大夫接到家中。陆到其家一看，家中情形与坐"包月车"的层次大相径庭，实乃贫寒人家。隔帘诊脉后，陆沉吟片刻，便从腰中掏出小纸包，取出米粒般的小药粒，令产妇白开水送下，并说："我在此等候四小时，如不能见效，我无良策了。"约一个多时辰，妇血果止。陆又见婴儿周身多处溃烂，立即开药令急买来，合水后向婴儿身上烂处轻轻涂抹……大人和孩子的性命救治了，妇人家属嘀咕起来，不知脉礼要付多少，多了拿不出，少了心里又过意不去。陆大夫看出其意思，便说道："你们全家别发愁，按理说我要你们两个条子（指金条）也不为多，因为这是两条人命呀！但是你们拿得出来吗？算啦！今天我分文不取，你们应给的钱，我找有钱的人家去要。这叫穷人看病，富人还钱！"说罢，哈哈大笑地徒步而去。

《津门名医陆观虎》

❖ 杨绍周："闻丧吊"者刘道原

有一种名为"闻丧吊"的人物，也是旧社会围绕红白事而派生的。这种人终日无所事事，只打听哪里有出大殡的，即衣冠往吊，事主本客多为荣，即所谓"有钱难买灵前吊"，照样延接款待，宴以酒席。这种事古已有之，宋诗："人乞祭余骄妾妇"，所讽即"闻丧吊"者流。天津"闻丧吊"中有一个特殊人物，此人名刘道原，原籍海下葛沽人，后住河东粮店后街吉家胡同，先是诚发粮行同事，因他有相当文化，写一笔八分字，虽不高明，尚称规范，失业后以卖字为生。每届旧历年前，他用大红喜联纸书写许多大小福字，向繁盛街道的商家"献福"，商号哪有不迷信的，都要付以代价。"福"字代价高低，皆以买卖格局论定，由制钱几百文至大洋三五元不等，一到年终他总要有很大一笔收入。嗣于庚子前后又演山"闻丧吊"的举动，他的举动与一般的不同，都要送自撰自书挽联一副，视事主的财势声望区分挽联的高次，有的用宣纸，有的用绢地锦边，装以锦盒。凡有出大殡的，不论城里城外，河东水西，刘道原必到。每到事主家必亲至灵前悬挂挽联，然后跪拜如仪，主人早知他因何而来，遂请能言知宾出头了事，交涉酬谢多少，少者10元上下，多者几十元甚至百元，成为出人殡的一个插曲。按他这种行为似乎近于无赖，但也有可言之处，每当在殡家索得酬谢后，对贫苦市民及儿童、乞丐，都有一番飞撒，且对生活困苦的街坊邻居也多有接济。

刘道原在清末时还出过一次活殡，用一切出殡的仪仗大座、和尚、道士排列成行，只是没有棺材，最后他自己坐在一乘大轿内，巡行街巷。市民观者如堵，传为社会奇闻。

《解放前天津"吃红白饭"的人》

❖ 周恩玉：穆嘉尚的一次义演

穆嘉尚1908年生于天津北郊穆庄子，他是回民，与其胞兄穆嘉禾均为印刷业手艺人，后在南市广兴大街经营复兴印刷局，专为影剧院印刷海报、说明书，并给小型报社印刷报纸（南市小型报社有十多家），最后专给中南报社印报。穆嘉尚还是原天津回民协会负责人之一，负责财务。

穆和影剧院不少经理在业务交往中结下友情，故而1946年部分影剧院经理们结拜时也有他，排行"老八"。由于他性格豪爽，社会上朋友较多，也给他在业务上带来好处。

一次回民协会缺乏基金，要求戏曲电影公会帮助搞一场义务戏，会长李吟梅召开常务理事会研究，结果由李吟梅、冯承璧、周恩玉、穆嘉尚四人于1946年去北京，先找京剧经励科负责人万子和、孙焕如、张君杰商量，打算约谭小培谭富英父子、金少山、张君秋。又找佟瑞山管事的约李多奎、陈永玲。一切办妥后，坐车来津。当年头等车只挂一节，已满员，记得车上除我们和演员外，其他都是追随谭、张、金的戏迷客，女人占多数，据说都是张君秋的熟观客，她们姿容秀丽，衣冠楚楚，争坐与张君秋相对之位。来津后，金少山对我说："明天我嗓子痛快，第三排留个座，你听听我的《铡美案》。"

转天夜场，我坐在前三排中央，当金扮包公唱到"香莲说我官官相护有牵连"时，其声音震得我耳欲聋。吃夜宵时我问金："你嗓音为什么这么高？"他说："我每天早晨在中山公园后门练嗓，在没风的天气时，我的嗓音震得树叶都摇动。"这一次义务戏下来，净赚法币数亿元。

《天津影剧娱乐业谈往》

❖ 李相心：孙菊仙铁刀惊王五

在西头太平街靠近运河的南岸，有一规模宏大而又古老的怡和斗店（斗店即粮食交易场所），天津市区的五谷杂粮都云集在这里交易。交易时旁有高喊累计数者，以使相隔数十米远的账房先生听得清楚，以便按数记账。孙菊仙就是该斗店的叫斗人。他每天喊数目声音远及隔河北岸的人都能听到，可见其嗓音条件天赋之佳。尤其是每天黄昏在沿岸数里长堤的归途上，始终是喊着嗓子走，有些戏迷们经常悄悄跟在他身后，沿途可以听完《战樊城》和《状元谱》整整两出戏。孙菊仙几易寒暑，练功依旧，终于"下海"，后成为名家，创成京剧最早享名菊坛的三大流派之一的"孙派"。

孙菊仙（1841—1931），天津人，名濂，曾用艺名"老乡亲"，久居于东门外水阁街。孙最初无固定职业，考过武举，做过义和团的主坛武术教练，候补都司，运粮马快，在紫禁城内升平署储秀宫教过戏，当过清慈禧宠爱的"内廷供奉"之一。

孙菊仙为人慷慨仗义，广为交游，有燕赵侠上之风，对梨园后辈提掖不遗余力，尚小云、荀慧生、李吉瑞均受其教益不浅。孙菊仙为人还非常精明，文能握笔作书，而武功颇有来头，举凡武林拳击及弓、刀、石无所不能，尤其臂力过人，300斤重的大铁刀挥如旋风舞。

俗话说"惺惺相惜"，当时在西门外开设源顺镖局的沧州大刀王五偶然听孙菊仙的《硃砂痣》时，听人谈到孙的武术具有独到之处。王五不相信，戏台上须发苍苍的老员外怎能是一位武林高手呢？于是便广托友人拟与孙菊仙搞一次"以武会友"。孙再三推辞，终因情面难却，便在三岔河口岸上（今狮子林桥畔）的洼地广场上摆开战场，各带随手家伙，施展了一些本领，最后孙菊仙把300多斤重的大铁刀抡了起来，只见他面不改色，上下翻飞，风声呼呼作响，王五看得目瞪口呆。结果在相互敬佩之下结成好友，而孙菊仙和大刀王五的比武佳话也传遍了天津卫。

《津门菊坛轶话》

❖ 甄光俊：高福安痛打日乘警

早年天津第一舞台的股东高福安，是清末民初在天津颇有声望的戏曲演员。他不仅善演京戏、梆子，武生、小生皆能，而且一向行侠仗义，疾恶如仇，因此赢得人们敬重。特别是他曾经在火车上痛打蛮横无理的日本乘警，在各地传为佳话。

有一年，高福安偕同他的侧室小菊处，从天津乘火车赴沈阳演戏。车出山海关后，一位中国妇女怀抱的婴儿把屎拉在了车厢地板上。尽管她当即掏出手绢蹲在地上擦拭，日本乘警还是怒骂着不依不饶。高福安看在眼里，不由怒火中烧。他离开座位走到乘警跟前，严厉地说："孩子小，不懂事，拉屎撒尿在所难免，况且已经擦净，何必还要难为一位妇女呢？"那日本乘警斜视着面前这位中国人，轻蔑地说："这是大日本国的规矩，用不着你管。"高福安怒不遏，愤愤地告诫他："这是在中国的国土上，不许你胡作非为。"日本乘警闻听后凶相毕露，挥舞手中木棒，朝高福安劈头盖脸地打来。岂料，木棒还没落下，乘警的胳膊已被高福安扭住，腰上挨了重重两拳。日本乘警发疯似的反扑着，但无济于事，小肚子又被狠狠踢了一脚，趴在了地上。高福安就势揪住他的衣领，一顿狠揍，只打得日本乘警鼻青脸肿，嗷嗷乱叫。这时，三四个日本乘警闻讯赶到，不问青红皂白就朝高福安头上打来。俗话说，好把式打不过赖戏子，何况高福安是童子功深厚的武戏演员！他赤手空拳左右迎击，三下五除二把几个日本乘警打得狼狈不堪。但是，他毕竟手无寸铁，寡不敌众，最终还是被日本乘警缚住，押往沈阳日本当局。东三省梨园界的知名人士花巨资，费尽周折才把他保释出来。

《经受国难检验的天津戏曲艺人》

❖ 周恩玉：迷信黄鼠狼的孙宝山

新明影戏院，原名天仙、下天仙，后改樱花馆、美琪，今名人民剧场。新明经理孙宝山1928年接营下天仙舞台，改名新明大戏院，不久改演电影。新明后台面积相当大，能住百人大戏班。戏停改演电影后，孙宝山仍每天打烊后到后台去烧香（供五大仙）。据说有一天他看到一只黄鼠狼，其体大如狗，黄鼠狼见他却很温顺，于是，孙更加迷信，每天烧香上供，供品有糕点、猪牛羊肉等，他还不准别人去后台。

新明的业务一天天地好起来，孙宝山又添上女招待，更促使新明天天客满，使他赚了不少钱，他又在今滨江道新华路西南角原马鬼子楼开设了一家电影院名"新中央"，不久又在南昌路开了一处电影院名"皇后"，1934年又在河东平安街兴隆街拐角处开了一处电影院叫"新东方（后改东亚）"，孙宝山认为这是受黄鼠狼大仙保佑的结果，于是对新明后台的黄鼠狼更为崇敬。但是，1938年日本租界的"民团"以私通国民党的罪名把他逮捕，押到日本宪兵队，并没收了孙宝山的"新明"，以供其民团娱乐用。

《天津影剧娱乐业谈往》

❖ 霍玉：票选四大女伶皇后

平津报界曾有女伶四大名旦之说，虽未经正式推选，但一时亦颇为流行，她们是章遏云、雪艳琴、胡碧兰和马艳云四人。

《北洋画报》认为近年女伶勃兴，人才辈出，亦难使已成名者故步自封，后进者向隅而兴叹。故《北洋画报》决定趁百期纪念之机，进行女伶四大皇后之公意选举，一以觇顾曲人望之谁归，以促女伶界艺术之进步。1930年5月3日《北洋画报》登载规定选举办法如下：（1）被选举人以现在舞台上执业者为合格；（2）选举采取不记名投票制，选举四名女伶寄至报社，至止期由报社将得票最多之四人，定为"由公意选出之女伶四大皇后"；（3）四大女伶由报社赠银盾一枚，以资纪念；（4）以一月为度，至6月3日止，7日揭晓。

《北洋画报》每期刊载选举票，投票柜分别设在报社和几家戏院门口，投票柜是天天要开启的，每期的《北洋画报》上都要公布各位候选人的票数，读者投票极为踊跃。票的变数很大，弄得众多坤伶和捧场客都很紧张。应读者要求，时间后移了半个月，到1930年6月21日才揭晓：胡碧兰（25534票），孟丽君（21767票），雪艳琴（20809票），章遏云（19131票），尘埃落定后，《北洋画报》上刊发了一封属名阿费的读者来信，称："遏云仅得四后之末，臣宁蹈东海死耳，岂能于小朝廷求活邪？"

也难怪这位戏迷心有不平，在最初几次，章遏云的票数一直是遥遥领先，如6月5日，公布候选人86人，前四名章遏云2385票，第四名新艳秋1334票。6月7日，章遏云5238票，第四名胡碧兰1905票。直到15日，章遏云都是第一。《北洋画报》赶紧刊发文章，言四后没有先后之分，"四后各有其不可抹灭之价值，诚不能有所轩轾，若必次列第一第二，则只仍可付诸真正之民意，俟诸异日。"并谈道："胡工于青衣，举世女伶无出其右者；孟后则文武男女不挡，武工尤娴熟，男伶不能望其项背；雪后声如裂帛，天赋歌喉，如莺出谷；章后则蜚声歌台，非复一日，于能唱做之外，尤能交际。"

《章遏云在天津的演艺生活》

❖ 李相心："断国孝"艺人遭劫难

"断国孝"是人们对清王朝的皇帝及后妃死去时的100天丧期的称谓。

清末光绪三十四年秋，光绪猝死瀛台，未出三日慈禧也继之而亡。当时清廷即按例旨令民间各行各业在100天的"国孝"期间，一律不准擅动响器，并禁止身着彩衣，从而使得带响器和着彩衣（戏曲）的行业陷入瘫痪状态。依靠每日所得、日挣日吃的梨园艺人们凭空遭受了极大的灾难。有点名气的演员还可靠少许积蓄勉强维持，但绝大部分演职员却面临饥饿边缘。他们为了活下去，不得不纷纷临时改业，甚至乞讨。

当时天津正是九国租界兴盛的时候，清王朝"断国孝"的旨令在租界内毫无作用，因此位于海河东岸的奥、意两国租界内有些简易的席棚茶园便应运而生。从金钢桥到老龙头（东车站）周围方圆不过三四里地，却畸形地出现十几个茶园，以聚仙茶园、群仙茶园、亚东茶园、四益茶园、聚盛茶园、德仙茶园、庆乐茶园、五福茶园、永义茶园、德来茶园、戊耕涛舞台、同乐茶园、通乐茶园等及大规模的正式茶园东天仙（今改为民主戏院），它们生意非常兴隆，有些著名艺人由于百日困境难熬，不得已也纷纷出山，如程永龙、小达子、姜桂喜、小菊芬、周春奎、罗小宝等，田际云率领小玉成科班也来此演出。常驻永义茶园的"醒世金铎"十样杂耍（今称杂技曲艺）的德寿山、曾振庭、钟万起、张筱轩也在此演出。武生李顺来及梆子青衣小林黛玉（碧云霞之师）在此演出大型本戏《斗牛宫》《洛阳桥》《金台打擂》等。当时艺人们虽然有了演出场地，暂时度过"断国孝"的百日灾难，可是在献艺期间前台老板趁机巧立名目，大肆搜刮艺人的残酷手段，如包银"打厘""地捐""特别税""弹压招待费"等，加在一起每天须扣除将近一半，艺人们为了维持生计，只好忍痛"挨宰"。

最遭厄运的要算是西马路的小吉利科班，恰好地处"断国孝"的禁演区内，刚刚渐露头角的李吉瑞和名净张吉虎、武丑艾云飞等，每天早晨"打把子"、练腰腿功后即率领十几个刚成丁的科班学生到大连码头去"扛河坝"（即搬运工），赚些小钱维持生计，码头上不来货物时，就在附近的场地上打把式卖艺，顺便熟悉功底。

创作《纺棉花》的艺人小马五就是在这种非常时期适应形势红起来的。他带着两个配角和胡琴，流浪各地，走到哪儿就唱到哪儿，巡捕持棍棒来驱赶时就走，有时也不免挨上两棍棒。

《津门菊坛轶话》

❖ 李松年：靠庚子赔款起家的武斋洋行

在天津众多的洋行中，日商武斋洋行是靠庚子赔款起家的。1885年武内才吉在紫竹林创办武斋洋行时，资金不过几千元，租用三间门面房为营业所，经营照相器材和杂货业务。

1900年庚子事变，武斋洋行被毁。根据清政府和八国联军签订的《辛丑条约》，赔偿洋行所受的损失。武内才吉在日本驻津领事郑永昌的唆使下，伪造财产损失清册，得到"赔款"五十万两，并无偿地在闸口街以南周家坑，得到一块面积百余亩的地皮。武内在这块地皮上兴建三层楼房一幢，为武斋洋行的新行址；二层楼房一幢为华账房；二层楼仓库两个。另临街建筑二层楼房数幢，为行员宿舍或出租。自此，武斋洋行在讹诈赔款的基础上，业务经营范围日益扩大和发展，武内才吉也由一个普通小商人一跃而成为富家翁。

《靠庚子赔款起家的武斋洋行》

❖ **李耀庭：** 鼎章照相馆的名人效应

来鼎章照相的顾客，初为市民、妇女、富户、学生，以后业务日广，军阀、官僚以及著名艺人均来约照相。学校、矿山来约照相的也渐多，其中尤以名人照相最能提高鼎章声誉。

▷　鼎章照相馆为孙中山先生拍摄的照片

1918年黎元洪在寓所派人去鼎章照相馆找人来照相，由鼎章派李耀庭去照，给黎总统照了8寸半身相，总统很满意。1919年又给黎总统照了一张12寸半身相，更感满意。1922年第二次直奉战争后，曹锟、吴佩孚派王承斌请黎元洪回京复任大总统。临行嘱将前在津照的12寸半身相每次洗500张（合650元），共洗了十多次。

1922年黎元洪在总统府延庆楼宴请美国海军司令白尔科及夫人等46人，亦由鼎章派李耀庭及助手共4人前去照18寸相。以后又在中南海楠木殿，为总统及国务总理张绍曾，外交部长王正廷与各国公使拍合影照24寸相，每人洗赠一张。

规模最大的一次照相是一次阅兵盛典。1922年"双十节"，黎总统在西苑阅操，由王怀庆任指挥官，第一个骑马挥刀在前跑，总统骑高头大马着大元帅礼服神采奕奕在中间跑，绕场一大圈，回到检阅台，开始检阅部队及各种武器，约历三个小时，由李耀庭及助手拍照，效果很好，总统留作纪念。

为孙中山照相。孙中山于1925年12月1日来津，到津时码头上来迎接的群众有数千人，燃放鞭炮表示欢迎，孙中山住日租界张园。当时鼎章照相馆李耀庭被约前去，先与主管人前参议院议长张继联系，拟给孙总理照相留念。候至下午，孙总理下楼到院中，身穿狐貉皮袍、皮马褂，右手拿手杖，左手拿呢帽，照了12寸立身相。拍照完毕，孙总理去河北区曹家花园拜访张作霖。1925年3月12日，孙中山逝世。在津最后所照的这张照片由鼎章改印珂罗版相片，群众争购以留纪念。以后南京为孙总理立铜像，即是以这张12寸立身相为蓝本的。

《鼎章——天津历史最久的照相馆》

❖ **甄光俊：** 中国大戏院的开业典礼

1936年9月19日（岁次丙子，农历八月初四，星期六），经过周密筹备和认真装饰的中国大戏院正式启用。首场演出前举行了简短但很隆重的揭幕典礼。

典礼原定是日下午4时举行，提前收到请柬的各界来宾均按时来到戏院，除少数贵宾外，大部分客人都聚集在剧场正门前面，边参观外部建筑，边等候剪彩典礼。因为市长张自忠姗姗来迟的缘故，典礼往后推迟了一个小时举行。5点整，军乐声响起，首先在戏院大门前举行剪绳迎宾礼。总经理孟少臣的夫人执剪将横在门前的彩绳剪断，与会的人群从开启的左、中、右三扇大门鱼贯而入，几分钟之间观众席的座位就已占满。这些来宾中，包括天津工商界的代表、政界要员、社会名流、有关团体的负责人，以及法国工部局的职员等人士，总计1500余位。光是在礼簿上有名姓记录的单位和个人就超过500位。天津市长张自忠、市府秘书长马彦翀、天津自治监理处处长刘孟扬、天津商会主席纪华、中央银行副理卞俶成等客人在前排就座。

少顷，前一天从北京赶来的著名京剧演员马连良，作为特邀嘉宾走上舞台，执行揭幕剪彩。红彩带被剪开后，崭新的丝绒幕布随即拉开。舞台上灯光齐明，装置得类似宫殿造型的华丽布景，富丽堂皇，光彩夺目。孟少臣宣布，市府秘书长马彦翀代表张自忠市长致辞。马秘书长在观众的掌声中登上舞台。他在正式致辞前先说了一句轻松的垫白："中国大戏院开幕，大家都希望听马老板的戏，我的话可没有马老板的戏好听呀！"他的话音未落，台下掌声再次响起，马彦翀伸出双手成作揖状向台下观众致意，这才言归正传，代表张自忠宣读了简短的贺词。其后是商会主席纪华、自治监理处长刘孟扬依次登台致贺词。再后，按原定程序本该孟少臣总经理致答谢词，因为孟少臣连日操办戏院揭幕典礼事，劳累过度以致嗓哑失润，此时他与马连良挽臂而出，向台下深鞠一躬，热情邀请马连良老板讲话。台下观众虽然对马连良无不知名，但大都只是看过他演戏，很少有人听过他便装讲话，因此对他讲话热烈鼓掌，表示欢迎。马连良即席讲道，中国大戏院开幕，躬逢其盛，不胜荣幸。然后与天津朋友们畅叙阔别之情。他的讲话很简短，群众却听得津津有味，几次掌声骤起，以致把他最后所说祝诸君福寿无限之类的话湮没。

马连良讲毕，孟少臣宣布典礼结束，恭候诸位来宾光临今晚首场演出。接着，著名琴师杨宝忠率领文武场面吹奏京剧曲牌《将军令》，以此送客。

当天晚上，由马连良领衔的扶风社在中国大戏院作首场演出。所演节目，次序如下——全体武行跳灵官，马连良跳加官，马富禄跳武财神，众人合演《天官赐福》；方连元主演《蟠桃会》；林秋雯、马富禄合演《女起解》；马连良、刘连荣、茹富蕙、叶盛兰合演全部《借东风》。当马连良在台上跳加官的时候，剧场里突然断电，台上台下一片黑暗。约十分钟后，灯光复明。后来得知，这是因为事先没有给法国电灯房赠送票，才惹出这样一点麻烦。

《中国大戏院落成前后》

❖ 王日强：百乐门舞场的"大比武"

1943年，大百乐门舞场曾发生过一次"大比武"。一方是汉奸汪精卫政权下的高某，自称"高少将"，一方是天津地头蛇汉奸恶霸袁文会的党羽，两方争执各不相让。他们先是骂街动手，继而是持械格斗，一时枪声大作，如临大敌。舞客们恐遭池鱼之殃，纷纷逃之夭夭。格斗中不仅杯盘桌椅倒地无数，连厕所也成了战斗据点，门窗玻璃、镜子、乐器等物悉被砸毁。舞场虽去报警，而警局一听双方人物都不是省油灯，干脆多一事不如少一事，故意拖延了很长时间才派人到现场，这时双方战斗者早已撤退他去了。舞场遇到这种情况也只好自认晦气了。

《天津旧舞场琐闻》

❖ 甄光俊：京剧名角募捐义演

在中华民族一致抵御日军入侵的日子里，天津的戏曲艺人们一面编演新戏，一面组织募捐义演，以实际行动支援卫国守疆的前方将士。

▷ 周信芳演出照

　　1932年1月28日，日军又在上海制造了淞沪事件，我十九路军官兵浴血奋战，损失惨重。消息传到天津后，正在天津演出的四大名旦之一尚小云，于3月6日联合王又宸、周瑞安等京剧名角，在北洋戏院举办募捐义演，通力合作演出了《白罗衫》《盗魂铃》《长坂坡》等高水平剧目，因为是爱国义演，各界群众争相到剧场捐献。场面热烈感人。演出后，尚小云代表所有参演艺人，将演出所得悉数捐给十九路军。三日后，京剧四大坤旦之一的雪艳琴，联合名角吴铁庵，在春和大戏院举办慰问上海前方将士义演，雪艳琴主演《廉锦枫》，吴铁庵主演《白蟒台》，市民蜂拥而来捐献现金。演毕，艺人们将募捐款项送到报馆，郑重捐献给坚守上海的抗战部队。几天后，京剧四大坤旦之一的章遏云，也在春和戏院组织义演。这位京剧名角为了争取在津的广东籍人士捐献，连续两天演出反串粤剧《仕林祭塔》和《园林幽怨》。客居天津的广东籍工商业者看后，纷纷捐款捐物，为抗日斗争做出积极贡献。

　　1933年，日军出兵，占领了我国热河省省会承德。正在天津演戏的周信芳闻知后，义愤填膺，他当即赶到《大公报》报馆，委托报馆将他个人捐献的一百元现金转交坚守阵地的前方将士，勉励他们为国为民尽职尽责，坚持到最后胜利。此后，他又四出奔走，串联在津的京剧界名流，积极组织声援前方的募捐义演。为了团结艺人们齐心协力做成这件事，他屈尊为后起之秀新艳秋挎刀，在《玉堂春》里扮演配角刘秉义。他还把压轴戏让给名气远逊于自己的天津红角赵化南去演，而心甘情愿地在其前边演《南天门》。同行们于心不忍，劝他压轴，他说："咱们都是为声援前方将士打日本，只要把戏演好，谁先谁后又有什么说的呢？"由于有周信芳带头，义演具有很强的号召力，募捐非常成功。东北军在收到天津戏曲艺人的捐款后，倍受鼓舞，《大公报》刊登了东北军士兵的来信，表示与东洋鬼子血战到底的决心，用视死如归回报天津各界父老乡亲对他们的支持。

《经受国难检验的天津戏曲艺人》

❖ 甄光俊：梁蕊兰为抗日立功

20世纪20年代蜚声天津剧坛的老一代河北梆子艺术家梁蕊兰，在抗战爆发后，嫁给唐山道尹公署当视察的张子乔，婚后迁居唐山。张子乔早年留学日本，有一定的民族意识。他反对日本人侵略中国，同情爱国志士的抗日斗争，因此被中共冀东区党委物色为可争取的目标，安排地下工作者打入他周围。他属员中的中共党员蔡郁章，经常把党的地下工作者赵子佩、轩敬一带到张子乔家里，借机向张子乔、梁蕊兰灌输革命道理。梁蕊兰小时候念过几年私塾，识文断字，她从书报上知道日本人对中国国土觊觎已久。特别是1931年九一八事变后，她对日军在东北地区犯下的罪行更是深恶痛绝，对那些为保卫中华民族国土而浴血奋战的将士，则充满敬仰之情。她从丈夫嘴里得知赵子佩等人系共产党地下工作者后，征得张子乔同意，把赵子佩带来的一个小女孩认作义女，使他们之间的联系合法化。这几位地下工作者得到梁蕊兰有意无意的帮助，秘密工作开展得很顺利。

梁蕊兰跟随丈夫居住在唐山军政要员的家属宿舍，经常同治安军第九军军长王斌，及其他要人和家属们在一起打牌、聚会，梁蕊兰总是留心搜集这些人于无意间泄露的秘密，然后说给赵子佩听。有一次，由于梁蕊兰及时报告了日军将在治安军配合下攻打榛子镇八路军的情报，使八路军提前做好应急准备，在战斗中伤亡敌伪军17名，还缴获了一些军械。这次胜利，有力地打击了敌伪的嚣张气焰，大振了抗日军民的士气。为此，梁蕊兰受到中共冀东区党委负责人李运昌的通报嘉奖。

《经受国难检验的天津戏曲艺人》

❖ 杜鱼：利华大楼里的抗日杀奸团

今解放北路114号的利华大楼，是天津一处非常有名的历史建筑。其创建者法籍犹太人李亚溥（Marcel Leopold）的发迹史，也为天津人所津津乐道。鲜为人知的是，在天津沦陷期间，这座楼里还隐藏着一段非同寻常的抗日故事。

1937年8月，天津沦陷不久，几位青年救国联合会的成员，李宝琦、李宝仁、郭兆和、沈栋、沈桢（女）、张澜生、阮荣照（女）等人，意识到日军的铁蹄已经到了自家门口，过去的活动方式已不适应新的形势，因此他们约来好友曾澈、步丰基、陈晶然、王桂秋等，大家共同商量对策，最后共同倡议组建"抗日杀奸团"，拿起武器在沦陷区开展特殊的抗日斗争。

为了唤起民众更广泛地参加抗日斗争，"抗团"成员撒传单，贴标语，办报纸，还研究制造炸弹、燃烧弹等，专烧日军战略物资等。"抗团"沟通交流，一般都选择不易被人察觉的公共设施，如民园体育场、英国球场等地，而利华大楼的顶层平台，也是"抗团"活动的重要场所之一。据"抗团"成员刘永康（刘洁）先生回忆，每次聚集利华大楼研究事项、部署任务，议程都非常之短，大家手里经常拿着足球，带着杂志等，就如同玩累了聚在一起休息的样子。不管会议内容多重要，都是长话短说，说完就散，以保证每个成员的安全。

▷ 海河边上的利华大楼

"抗团"的"杀奸"行动，第一个选定的目标是住在天津的伪河北省教育厅厅长陶尚铭。1938年11月初，陶从住处西湖饭店出门，担任主攻的"抗团"成员孙若愚、孙湘德当即迎上去，对着陶连开数枪，然后安全撤退。由于是初次行动，事后得知偏差较大，只有一枪击中陶逆，打瞎其一只眼睛。有了这次教训，"抗团"成员开始积极主动地训练。"抗团"接下来选定的制裁对象是伪天津市商会会长王竹林。这个汉奸多次强迫商家向敌寇献财献物，民愤极大。担负此次行动射手的是祝友樵和孙湘德，由孙若愚掩护。三人为了保证行动的成功，差不多每天都要到利华大楼顶层平台等处苦学射击，主要是用气枪练习瞄准。

1938年12月27日晚9时许，孙湘德、祝友樵于丰泽园饭庄门口（在今山东路），成功地将王竹林击毙。王的毙命在日伪当局内部造成很大震动，尤其是震慑了大大小小的汉奸，鼓舞了抗日同胞的士气。由于真正的"凶手"一直没有归案，伪天津市政府最后还被迫撤换了伪警察局局长周思靖等人的职务。在这件轰动一时的"杀奸案"中，作为"抗团"秘密训练点的利华大楼，也可以说在天津的抗日斗争历史上书写了特殊的一笔。

《利华大楼里的抗日杀奸团》

❖ 宋杨、凯民：拆城墙，修马路

1901年1月21日，天津城内外遍贴一张告示："为出示晓谕事，照得津郡街市地面狭窄，于各商往来运货甚为不便，兹本都统等共同商定，所有周围城墙全行拆尽，即以此改为马路之用。其靠城墙各房间，仰各业主速行拆去，其砖瓦木料等项准各房主领回。为此示谕各民人等知悉，仰凛遵勿违。切切！"这是八国联军占领天津后，军政府都统衙门为消除天津城的防卫功能，以及交通、卫生的原因，决定拆城修路的通告。拆城工程由都统衙门工程处主任雷嘎德上尉负责，以一万银圆、一万袋大米、城砖归己有，承包给一个名叫雍剑秋的城里人。四围九里余的城墙，"仅三个月的时间就全部拆毁完毕"。

城墙拆完后，城基道路谁来修建？道路如何使用？引起洋商的竞争。早在拆城之前，1900年11月和转年1月，驻津日本领事两次向都统衙门提出，由日本公司承建电车道，一年左右可完成，说此事正在与中国政府商谈中，要求都统衙门不要将此特权转给他人，并请予免税。但都统衙门答复，此事不予干涉。因为都统衙门虽有批准权，而道路所有权属中国政府，需与中国政府签订合同才有效，日本的要求没有实现。1902年，德商世昌洋行军火商海礼，因曾为袁世凯小站练兵购买过军火，交往密切。他提出承办天津电车电灯，得到直隶总督袁世凯的同意，并经都统衙门批准立案。可是世昌洋行资金不足，难于投入，海礼便将此专营权转给比利时通用银行财团接办。

这年8月，都统衙门统治二年的天津归还中国，由袁世凯接管。拆城后的城基清理及道路基础工程由天津工程局实施。工程局聘请德国工程师巴希为指导，职工200余人，常雇民夫300余人。

▷　天津老城墙

▷　1901年，老城墙被拆除

　　在东、西、南、北四围马路施工前，袁世凯派四门千总丁文运查勘城墙界址。凡靠近城基的房屋建筑，命令一律拆除。然后工程局雇民夫20余人开挖排水沟渠，用砖砌护，防止淤塞。与此同时，济安自来水公司在东、两、北马路，城内及侯家后埋设水管，准备供应自来水。最后，路面铺垫碎石，用购自英国的蒸汽轧路机将道路碾平。整个工程于1903年1月完工。1904年4月，由津海关道唐绍仪、天津道王宝仁、候补道蔡绍基、天津府凌福彭，与比国驻津领事嘎德斯、工程师沙特、世昌洋行海礼共同签订《天津电车电灯公司合同》二十七款。东、西、南、北马路被公司列为早期施工的路段。马路宽24米，铁轨距路边在4米以上，电车路线上接设电灯，在金家窑修建发电厂以提供电源。

　　1906年2月16日，环城四条马路的单行轨道电车建成，举行通车典礼。6月2日正式营运，被称为白牌电车。1907年改成双行轨道。至此，四条马路地下有排水沟渠、自来水管，地上有电车、电灯，标志天津城市最早出现近代化的道路。1908年，比商电车电灯公司又开辟自北大关始发，经金汤桥至东站的红牌电车；经万国桥至东站的蓝牌电车；经旭街（今和平路）、海大道（今大沽路）至海关的黄牌电车和1918年由天增里（今劝业场）西至墙子河沿的绿牌电车等线路。

《老城四围的马路》

◆ 宋颂石：东、南两马路的三面大墙

　　今日的东马路，是天津旧城的东城墙旧址。往时东马路无甚高大建筑，有两面大墙，一为官银号大墙（今五和商场一段），另一面为李善人家大墙（今元隆布店一段）。官银号大墙，原为直隶省银行的东墙；李善人大墙，为冰窖胡同"李善人家"的后墙。原在这西面大墙上贴满各种广告、布告，以及寻人、出租房屋、倒闭商店兑底等纸条，触目皆是，紊乱不堪。墙下摆满各项小贩的地摊，包括卦摊、报摊、烟摊、茶摊诸项，每至年节，售卖各类应节物品者更为繁多。后来官银号大墙对面建有金城银行。李善人大墙对面为甲种商业学校，再南是瀛洲药房旧址，原为驻军队的地方。

南马路靠东兴大街北口有一段大墙，专为各戏院贴海报地方，这段长达五六米的大墙每天贴出各戏院的大型海报。市民如欲看戏，来到这里一看，就可以知道谁家角儿好，哪家戏好。当时老天津戏迷们称这里是"戏目窗户"。

▷ 街头小贩的地摊

　　旧日各戏院的海报，每张为对开纸，最著名的演员名字，一张对开纸只印一个大字，如"梅兰芳"三个字，则用三张对开纸，每张印一个大字。各种海报逐日用糨糊粘贴在这面大墙上，新的贴在旧的上面，日久纸迹重叠，其厚如板。一些抽白面儿的毒鬼，每值严冬，衣不蔽体，便扯下这厚厚的海报旧纸，披裹在身上，借避风寒。当时文明戏演员小侠影，在南市聚华戏院（今劳动剧场）演《戒毒大观》这出文明戏时，他扮演一个吸毒者。为了化装逼真，就曾把这类厚厚的海报揭下来裹在身上，非常酷似当年陷于困境的吸食白面儿者的丑态，出场后引起观众的哄笑。

《津门旧事鳞爪》

❖ 宋颂石：人力车的"八道捐"

旧日盛行的人力车，俗称"洋车"，以拉洋车为生的劳动人民很苦，必须有上"八道捐"的洋车才能通行全市。因早年天津有各国租界，所谓"八道捐"，包括英、法、日、德、意、奥、俄七个租界和"华界"等八道捐。一处不纳捐，则车不能入其境，否则要受罚。车夫从车厂租车，要付"车份"，即租车费，而车份的高低，要以该车所交纳的车捐多少而定。如租拉八道捐的洋车，车份要比租拉一道捐的车高四倍，洋车夫挣钱很难，消耗一天的汗水，所得辛苦钱很少。如租拉八道捐的车，每日除去车份，所得极少，很多不能维持温饱。

洋车夫还常受旧警察特别是日、法两租界巡捕的欺压。偶有行走违章时，即遭到辱骂，甚至车上的扶手板被警棒敲毁而无法交回车厂，必须赔偿损失。更有甚者，有的巡捕对不如意的洋车夫，还要把洋车上的车垫抢去，扔到行驶的电车上，没有车垫的车，怎能拉客座？必须等到这辆电车返回，再哀求巡捕把车垫索回，结果白白消耗时间，影响拉车收入。

《津门旧事鳞爪》

❖ 杨长河："围城转"的有轨电车

1906年（清光绪三十二年）6月2日，比公司白牌电车首先开通。其轨路是围绕老城环行，人称之为"围城转"。初时为单轨，1907年改为双轨。

据久居城厢老人们说，电车初行时，市民十分反感，究其原因，一则庚子事变后，民众仇洋心理甚浓。二则缺少科学知识，害怕触电。三则风传票价昂贵，洋商讹人。加之市民对极少数为猎奇、显贵的公子哥投以蔑视，故一时间电车竟成了"只闻城间铃铛声响，不见人影登车来"的西洋景。

对此，比商大伤脑筋。后经华人暗授机宜，采取"先尝后买"的手腕，遂立奏奇效。一时津城万人空巷，齐聚街头，市民以乘电车兜风为一时髦。比商见市民尝到了甜头，就立即取消免费一说，实行乘车售票制。起初票价极其低廉，电车绕城一周，一等厢座（配以绒垫、地毯、电扇、痰盂等设施）只收一个小铜圆。二等厢座（藤座椅）只收半个小铜圆。待其后，乘客日多，且愈觉其便时，比商便索性取消了厢位等级，一律改为木制长条通座，按段收费。每段收小铜圆三枚。超过一段增收四枚小铜圆。此时票价比初始时上涨了四倍。

▷ 白牌电车

1908年（清光绪三十四年）比商电车公司又开通了始发北大关，终至老龙头车站（今天津站）及海关的红、蓝、黄牌电车三条路线。至此，天津有轨电车路线已形成了贯穿津门商业繁华街区及日、法、意等国租界区的交通网络。

《天津有轨电车开通的前前后后》

❖ 丁修竹：天津最早的公共汽车

天津市最早的公共汽车是私人创办的，创办人是当时经营汽车的天津汽车行经理丁清志，创办年份在1932—1933年间。当时集资约六万余元，先后购进德昌贸易公司的飞德禄牌汽车36辆，改装客车车厢，开辟了三条行车路线：一是国民饭店至大营门；二是从官银号至北站；三是从解放桥至小刘庄。由于当时天津比商电车公司的横加干涉，除围城四马路不允许行驶公共汽车外，官银号至国民饭店这一最繁华的地段也被禁止开辟公共汽车路线，因为这都是比商电车公司所经营的电车驶过的地方。丁清志当时想把几条路线联结起来，形成一简单的公共汽车路线网，但始终未成。

经过几年的惨淡经营，根据当时形势的需要，尚计划再辟国民饭店（通过今赤峰道）至老西开教堂后，和大营门（通过今南京路）至海光寺等新行驶路线，但由于卢沟桥事变爆发，日军入侵天津而未实现。在1938年被伪政权以公用事业为名强行收购，在清产估值总额时被当时伪政权强行压低，因此名义上是收购，实际等于抢夺。经理丁某愤然辞去领导职务，居家不出。日军怂恿汉奸曾数次邀请丁某再度出任经理，并许以高薪，皆被拒绝，后丁某竟由此而致疾，郁郁而终。

《天津最早的公共汽车》

❖ 姚惜云：最早成立的票房

天津最早成立的票房，当推雅韵国风社，成立于1900年以前，地点在北门里一个独门独院里。票友多半是盐、当商富户子弟，日日高朋满座，谈笑风生。其中有不少人后来成为京、津名票。

大盐商王君直，酷喜二黄，曾与谭鑫培交往，深得谭派三昧，时常走票，被誉为谭派嫡系正宗。他在津时每日必到雅韵国风社，票友们奉为圭臬。王颂臣善唱汪（桂芬）派戏，嗓音高、气力足，在雅韵国风社与王君直、刘永奎媲美成鼎足之势。

当年在雅韵国风票房，有两位拉胡琴的圣手：一位是陈筱鹤，另一位是李佩卿，在票友里可算佼佼者。民国初年，北京名旦余紫云携子余叔岩来津，在鼓楼北元升茶园献艺。余叔岩当时二十几岁，做工武打，全有基础，暇时经常不断到雅韵国风票房向谭派须生名票王君直求教，李佩卿为他吊嗓。余叔岩认为李佩卿调门定得准，唱时省力，很感满意，茶园满期后，余叔岩便聘请李佩卿操琴，长期合作十数年。天津票友能给誉满全国的名演员余叔岩伴奏，成了名琴师，在票友里足以自豪了。

《天津的票友和票房》

❖ 李英斌：“票界之王”王庚生

王庚生的老生戏主要宗谭鑫培，武生戏宗杨小楼。1917年谭鑫培病故后，天津能传谭艺者，仅王君直、王庚生数人。庚生不仅以唱念取胜，更精于做打。王戏学渊博，兼收并蓄，博采众家之长，且能兼演旦、净、末、丑各个行当，可称文武昆乱不挡。他曾向琴师梅雨田求教谭氏中年时期的唱法，向周子衡（宗程长庚）学习程腔，向钱金福学《珠帘寨》的对刀、《宁武关》的开打，向王长林学习《问樵》的身段；研究孙菊仙、汪桂芬、汪笑侬的唱腔，贾洪林的做派。经过勤学苦练，在艺术上获得一定成就，能戏极多，300余出。

1928年前后，王庚生到开滦矿务局任职员，兼任开滦国剧社剧务主任。

该社拥有不少名票友如陈湖扬、朱邵庵、靳云波、王者相、徐郁周、高鹤亭、刘紫璞、李子玉等，再加上胡碧兰、章遏云、李艳香、金友琴、侯喜瑞、马连昆、安舒元等名伶，经常参加演出，故每次彩排或义演，均备受欢迎。

1929年，王庚生应《益世报》之约，撰写了《剧艺传真》一文，在副刊连载。

1930年与田桂凤在天升影院合演《坐楼杀惜》。在堂会戏、义务戏中与杨小楼、尚和玉合演《八蜡庙》《战宛城》；与尚小云、芙蓉草合演《御碑亭》；与小翠花演《游龙戏凤》列堂会戏大轴；与侯喜瑞、程继先、马连昆、李春恒等合演《连环套》《打严嵩》《打侄上坟》《群英会》等戏。

同年9月，王的弟子章遏云应天升影院之聘，组班演出，配角有程继先、李寿山、罗福山、诸如香等。打炮第三天为《玉堂春》，特邀王庚生饰刘秉义，袁寒云演潘必正，程继先演王金龙，配搭之佳一时无两，是夕盛况空前，竟卖了不少站票。

1930年前后，天津报界组织票界选举，王庚生被选为天津"票界之王"。

《天津"票界之王"王庚生》

❖ **王木：广告宣传战**

从七七事变前到天津沦陷时期，日本的药品在天津和华北各地进行了大力的广告宣传，如日本的仁丹广告不仅遍及天津的大街小巷，华北各地的中小城镇也处处可见。除仁丹外还有日本人大量生产的大学眼药、老笃眼药、中将汤等宣传广告，也很普遍。当时天津东南角有一个仁丹广告牌，周围有彩色灯泡闪闪发光，这在那时是很新奇的了。而天津最早的霓虹灯广告是出现在旭街（今和平路）日商江头药房的门前，是大学眼药的广告，但是在众多的日本药品中广告宣传方式最多、效果最好的则是日本若素制药公司生产的胃药若素，他们从1937年到1945年日本投降的八年中花费了大量的广告费，但也赚了不少钱。若素公司的广告部最初设在日租界桔街福聚里的一所小楼里，广告部长叫小盐正荣。为了适合中国人的生活习惯，广告部招收了一些中国广告设计人员，这些人有的搞广告设计，有的联系业务，同时还聘了许多画家搞美术设计和画广告宣传画。若素公司自己还创办了一个文艺杂志《全家福》，除封底和中间的插页是若素的广告外，其他全是娱乐性文章，出版后受到读者欢迎。1943年若素公司在天津中国大戏院和北京的长安大戏院演了两场戏，是以10个若素药盒换一张戏票，这种别开生面的广告方式引起了广大消费者的兴趣。除日商在天津大做广告外，南洋和上海的产品也在天津展开了强大的广告宣传战，如虎标万金油、双妹雪花膏、黑人牙裔、双钱套鞋、双飞剑运动鞋、食母生、人造自来血等等。天津的产品广告在这种情况下也当仁不让，形形色色的广告充斥街头，如药制冷香霜、留番来、369雪花膏、三五头油发蜡、万紫千红香粉、

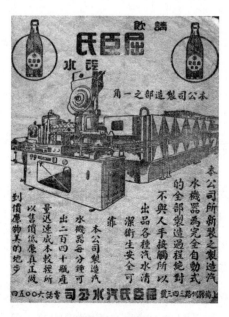

▷ 屈臣氏汽水公司的广告

一品膏、生乳灵、娃娃宁、保赤一粒金、舒肝调气丸等等；一些大的商店也很重视广告宣传，如华竹、仁昌、华茂、元隆等绸缎庄，如成兴茶庄的袋茶等等。后来有了电台的商业广告，各种广告宣传更是五花八门，连理发馆、修脚处、烧卖馆、豆腐脑等等都上电台做广告，甚至鼓楼西有一家棺材铺和一家德茂源寿衣店也在电台上做广告，真是无奇不有。

《天津广告业话旧》

❖ 马逸先：杨柳青年画

杨柳青年画与其他年画不同之处在于，杨柳青年画是以木版套印与手工彩绘相结合的，这样绘制出来的年画要比单纯以套色印制出来的年画生动得多。在杨柳青年画发展的鼎盛时期，许多画铺为了多出画，便将印好画样的墨线画发放到附近的农村去着墨、开脸（先在人物脸上涂一层淡淡的粉颜色，然后再画眉毛、眼睛、鼻子、嘴）。当时为镇上一些画铺绘制年画的人家，遍及杨柳青镇附近的三十二个村庄，真是"家家点染，户户丹青"。不但大人画，连稍大点的孩子也站在凳子上涂抹颜色。妇女一般画衣服、山石等细处，开脸则由绘画技术娴熟者执笔。

杨柳青年画在发展中，受宋元民间版画、院画和明代木刻版画的影响，画风工整，写实性强。以后又博采众长，并熔建筑、戏曲等艺术为一炉，逐渐形成了自己独特的风格。雕版精细，刀法纯熟，线条流畅，构图丰满，形象生动，画面富了装饰特点，在艺术上达到了炉火纯青的境地。

由于杨柳青年画的兴起，杨柳青镇上出现了画市。画市设在猪市街东口，在玄帝观至泰山行宫二庙之间。每年自农历腊月十一日起，南乡炒米店、古佛寺、小店等地及本镇的年画商贩，云集画市，他们一般都有固定摊点。早在冬至前后，贩匾者便将写有"年年在此"的红纸条贴在墙上。画市由开市一直卖到除夕夜方收市，直至转年腊月才重新开市。

▷ 杨柳青年画《五子夺莲》

　　天津开埠后，商业迅速发展起来，杨柳青年画的经营方式也发生了变化。为了扩大销路，作坊与画铺，迎合人们的审美习惯，将"水浒""三国"这类题材的年画销往东北，把《渔家乐》《庄稼忙》等风俗画运往西北。在天津这个商业城市则大量销售《财神》《天官赐福》《大发财》《升官图》一类的年画。

《杨柳青年画小史》

❖ 刘信之、曹雅斋："断银色"风波

　　天津开埠后，由于货运吞吐日繁，钱业勃兴，经营户数约达300余家（包括山西票号30余家）。庚子之役（1900），清廷在丧权辱国条约下，割地赔款，国库奇绌，所铸发的铜钱，量轻质次，贬值甚巨，一时银贵钱毛（制钱由一吊二降到二吊七八合银一两），影响周转。当时有官办的裕丰官银号和官商合办的中裕厚银号，为便利市面流通，曾发行一种银条，凭条取银，携带方便，故一度升色（贴水）。民营钱号见有利可图，也夤缘官

府，仿效开发，造成条多银少，实资空虚，反使现银加色。时袁世凯任直隶总督（1901），严饬银钱业克日取消现银加色，银条必须兑现。一声令下，整个市面掀起轩然大波，持有银条者急于兑取现银，而开出银条的钱号准备不足，没法应付，于是挤兑、倒闭、同业纠纷，乱成一团，只山西票号未被株连，钱铺倒闭者累累。

《天津钱业琐记》

❖ 于昭熙：春华茂银号被抢案

1916年，在天津发生了一起抢劫银号案，成为轰动一时的社会新闻。事后还有人据此写了小说。

这家银号叫春华茂，坐落在天津旧城东北角官银号附近王十二胡同口信成里旁。这是一家比较殷实的大银号，因为它的生意做得灵活，门庭若市，不仅是京、津有交换家，连山海关外东北各地，都有往来的业务。

就在这一年旧历腊月某一天的夜晚，春华茂正准备上门板前，突然进来7个身穿皮大衣、头戴皮毛帽（其中还有三人戴着很讲究的水獭皮帽）的显得很阔绰的人。他们一进门，立即把门反锁，由一人把守。其他几人用短刀把电话线割断，并把银号里所有职工用手枪指着逼近一间屋内，面壁而立，由一个匪徒看守。剩下的人打开银柜，将钞票、银币等装进帆布包，行动非常利索。等到一切办停当了，匪徒们厉声呵斥威胁银号同人们，不能乱动和报案。然后他们几个人小声私语了一番，扬长而去。

在这起抢劫案发生时，春华茂银号旁边的一家商号有个伙友，非常机警，他看见有一伙人进入春华茂后即将大门紧闭，侧耳一听，里边又毫无声息，心觉有异，便果断地打电话报警。不久，来了十几名差遣队员。据说他们一进宫南大街，就碰上了一帮穿戴阔绰、器宇轩昂的人，双方错身而过。

待到了春华茂银号，方知匪徒们刚走，问起穿着打扮，才知道就是方才碰到的那些人，于是急忙分路追赶。但匪徒们早已穿越几个小胡同逃跑了。

这几个抢匪，在钱到手后，并未立即离开天津，他们分别住在法租界的中和栈和佛照楼等旅馆，每日吃喝嫖赌，恣意挥霍，不免引起了法租界侦缉人员的注意。

匪徒中有一姓杨的，住在天津老龙头车站（即今日天津站）附近的一家旅馆内，分了赃款后，准备离津回东北老家。他一时大意，出门时忘记把作案用的一支手枪藏在枕头下，被店伙发现，立即报告该管警所。当晚趁杨匪入睡，由店伙指认房间和床位，几名警探人员把室门叫开，未等该匪起身抽枪，警探的枪口已对准了他，当即五花大绑带到警署。经过拷问，杨匪终于供认参加行抢的经过。很快其余匪徒也于同日午夜被逮捕归案。他们几人的姓名是：戴奎一（首犯）、沈作滨、张子轩、史海峰、张德俊、段秀阁、杨子馨7人。以后又从这7名匪徒供出的线索中，捉到其他几批匪徒，总共有20多人。这些匪徒原籍是鞍山、锦西、凤凰城等地，曾隶属奉军系统的官兵，因而都有枪支。

转年初春，这批抢劫春华茂银号的匪徒，被分成两伙处决。当时处决这批匪徒的执行官叫白玉如，抱大令传号令的叫吴胖子。那年头天津枪毙犯人，是开枪打犯人的前额，以后才改为打后脑勺。当时是一个一个地枪决，执行官点到某犯人的名字，抱大令的传呼执行，由执行兵依次把犯人带到一个土台上，坐在地上受刑。

依次枪毙完，执行官逐个验明确已死去，才吩咐掩埋。犯人的衣服鞋帽，照例归当地所有。枪决前已由西头理门老公所把施舍的薄皮棺材运到刑场，因为这些罪犯全是外地人，没有尸亲认领，都就地掩埋了。据说，当时这批枪匪的带头人戴奎一在受刑前曾对他带来的伙伴们说："我带你们来，今天我带你们走。"这伙抢劫犯，最终都得到了应有的下场。

《春华茂银号被抢案》

❖ 邵华：张绍曾被刺案轰动津门

张绍曾于1923年6月下台后，息影天津，住英租界威灵顿道南头（今河北南路334号，第五中药厂址），为一座二层砖木结构小洋楼；另在旭街（今和平路）中孝里、裕德里等有房产。他初回天津，对国家政治仍十分关心。他对北洋政府失去了信心，把希望寄托于国民党。他知道冯玉祥与孙中山等一些国民党人士有联系，就加强了与冯的往来，并结为儿女亲家，参与策划一些重大的政治军事行动。转年北京政变后，冯玉祥与张绍曾商量，请他出任总理，张推辞不就，向冯推荐黄郛。黄郛内阁仅仅维持了十天，其政权被临时执政段祺瑞窃取。他决心不再参与北洋政事。于是，他每天或与朋友下棋、联诗，或独自阅旧典、练书法；偶尔也赴朋友酒会，但更多的时间是潜心研究佛、道学说，曾撰有《三教谈论》手稿一部，并著《觉道日记》，惜均失存。

张绍曾与冯玉祥关系极为密切。1926年9月，冯玉祥从苏回国，张绍曾打电报劝他"加入革命军，借谋出路"。张自设电台，由丁春膏负责，每日与冯联系，向冯提供情报。他自己也常常给冯写信，为之出谋划策。

张绍曾与北伐军的联系，渐渐被张作霖发觉。据说，张绍曾回复冯玉祥的信件，为慎重起见，特交其副官亲自带走。而这位副官因去"三不管"游逛，钱夹与信件同时被窃。小偷将信件交与警察局，从军警督察处处长厉大森、直隶督办褚玉璞转到了张作霖之手，张作霖遂生杀害张绍曾之意。1928年3月，张作霖派亲信王琦到津，与褚玉璞、厉大森共同策划，于3月21日由直隶办公署总参议赵景云出面，在天和玉饭庄宴请寓津在野名流。褚玉璞唯恐张绍曾不参加，事先收买了张的同乡张觉五约他同往。另外，褚还卜令其手下谢玉田、刘茂正通过张绍曾门婿吴道时的门路，到张公馆催请绍曾赴宴。饭后客散，赵景云又约绍曾等到东升里彩凤班（东升里东口为日本租界，里内为华界）喝茶。这时，有个仆役打扮的人手拿信件，说要面交张总理，等候回音。张绍曾闻报从室内出来，刚问："哪里的信？"伸手去接，那人迎面开枪，子弹打穿张的手掌；接着又开了两枪，一枪穿透了左耳，一枪打入肺部，张当即昏倒。张的大、小老婆闻讯先后来到现场，睹状大恸。送回家中后第二天早晨死去，年仅49岁。

▷ 张绍曾戎装照

　　这是一起轰动津门的政治谋杀案。冯玉祥将军在《我的生活》一书中，对张绍曾曾做过这样的评价："公公道道地说，张先生实为革命最忠实的朋友。他身冒危险，大量地垫钱，什么也不图，只要助成北伐革命。张先生之死，系为革命牺牲，他的功绩是值得纪念的。"

《张绍曾被刺案轰动津门》

❖ 张省三：溥仪与文绣的离婚案

1931年的一天，同业律师张士骏和李洪岳两人特来找我，说他们受冯国璋长孙冯曙山之托，要我和他俩共同受理末代皇帝溥仪之淑妃文绣提出和溥仪离婚一案。我虽然经办过不少离奇案件，但是经手贵妃和皇帝的离婚案，却还是第一个特殊案件。我们三人经研究后，决定同意作为文绣的代理律师。

首先，我们通过中间人，对文绣进行劝解，遭到文绣断然拒绝，她坚持和溥仪离婚。我们就根据法律程序，把申请送到天津地方法院民庭，同时发出书面通知，约定和溥仪在国民饭店西客厅会面。

那天，溥仪派他的太监来到国民饭店，我们即嘱他转告溥仪，文绣已向法院提出和溥仪离婚，这里有我们三位律师代表文绣写给溥仪

▷ 文绣朝服照

的信。太监回去将信交给溥仪后，他马上召开身边遗老的紧急会议，并请来林棨、林廷琛两位律师作为他的代理人。

双方律师经过多次调解、会商，终于在当年秋天，达成离婚协议，并由溥仪给文绣五万五千元赡养费。轰动一时的溥仪、文绣离婚案就此结束。

《我经手办理溥仪与文绣离婚案》

❖ 王啸伯、杨春霖：城隍娶亲的闹剧

1934年间，天津城隍庙还演过一出城隍娶亲的闹剧。

事情是这样的，城隍庙的最后一个住持道士姓李名智深，这个人本来就很乖巧灵活，加上承受庙里一代代传下来的处事本领，那就更是手眼通天了。平素善于结交绅商大户，真是八面玲珑。

有个大资本家也姓李（传说中姓氏不一），膝下一女，年已及笄，突患重病，百治不效，临危时发谵语说："城隍要娶我为妻。"乃父一听，得个城隍做女婿也可光前裕后，还可提高个人社会地位。于是兴致勃勃地去找城隍庙住持李智深，述说原委。智深见是淘金的大好机会，怎能放过。因而两人一拍即合，双管齐下，故弄玄虚，要把谵语变成事实，假戏真唱。女方家赶制纸型家具什物、古董陈设、衣衾被褥等作为陪送的妆奁；并做了个木胎假人，用绸缎和装饰珠宝做成凤冠霞帔、红裤绣鞋，打扮起来俨然是个年轻貌美的"新嫁娘"。庙方大事油漆殿宇，彩塑金身。特别是寝殿与卧像，修饰得更是窗明几净，耀目铿光。殿前悬灯结彩，鲜花罗列，更有"新房"味道。

为了扩大宣传，庙门外贴有黄纸通告："本年×月×日，本府城隍和××小姐结为秦晋之好。希各方善男信女届时来庙捻香祝贺。"婚期的前几天，就庙门大开，开始热闹起来，香客游人前来参观的络绎不绝。

婚礼并未举行迎娶仪式。智深道士知道，那要消耗大量资财。而是把重点放在骗取香客们的祝贺财物上。在婚礼的前夕仅是将木制"新娘"捆绑在椅子上，安放在寝殿城隍卧像头前，就算大礼告成。这出戏闹得万人空巷，传为奇谈，不知闹了多少天，才算过去。这一对"新人"虽是木雕泥塑，较之驯兽的吸引力大了何止千百倍。事情过后，智深老道已是腰缠万贯了。

《天津城隍庙话旧》

图书在版编目（CIP）数据

老天津 / 韩淑芳主编 . — 北京：中国文史出版社，
2018.1

ISBN 978-7-5034-9686-8

Ⅰ. ①老… Ⅱ. ①韩… Ⅲ. ①天津—地方史—史料
Ⅳ. ①K292.1

中国版本图书馆CIP数据核字（2017）第259664号

责任编辑：张春霞　高　贝

出版发行：中国文史出版社
社　　址：北京市海淀区西八里庄路69号院　邮编：100142
电　　话：010-81136606　81136602　81136603（发行部）
传　　真：010-81136655
印　　装：北京温林源印刷有限公司
经　　销：全国新华书店
开　　本：710mm×1010mm　1/16
印　　张：20.5　字数：294千字
版　　次：2018年2月第1版
印　　次：2021年4月第2次印刷
定　　价：49.80元

文史版图书，版权所有，侵权必究。
文史版图书，印装错误可与发行部联系退换。